民國歷史與文化研究

十七編

第 1 冊

抗戰史學之一側
——《文化先鋒》研究

鄧根飛 著

花木蘭文化事業有限公司

國家圖書館出版品預行編目資料

抗戰史學之一側——《文化先鋒》研究／鄧根飛 著 -- 初版
-- 新北市：花木蘭文化事業有限公司，2023〔民112〕
目 4+172 面；19×26 公分
（民國歷史與文化研究　十七編；第 1 冊）
ISBN 978-626-344-382-2（精裝）

1.CST：史學 2.CST：期刊文獻 3.CST：史學史 4.CST：中國
628.08　　　　　　　　　　　　　　　　　112010400

ISBN-978-626-344-382-2

民國歷史與文化研究
十七編　第一冊　　　　　　　ISBN：978-626-344-382-2

抗戰史學之一側
——《文化先鋒》研究

作　　者　鄧根飛
總 編 輯　杜潔祥
副總編輯　楊嘉樂
編輯主任　許郁翎
編　　輯　張雅淋、潘玟靜　美術編輯　陳逸婷
出　　版　花木蘭文化事業有限公司
發 行 人　高小娟
聯絡地址　235　新北市中和區中安街七二號十三樓
　　　　　電話：02-2923-1455／傳真：02-2923-1452
網　　址　http://www.huamulan.tw 信箱 service@huamulans.com
印　　刷　普羅文化出版廣告事業
初　　版　2023 年 9 月
定　　價　十七編 6 冊（精裝）新台幣 16,000 元　　版權所有·請勿翻印

抗戰史學之一側
——《文化先鋒》研究

鄧根飛 著

作者簡介

鄧根飛，講師，1983 年生，江西高安人。2008 年獲蘭州大學史學理論及史學史碩士學位，2018年獲華東師範大學中國史專業博士學位。研究方向：中國近現代學術史。江西省地域文化研究協會會員。現任教於上饒師範學院歷史學專業，南京大學中華民國史研究中心江西分中心負責人，先後為本科生開設了《民國江西地方史》《歷史比較研究法》《外國歷史要籍介紹與選讀》《外國史學史》等主幹課程。截至目前，完成了省級科研項目 2 項，發表論文 10 餘篇。

提　　要

　　在史學成果的發表方面，抗戰時期的各類刊物中，專刊的作用並未凸顯。相反，綜合性刊物和邊疆研究期刊成了主要陣地。發文數量，以《文化先鋒》為最。

　　作為所辦持續時間甚長而且影響力較大的學術期刊，《文化先鋒》是研究學術史的第一手資料，反映了當時學界的某一重要側面，展現了 20 世紀 40 年代的歷史學、地理學、諸子學、文化學成果，體現了時代轉變的特徵及學術、政治、社會三者之間的互動關係。

　　史地學研究方面：在「抗戰建國」這個大現實下，《文化先鋒》學人的選題或多或少帶有政治考量，但他們的研究卻多是非常紮實的文獻研究，得出了許多令今人依然信服的結論。

　　史學理論與史學史研究方面：除了保留科學的特質以外，史學理論更關注歷史的情感性、生命力，歷史與民族、文化、現實及將來的關係。歷史學者對歷史事實、歷史分期及歷史是科學還是藝術等問題有了更新的認識。在史觀與史學方法等方面，史學研究都呈現多元化趨勢。

　　其他學術研究方面：諸子學者既有傳統國學根底，又通曉西學，能更好地結合考據學與西方實驗主義方法，使諸子之學融入當時社會，實現其現實功用的轉化。文化學者在全盤西化論退潮後，開始理性地看待中西文化，並以開放的胸懷、包容的氣度致力於中西文化的融通與新文化的再造。

目

次

緒　論

　　《文化先鋒》是研究抗戰時期學術史的第一手資料，頗具文獻價值。它是民族危機背景下學術研究與現實需要相結合的成果，既以學術服務於現實問題，又不失學術的科學性與嚴謹性。它雖高舉學術現實化的旗幟，以應用為旨歸，但並未忽視理論價值。其中的某些論文，至今仍被引用。

　　本文不擬探討「為學術而學術」與「為現實而學術」的關係，而主要就《文化先鋒》這一綜合性期刊，來探討它的學術價值及抗戰時期學人的治學趨向，並以此出發，揭橥中國傳統學術如何在西學影響下最終實現現代轉型的發展歷程。〔註1〕

一、選題緣由及意義

　　喬治忠認為，「學術期刊發表學術論著、傳播學術信息的速度和效率，遠過於專著的出版發行，既可以被動地接受學者的來稿，也可以主動地組織專題的研討，可以展現雜誌之『雜』的特色而廣羅知識與見解，也能夠發揮專業專刊之『專』的優勢而作精深的求索，因此是近代史學發展中最具活力的

〔註1〕學術的現代化是一個爭論已久的問題。胡逢祥、張越將五四時期定為史學現代化的開始（見胡逢祥：《「五四」時期的科學主義思潮與史學現代化建設》，《華東師範大學學報》1995年第6期；張越：《五四時期：現代史學的初步建立》，《東嶽論叢》1999年第2期）。中經胡適發起的整理國故運動，唯物史觀派的崛起，以及史料學派的努力（見劉龍心：《史料學派與現代中國史學之科學化》，臺灣政治大學碩士論文，1992年；楊國榮：《史學科學化：從顧頡剛到傅斯年》，《史林》1998年第3期）。至二十世紀四十年代，中國傳統學術已順利實現現代化的轉型。

機制。」〔註2〕報紙期刊類資料無疑是重建「史學發展過程、理解史學與社會交相互動的第一手材料。」〔註3〕故近幾年來，海峽兩岸學界逐漸將眼光轉向期刊史研究，成果迭出，尤以臺灣為最。然問題亦逐漸凸顯，表現在：領域過窄，主要集中於文學與新聞傳播學；視角過於單一，偏重期刊自身功能的探討，如刊物的性質、傳播與影響，刊物與外部思潮及公共領域的關係，學人辦刊的經歷等，而忽略了刊物的內容及其所呈現的思想。因此，筆者立意於學術史新視角，以期刊蘊含的內容為研究對象，拋磚引玉於學界。

　　以史學期刊而言，戰前專刊眾多，抗戰開始後，刊物數量驟降，因戰亂影響及經費短缺，有斷續出版的，更有停刊的。因此，史學論文的發表自然轉移到那些經費相對充足、有政府背景且影響力較大的綜合性學術期刊了，《文化先鋒》即其中之一。此刊是抗戰中後期國民黨中央文化運動委員會主辦的學術刊物，創刊於 1942 年 9 月，終刊於 1948 年 10 月，共 9 卷 183 期。1942 年 9 月 1 日～1942 年 12 月 24 日為週刊，1943 年 1 月 1 日～1945 年 1 月 21 日為旬刊，1945 年 2 月 1 日～1948 年 9 月 30 日為半月刊，1948 年 20 月為月刊。該刊發行人為張道藩。1946 年前，主編為李辰冬，編輯為徐文珊，之後主編為華仲麐。《文化先鋒·發刊詞》自謂既「不是幾個朋友的集團」，也不是「什麼機關報」，而是「供給各位哲人學者專家發揮議論的園地」和「理論的薈萃所」，因刊物氛圍良好，稿酬較豐厚，故吸引了各派學者撰稿。欄目設置有短論、論著、文藝、現代史話、書評、學術講座、文化消息、建國歷詳解等，然非完全固定，而是隨著形勢變化進行適度調整。發表的文章所涉學科涵括政治學、經濟學、文化學、法學、歷史學、地理學、諸子學、社會學、哲學、文學、美術學、自然科學等，門類齊全，從一個側面反映了當時學術史、政治史、思想史和文化史的整體研究面貌，展現了時代轉變的特徵及學術、政治、社會三者之間的互動關係。不過，1947 年 3 月後，刊物風格發生明顯轉向，從一般的學術討論變成意識形態的宣傳，雖間有學術論文登載，但已不是刊物所表現的主體內容。因此，以《文化先鋒》為中心，研究抗戰時期的史學，具有重要的學術價值與現實意義。

　　1. 通過對《文化先鋒》雜誌的主旨、編輯人員、欄目、作品、風格等要素的分析，揭示創辦者、作者的旨趣，並加以總體述評，努力呈現出一個清晰、

〔註2〕喬治忠：《中國史學史》，北京：中國人民大學出版社 2011 年版，第 365 頁。
〔註3〕王東：《再現二十世紀中國史學的整體進程》，《讀書》2017 年第 10 期。

整體的輪廓，為我國報刊史研究提供史料。

　　2.《文化先鋒》聚集的史家群體，雖非盡為名家，但其學術貢獻同樣是史學史書寫不可或缺的。他們的史學研究成果既為後世保存了大量史料，又展現了歷史的不同面相，豐富了歷史學內容。刊中的史學理論類論文，著重探討歷史的特徵，歷史與現實、將來、民族和文化的關係，幫助我們理解和把握歷史發展的規律。同時，闡述儒家歷史觀、民族史觀、唯生史觀等，這些史觀與唯物史觀、文化形態史觀、英雄史觀、變易史觀、樸素進化論等共同構成了豐富多彩的史觀內容，有助於史學工作者從不同角度撰寫歷史，增添史學的多樣色彩。歷史教育類論文有助於時人正確理解史學與抗戰、愛國的關係，亦有助於培養他們的歷史文化素養與認知能力，培育民族精神，指導參與社會實踐和解決現實問題。

　　3.《文化先鋒》中與史學密切相關的政治學、社會學、地理學等現代學科的研究有助於擴大史學研究領域，擴充史料來源，為史學研究引入新的方法。因此，評析相關學術論文的地位和價值，可使我們對 20 世紀前半期的學術史有更深切的體悟。

　　雜誌中的政治學論文涉及政府機構運作、國家政策與國際關係等方面的研究，拓展了政治學理論內容，體現了知識分子對現實危機的反思。其成果，如易世芳對「權能分立論」的闡發，深化了孫中山的三民主義學說；程憬的《中國政治學之過去與現在》是我們瞭解民國政治學史的窗口。政治史的研究雖屬傳統領域，但在戰爭年代，與政治學一樣，具有與現實密切結合的明顯特徵，多關注古代的外交、吏治、財政、兵制、國防等，以求為國家治理和抗戰提供歷史借鑒。

　　社會學論文反映了當時存在的各種社會問題和社會學家所採取的應對之策，是研究社會史與社會學史不可或缺的資料，有助於當今的社會學家在面對現實問題時獲取歷史借鑒。法國年鑒學派第一代代表人物呂西安·費弗爾提出「從底層看歷史」的研究方法，而這一方法亦在《文化先鋒》的社會史論文中得到了重視與運用，如吳澤炎與陳庭珍「婦女地位」與「婦女運動」的選題，擴大了婦女史的研究內容，其所採用的社會學理論與方法可為史學研究提供借鑒；孫道升的《中國社會史上之素封社會》是社會史大論戰在 40 年代的餘波，此文首先提出了「素封社會」的概念。

　　地理學論文重在探討學科理論與建設，內容涉及西北邊疆地理、東北、臺

灣、太平洋、南洋、菲律賓群島等地緣戰略問題。這些成果推動了現代地理學科的建立和西方地理學理論的本土化，我國地理學研究開始走向成熟。

《文化先鋒》是戰時再度興起的討論中西文化的陣地之一。學者們探討中國需要怎樣的文化，東方文化與西方文化的異同等命題，其中既有理論的探討，又有現實的反思，豐富了戰時中國文化史的研究。論者多有國外留學經歷，對中西文化瞭解較為深入，他們所進行的學理探討，有助於我們把握中西文化的本質和正確理解本民族文化的內涵。

二、研究現狀

1. 關於抗戰時期史學的研究

抗戰時期的史學研究，成果宏富。學界主要著眼於史家、史書、史學流派、史學機構和區域史學研究。史家研究方面的主要論著有：俐娜《抗日戰爭時期顧頡剛的史學思想》，孫旭紅《抗戰時期郭沫若在重慶的史學研究》等；史書研究方面的主要論著有：張傳璽《翦伯贊〈先秦史〉校定本序》，趙梅春《范文瀾〈中國通史簡編〉》與錢穆《〈國史大綱〉比較研究》，戚學民《再論〈十批判書〉的撰著動機與論學宗旨》等；史學思潮與流派研究方面的主要論著有：胡逢祥《抗戰中的民族主義思潮與現代史學建設》《抗戰中的「戰國策派」及其史學》《「戰國策派」的歷史哲學及其史學實踐》《論抗戰時期的民族本位文化史學》，張書學《論抗戰時期中國史學思潮的轉變》，董恩強《抗戰時期新考據學派的學術轉向》，陳前《論抗日戰爭時期馬克思主義史學的迅速發展》等；史學機構研究方面的主要論著有：孔祥成《史語所與抗戰史學研究》等；區域史學研究方面的主要論著有：宋燁《抗戰時期昆明史家群體的理論探討》，魏華齡《抗戰時期的桂林史學研究——兼評田亮著〈抗戰時期史學研究〉》，符靜《上海淪陷時期的史學研究》，於文善《抗戰時期重慶馬克思主義史學研究》，徐春夏《抗戰時期延安地區的史學建設》，趙亮、杜學霞《抗戰時期三大區域抗戰史學概況簡述》等。由此觀之，學界系統研究抗戰史學的成果不多，目前僅有田亮《抗戰時期史學研究》（人民出版社 2005 年版），然田著亦僅介紹了幾個主要史學流派和知名史家，內容較為單薄。學術期刊研究方面，成果有陳寶雲《學術與國家：〈史地學報及其群體研究〉》，何方昱《「科學時代的人文主義」：〈思想與時代〉月刊（1941～1948）研究》等。因此，無論是系統論述，還是單個史家、單部史書和史學期刊研究方面，抗

戰史學均尚有廣闊的研究空間。

2. 關於《文化先鋒》雜誌的研究

《文化先鋒》彙集了自然科學、人文科學和社會科學成果，具有相當的學術價值，迄今無全面研究，僅見洪亮《抗戰時期的「歷史上的今天」──抗戰期間〈文化先鋒〉上的「建國歷詳解」欄目》一文。他通過此雜誌的一個欄目「建國歷詳解」，來研究國民政府的文化部門在抗戰期間是怎樣試圖通過對「革命史」的追溯，喚起民眾的民族意識的。

《文化先鋒》撰稿者除了發行人張道藩、主編李辰冬和華仲麐、編輯徐文珊等人外，還有其他各領域專家，如徐悲鴻、李長之、林超、任美鍔、胡煥庸、劉恩蘭、吳有訓、郝景盛、孫本文、瞿菊農、言心哲、蕭孝嶸、蕭承慎、常書鴻、陸侃如、馮沅君、梅光迪、常任俠、賀麟、馮友蘭、唐君毅、太虛法師、顧毓秀、易君左、陳銓、劉熊祥、錢穆、羅香林、羅根澤、羅夢冊、李濟、傅振倫、吳景賢等，可見此刊的影響力非同一般。學界多關注以上學者的個案研究，而忽視了彼此之間的系統性與關聯性。

3.《文化先鋒》之地理學研究

學術界對中國地理學的發展進行了一定程度的總結與探討，如陳獨行《抗戰七年來我國的地理學界及其出版物》，總體闡述抗戰時期我國地理界的學術成就，附載的地理學著作達 50 餘種，期刊 10 餘種，可惜陳文未作具體分析。與同時期其他地理專刊相比，《文化先鋒》中的地理學論文注重理論探討和學科建設，但其貢獻為學界所忽視。如吳傳鈞、張家楨《我國 20 世紀地理學發展回顧及新世紀前景展望》一文，未述及抗戰時期地理學的發展成就。因此，對《文化先鋒》所刊地理學論文的研究顯得尤為必要。

4.《文化先鋒》之歷史學研究

關於馬克思主義史家的研究，國內一直是熱門。其他史家如傅斯年、胡適、陳寅恪、李濟、顧頡剛、陳垣、錢穆、柳詒徵的研究成果亦甚豐，但對名氣略遜的人物關注甚少，但他們往往也有所貢獻，可豐富學術史內容。《文化先鋒》中恰有這樣一批學人，如徐文珊、燕義權、劉熊祥、李絜非、蔣星煜等。迄今關於徐文珊的研究僅見三篇論文。劉熊祥的研究僅有一篇論文。關於戲劇史家蔣星煜的研究成果較多，但主要著墨於他的《西廂記》研究。燕義權、李絜非、朱子方等學者尚無人關注。本文因題所限，雖不對以上史家作個案研究，但仍將其置於抗戰史學的大背景下，探討他們在《文化先鋒》中所發表的學術論文。

儒家歷史觀研究自 20 世紀以來一直是學界熱點，如陳典平《20 世紀以來先秦儒家歷史觀的回顧與展望》一文認為，先秦儒家史觀的研究不斷向前推進，其現代價值亦不斷凸顯，蒙文通、牟宗三、李澤厚、侯外盧、白壽彝、金景芳、瞿林東等在儒家歷史觀領域的研究，成績突出。其實燕義權也持儒家歷史觀，主要見於他的歷史哲學著作《儒家精神》，但未見有學者研究。

《文化先鋒》關於史學理論的探討，聚焦於歷史是什麼、歷史與文化、民族、現實及將來的關係等，這些文章的現實意義值得進一步探討。

政治史的書寫在新史學流行後有所邊緣化，至抗戰時，因民族與國家需要，方再受重視。為《文化先鋒》撰文的政治史家有周子亞、吳景賢、方瑞典、姚薇元、劉士篤、郜伯饒、徐德嶙、胡肇封、簡又文等。學界對史家姚薇元的研究聚焦於他與人合著的《鴉片戰爭研究》，如田禾《鴉片戰爭研究的深化與新進展——讀姚薇元、蕭致治等著〈鴉片戰爭研究〉》一文對此書作出了較為中肯的評價。有關簡又文的研究成果較多，如周敏《卅載潛心醉太平 縱橫研究幾經營——太平天國史學先驅簡又文》，對簡又文的生平、史學貢獻和治史特點做了系統論述。伏琛《簡又文與〈逸經〉》及東流《簡又文與〈逸經〉補記》兩文述及簡又文主辦文史雜誌《逸經》的經過。蔣志華《簡又文與廣東文獻館》一文敘述了簡又文主持廣東文獻館期間的事蹟及其對保存和弘揚廣東地方文化的貢獻。關於著名歷史教育家吳景賢的研究僅有其弟子陳輝的一篇追憶文章。其餘諸如周子亞、方瑞典、劉士篤、郜伯饒、徐德嶙、胡肇封等學者尚無人研究。在史學史上給這些學者進行合理定位，尚需付出更多努力。

《文化先鋒》中社會史方面的論文不多，僅吳澤炎、陳庭珍、孫道升、秦秋臺等少數幾位學者撰文。與社會學群英薈萃相比，過於冷清，但他們在婦女史、明末逸民史方面的研究也是 20 世紀 20 年代以來如火如荼的社會史研究領域的重要成果，有必要進一步探究。以上四人中，僅吳澤炎有人研究，主要介紹他在《辭源》重修方面的貢獻，而未述及 1949 年前的學術成果。

5. 其他學術研究

（1）諸子學。《文化先鋒》關於諸子的論文有 17 篇，涉及老子、墨子、孔子、孟子、荀子、晏子、名家等，撰文的學者有陶希聖、羅根澤、唐君毅、張墨生、徐文珊、燕義權、張鐵君、周漢夫等。與他們的諸子學研究有關的論文有馬波濤《民國報刊中的老學研究》和張昭君《民國時期諸子學研究的轉型與發展》等。

（2）政治學與社會學。美國參加第二次世界大戰後，中國抗戰局勢逐步出現了轉機，《文化先鋒》即在此背景下創辦，刊載的政治學論文主要集中於外交研究，如與美、英、法等國關係的探討和戰後世界和平與中國局勢走向等。日本問題研究僅見周子亞《反日外交的原則與策略》一文。陳迎春《抗戰時期的中國外交學研究》考察了 40 年代初較有代表性的外交學著作，如周鯁生《戰時外交問題》與《非常時期之外交》、胡愈之《抗戰與外交》、甘介侯《抗戰中軍事外交的轉變》、趙菊文《四年來之中國外交》、錢亦石《中國外交史》、劉思慕《戰後日本問題》等，但未注意到同時期學界發表的外交學論文。關於孫中山的研究則多在三民主義、五權憲法等方面，而忽視了對其權能分立政治理論的研究。

《文化先鋒》集聚了一批當時著名的社會學家，如孫本文、吳文藻、言心哲、李安宅、柯象峰、鄭象銑、蔣旨昂、瞿菊農等，可謂群星璀璨。聶蒲生《抗戰時期四川的社會學研究與人口學研究》論及了以上所列社會學家的重要學術成果，如孫本文的《社會學原理》《現代中國社會問題》，言心哲的《現代社會事業》，蔣旨昂的《社會工作導論》，李安宅的《邊疆社會工作》，柯象峰的《西康社會之鳥瞰》，瞿菊農的《鄉村建設與教育》等，均是當時的代表作。這些成果部分以論文的形式發表在《文化先鋒》上，頗有影響。關於學者個人及其成果的研究有：彭秀良《言心哲與現代社會事業研究》一文，著重介紹《現代社會事業》一書和他對社會學的貢獻。周曉虹《孫本文與 20 世紀上半葉的中國社會學》一文，認為孫本文較早嘗試將西方的社會學理論知識運用於中國的社會實踐，並積極建設中國特色的社會學學科。胡煉剛《孫本文：民國時期中國社會學的開拓者》一文談及孫本文在各類報刊雜誌上發表的 80 餘篇論文，並按引進西方社會學學說、建立社會學理論體系、培養社會學人才、建立社會學組織、社會學中國化等五個方面來述說孫本文對早期社會學的貢獻。但胡文未注意到孫氏在《文化先鋒》中發表的三篇人口遷移方面的論文。學界對於吳文藻的研究主要是他致力於社會學中國本土化的貢獻，未注意到他在《文化先鋒》中論述印度社會與文化的文章，該文以印度文化的本土化來隱喻中國文化也應具本土特色，而非簡單地移植西方理論，體現了吳文藻「燕京學派」的理論本質和核心。學界關於李安宅的研究成果頗為豐富，但亦未注意到他在《文化先鋒》上發表的論文。目前所見的研究柯象峰與瞿菊農的文章只有三篇，研究空間仍然很大。蔣旨昂和鄭象銑的研究則未見專文。

（3）文化學。《文化先鋒》是抗戰中後期中西文化討論的陣地，從內容看，中國文化優勢論顯占上風。相關研究成果有：馬建昌、張穎《20世紀40年代的文化論爭及其轉型》，論述了國民黨政府、自由主義者、馬克思主義者三方的文化選擇，認為新民主主義文化完成了中國文化的重大轉型，但文中有的評價不夠客觀。

綜上所述，關於《文化先鋒》的研究成果較少，研究空間較大。

三、研究目標

（1）《文化先鋒》體現了20世紀40年代學術研究與民族國家構建的互動。通過解讀文本，探討學者是如何將學術追求與愛國情懷結合起來的、如何做到學術經世、學術如何與政治、社會進行互動是本文研究的目標之一。

（2）呈現《文化先鋒》的辦刊緣起、宗旨、欄目設置及刊物內容，是本文的研究目標之二。

（3）史學研究是學術史的重要領域，《文化先鋒》中有豐富的史學論文，梳理其內容，挖掘其特徵，深研其思想，是本文的研究目標之三。

（4）政治學、社會學、地理學與史學具有密不可分的關係，探討其在《文化先鋒》雜誌中的理論內容及特徵，是本文的研究目標之四。

（5）諸子學研究是《文化先鋒》中的重要內容，總結諸子學的研究成果，發掘其中的微言大義與現實價值，是本文的研究目標之五。

四、研究內容

第一章勾勒出抗戰時期國統區史學的整體面貌。既注意闡述馬克思主義史學派與新考證主義史學派的學術貢獻，又注意期刊所承載的史學功能。

第二章釐清《文化先鋒》創刊及發展歷程、辦刊宗旨及欄目設置，梳理《文化先鋒》作者群的大體概況及分析其影響力等。

第三章分析《文化先鋒》史家群體特徵、史學思想，總結相關學術成果，探討現代學術與社會現實的互動關係。同時，探討地理學在本學科建立和完善的過程中，如何將新理論、新成果運用於抗戰建國的實踐。

第四章係二十世紀四十年代的史學史與史學理論研究。其內容包括：國防史觀的思想來源及其影響下的史學成果；史書的評價與史學義例的闡發；賀麟、徐文珊對唯物史觀的發及理論貢獻；燕義權儒家歷史觀的理論溯源及其影

響；戰爭催逼下的史學理論反思；等等。

　　第五章係其他學術研究。探討抗戰時期諸子學的微言大義與現代轉型。講述《文化先鋒》聚集的一批文化名家，既不妄自菲薄、盲目崇西、視西方如帝天，也不固守舊有的傳統文化，固步自封，而是以開放的胸懷、包容的氣度致力於中西文化的融通與世界性的新文化的再造。

　　結語部分回顧和總結全文主要內容和核心觀點，就《文化先鋒》在抗戰時期的歷史地位做出客觀的評價。

五、擬解決的關鍵問題和採用的研究方法

　　1. 關鍵問題

　　（1）《文化先鋒》的歷史地位和價值。

　　（2）《文化先鋒》中學術與政治、社會的互動關係。

　　（3）《文化先鋒》學術論文的評估。

　　2. 研究方法

　　（1）文獻研究法

　　文獻研究法較為常用，每門學科幾乎都會涉及。在學術史研究中，它也是最重要、最基本的方法，是深入研究學術領域某個問題的必備條件，也是闡述論點或考據時需要引用的證據。如果缺少它，就會如孔子一樣，出現「文獻不足徵」的感歎。

　　（2）比較法

　　比較法是學術界較為常用的方法。《文化先鋒》的研究可與同時代的雜誌作橫向對比研究，也可與以往的學術雜誌作縱向對比研究。學術論文與學術觀點的研究也應作橫向與縱向對比的研究，只有如此，方能探索出其特徵與價值。

　　（3）微觀探究與宏觀把握

　　將文本解讀和非史學名家的分析置於社會大背景中，做到點、線、面的結合。

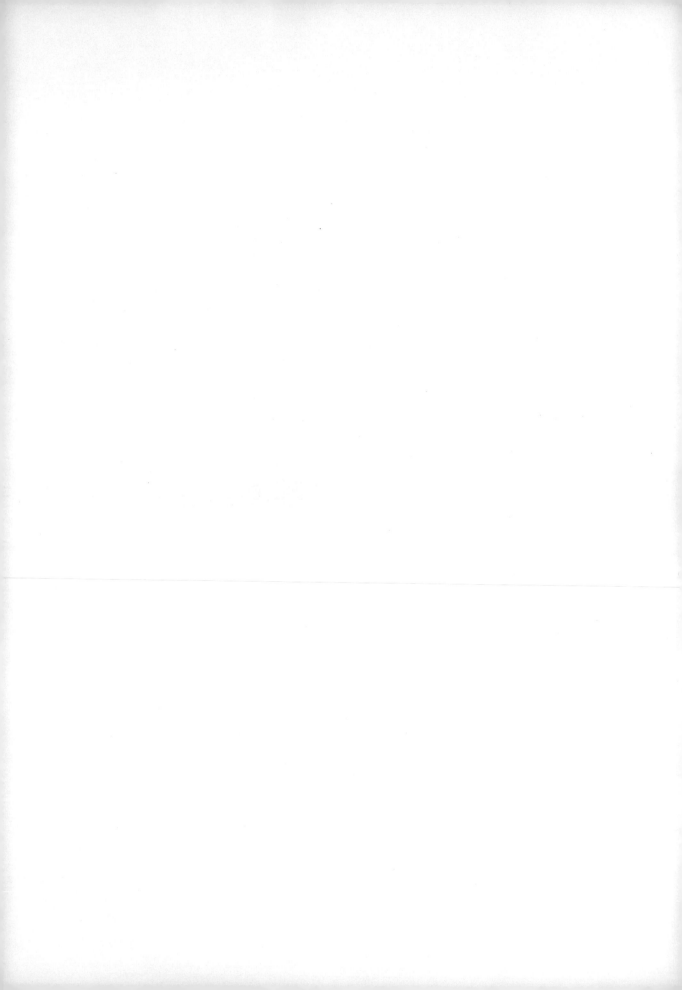

第一章　抗戰時期國統區的史學成就

　　抗戰時期的學術，重新起步於後方相對穩定的 1940 年。以此為分界，此前迫於日本軍國主義的侵略，知識分子隨政府不斷西遷，同時承擔著抗戰宣傳的任務；之後，為了抗戰建國的理想，在相對安定的環境裏，知識分子紛紛檢討和開展學術研究，學術逐漸復蘇。40 年代的史學研究就是在這樣的背景下進行的。史學著作和論文逐漸增多，且呈現出與戰前既有承繼又有不同的特徵。此處，我們既要將眼光投向以馬克思主義史家為代表的史觀派，也要注意實證主義史學派、民族本位文化派和戰國策派。幾大史學流派「在抗戰時期交相呼應，同為抗戰史學的組成力量，儘管由於政治變革，各派力量此消彼漲，但沒有改變他們互競共存的局面，三者相激蕩而共漲，相融會而俱新，一起構築了中華民族偉大復興的文化根基，」〔註1〕共同創造了豐富的史學成果，我們「不應一概擯棄。」〔註2〕只有這樣，才能構建史學全貌，展現一幅多維的歷史畫卷。

　　與二十世紀二三十年代相比，抗戰時期的史學研究雖略顯遜色，但我們應該珍惜前輩史家在極其艱苦的環境中做出的卓越貢獻。筆者因精力有限，無法做到窮盡史料，僅以能直觀反映抗戰時期國統區史學成就的史學著作和史學期刊為例，管窺其學術成就，並對重要的史學流派進行對比研究。

〔註1〕牛潤珍、杜學霞：《略論抗日戰爭時期中國史學的學術趨向》，《中共黨史研究》2005 年第 6 期。
〔註2〕戴逸總序，載齊思和：《中國史探研》，石家莊：河北教育出版社 2000 年版。

第一節　主要史學流派

　　受西方思潮影響，知識分子將西方流行的治學方法與史學觀念帶到了國內，從而形成了大大小小的史學流派。流派劃分，意見不一，有疑古派、信古派和釋古派之說〔註3〕；有史料派、史觀派之說〔註4〕；有傳統派（記誦派）、革新派（宣傳派）和科學派（考訂派）之說〔註5〕；有考證學派、方法學派、史料學派、史觀學派和史建學派之說〔註6〕；有新史學派、實證主義史學派、相對主義史學派和馬克思主義史學派之說〔註7〕；有考證派、國粹派、疑古派、信古派、考古派、實用主義史學派、馬克思主義史學派之說〔註8〕；更有學者將 20 世紀前半期的中國史學流派細分為新史學派、古史辨派、南高派、考古派、國粹派、食貨派、守舊派、史料學派、生機史觀派、生物史觀派、戰國策派、馬克思主義學派等十二個學派〔註9〕。學派劃分頗有重疊，可謂仁者見仁，智者見智。總體而言，抗戰時期影響較大的學派有馬克思主義史學派、新考證主義史學派、民族本位文化史學派和戰國策派等，他們在各自的領域為史學的發展做出了貢獻。

一、馬克思主義史學派

　　史學理論與史學史方面：據喬治忠統計，至 1949 年，「史學理論和方法的著述總計約有 40 多種，數量相當可觀。」〔註10〕喬氏列出 11 種，並就梁啟超、楊鴻烈和柳詒徵三人的著述進行了簡介。而實際上，馬克思主義史學家翦伯贊、侯外廬等，也對豐富我國的史學理論做出了重要貢獻。抗戰時期馬克思主義史家史學理論的代表作品有：翦伯贊《歷史哲學教程》，侯外廬《蘇聯歷史學界諸論爭解答》，蔡尚思《中國歷史新研究法》，吳澤《中國歷史研究法》

〔註3〕 馮友蘭序，載馬乘風：《中國經濟史》，北京：中國經濟研究會 1935 年版；齊思和：《近百年來中國史學的發展》，《燕京社會科學》，1949 年 10 月 2 卷。
〔註4〕 周予同：《五十年來中國之新史學》，《學林》，1940 年 2 月第 4 期。
〔註5〕 錢穆：《國史大綱·引論》，北京：商務印書館 1940 年版，第 3 頁。
〔註6〕 許冠三：《新史學九十年》目錄，長沙：嶽麓書社 2003 年版。
〔註7〕 張書學：《中國現代史學思潮研究·目錄》，長沙：湖南教育出版社 1998 年版。
〔註8〕 胡逢祥、張文建：《中國近代史學思潮與流派·目錄》，上海：華東師範大學出版社 1991 年版。
〔註9〕 侯雲灝：《20 世紀中國史學思潮與變革》，北京：北京師範大學出版社 2007 年版，第 190 頁。
〔註10〕 喬治忠：《中國史學史》，北京：中國人民大學出版社 2011 年版，第 330 頁。

以及翦伯贊《中國史論集（第 1 輯）》，等等。

　　翦著《歷史哲學教程》由生活書店和新知書店 1938 年 8 月出版，1939 年 3 月、1946 年 2 月、1947 年 10 月、1949 年再版。此書「在文化界和學生中，議論紛紛，效應強烈，都為在這民族危亡之時，突然出現了這樣一本充滿批判的、革命的、戰鬥的豪情之作而為之一振。」〔註11〕可見其受歡迎程度。該書共 333 頁，內分序、緒論、歷史發展的合法則性（一般性與特殊性之辯證的統一、關於歷史發展階段的幾個問題、歷史的「否定」「否定之否定」的辯證的發展）、歷史的關聯性（怎樣理解歷史的關聯性、歷史發展中諸階段的相續性、歷史發展之外在諸矛盾及其影響作用、客觀條件與主觀創造之辯證的統一、從歷史的關聯性認識歷史之全面的發展）、歷史的實踐性（從神學、玄學到實驗主義的批判、史的唯物論者怎樣認識這一問題、作為歷史實踐前提的人類與自然、是經濟決定還是「理性」體現、歷史動因是人類的「意欲」嗎、歷史哲學之反動的發展——從「道德論」到「暴力論」）、歷史的適應性（下層基礎與上層建築之辯證的統一、適應於先階級社會的經濟構成之上層建築諸形態、適應於奴隸所有者社會的經濟構成之上層建築諸形態、適應於封建社會的經濟構成之上層建築諸形態、適應於資本主義社會的經濟構成之上層建築諸形態、適應於目前偉大的歷史變革時代之上層建築諸形態）、關於中國社會形勢發展史問題（中國社會形勢發展史問題之提出及其展開、社會形勢的發展與歷史的飛躍性、「歷史的懷疑主義者」與中國的古史、對中國歷史形勢發展之各種不同的見解及其批判）等 7 部分。〔註12〕再版本增加了《群眾、領袖與歷史》一文作為代序，因突出了領袖毛澤東、朱德等人的地位和作用，而被禁止出版。此書的價值在於，克服了三十年代初社會史大論戰中，學者普遍犯有的刻板的公式主義的錯誤，自覺將馬克思主義哲學原理、階級分析方法和客觀的歷史事實相結合，來闡釋歷史特性。誠然，翦著亦有缺陷，文中充滿了火藥味很濃的用語，如「毒素」「無恥」「反動的陰謀」「歪曲」「蒙蔽」等非學術用語，是很難在新考證主義史家身上看到的。

　　社會史方面的代表作品有華崗《社會發展史綱》，鄧初民《中國社會史教程》，吳澤《中國社會簡史（上卷）》《中國原始社會史》，呂振羽《中國原始社

〔註11〕張傳璽前言，載翦伯贊：《歷史哲學教程》，石家莊：河北教育出版社 2000 年版，第 5 頁。

〔註12〕翦伯贊：《歷史哲學教程・目錄》，上海：生活書店 1938 年版。

會史》，尹達《中國原始社會》，等等。以上著作都是按照馬克思主義五種社會
形態劃分中國社會歷史階段，只是斷限略有不同。

呂著《中國原始社會史》是作者一九三三年初版的《史前期中國社會研究》
的增訂版。此書的出版曾在社會上引起極大的反響，被譯成日文、俄文等各國
文字，批駁者有之，讚譽者有之。〔註13〕此次增訂版，體例未變，修改了原書
中的一些錯誤觀點，添加了一些新的材料，從而使書中觀點更為嚴謹，史實更
為確切。總起來說，呂著呈現出以下特色：

首先，嚴格採用馬克思主義歷史唯物論治史。呂氏說：「史的唯物論，不
啻是我們解剖人類社會的唯一武器，是唯一正確的歷史方法論。」他認為這一
工具不僅能解剖中國社會發展的全過程，而且能分辨出史料的真偽。如他首次
運用唯物論辨析古代神話，成為「運用馬克思主義觀點研究中國古代神話傳說
以探求歷史的第一人」。為馬克思主義史學的創建做出了開創性貢獻，是繼郭
沫若之後的「第二位大師」。〔註14〕

其次，史料搜集與採擇非常慎重。呂氏不僅認為典籍偽託、附會和修改者
多，而且對殷墟出土材料，他也抱著懷疑的態度，如史料不完整、破損和被水
沖毀等。史料雖有古代遺留下來的典籍和地下發現的古代遺物，但終究稀少。
如呂氏所說，他根據的材料，「第一為各種古籍中的神話傳說式的記載，第二為
仰韶各期的出土物。可說是以後者為正料，而以前者為副料的。」出土物無疑
具有價值，神話傳說的材料則要進行各種辨別。運用這些材料的目的是「給無
人過問的史前期整理出一個粗略的系統」，但「想對史前期的中國社會發展過程

〔註13〕據呂振羽《中國原始社會史》增訂版序中所說，「自《史前期中國社會研究》
出版後，曾受到某些所謂史家和國學家的熱烈反對，勞得他們寫出好些篇專
文來評駁（如南開史學教授戴某等），甚至在紀念周的講演中公開謾罵（如北
平某教會大學校長陳某）；不過同時，又能獲得青年讀者的同情，與國內外學
術先進史學同道的獎許和指教，並蒙日本史家後藤富男先生譯成日文（譯名：
中國原始社會史考），聞尚有他國同道的翻譯，但我自己並未見著。」據筆者
所考，呂氏所說的南開史學教授戴某應是指戴家祥，戴氏曾於 1934～1936 年
任南開大學經濟研究所研究員，他於 1935 年寫了一篇呂著書評，批駁呂振羽
甲骨文字「已發展到了聲音文字階段」為「無稽之說」。見《政治經濟學報》
1935 年第 3 卷第 2 期，第 420 頁。而北平某教會大學陳某，指時任輔仁大學
校長的陳垣。
〔註14〕蔣大椿：《20 世紀中國馬克思主義史學》，收入羅志田主編：《20 世紀的中國：
學術與社會　史學卷（上）》，濟南：山東人民出版社 2001 年版，第 148～149
頁。

能完全正確無誤的決定，那當然還有待於地下的發現，和其他關於人類學、土俗學、語言學、古生物學等的進一步的研究。」〔註 15〕呂氏所構建的古史系統儘管未必完善，但是具有開創性，其獨闢荒莽的精神值得後世史家學習。

最後，運用了中外史學比較的方法。呂氏綜合比較希臘、羅馬、俄國、德國、日本等各國情形，否定了新生命派代表陶希聖和動力派代表李季等人提出的中國經歷了「商業資本主義社會」階段的說法，認為中國與這些國家一樣，都「依次經過原始公社制，古代奴隸制，中古封建制，近代資本主義制的相續的諸階段。」〔註 16〕

政治史方面的著作以錢亦石《中國政治史講話》為代表，係一部中國自原始社會至唐朝的政治發展史。全書共 6 章，緒論講政治史意義、範圍及研究方法，第 2 章無政治制度時期，講人類的原始及演進、原始社會的素描、中國人種的由來及古代史料上所見中國原始社會，第 3 章氏族政治制度時期，講氏族社會的素描、氏族政治制度的輪廓、從伏羲到帝嚳、堯舜禪讓、夏禹治水與世襲政治、殷商政治及氏族時期的意識形態等，第 4、5、6 章封建政治制度時期，講周代的經濟形式、西周的封建政治、周代封建矛盾的發展、秦代統治政策、周秦的意識形態、兩漢的經濟結構、政制、漢初皇室與封君的矛盾、兩漢的對外政策、王莽變法、兩漢的意識形態、六朝隋唐的社會經濟、三國與兩晉、南北朝與隋、唐代的治亂、六朝隋唐的政治組織及意識形態等。內容主要圍繞經濟形式、政治制度和意識形態等幾個方面展開，反映了彼時馬克主義史家編纂史書的基本體例。

通史方面最具代表性的作品是呂振羽《簡明中國通史（上冊）》和范文瀾《中國通史簡編》。還有翦伯贊《中國史綱》（第 1 卷）和吳澤《中國歷史簡編》。就目前來說，呂、范、翦的通史著作研究者眾，而吳著通史研究者鮮，頗不對稱。

吳澤《中國歷史簡編》，原名《中國社會簡史》，於 1942 年 11 月出版，較呂振羽《簡明中國通史》和范文瀾《中國通史簡編》晚出。吳著係其《中國歷史大系》的「簡明敘述」、「縮本」和「通俗本」。〔註 17〕從目錄上看，《中國歷

〔註 15〕原版自序，載呂振羽：《中國原始社會史》，桂林：耕耘出版社 1943 年 4 月增
　　　　訂版。
〔註 16〕呂振羽：《中國原始社會史》，第 16 頁。
〔註 17〕吳澤：《中國歷史簡編》序，大連：峨嵋出版社 1947 年版。

史簡編》與《中國社會簡史》基本相同，行文更為簡潔，他將後者中的緒論設為第一篇，下分兩章，為秦以前的史料與參考資料問題和中國社會形勢的發展階段，將原書第一篇改為第二篇，以下類推，共七編。全書按經濟構造、社會組織與家族制度、政治構造、意識形態等幾個方面加以敘述，體例嚴謹，記載史前原始公社制社會到「七七」抗戰的歷史，旨在構建體系完整的中國社會歷史著作，探索中國社會歷史發展的規律，以鼓舞民族抗戰的信心。〔註18〕此書的貢獻在於，首先，運用考古學家、地質學家的報告和大量的出土材料，駁斥了中國人種「日本說」、「印度說」、「美洲說」和「西來說」，認為「中華民族起源於華北，中國人種起源於中國本土；也由此證知，中華民族文化是獨立自生的，中華民族文化是獨具體系的，一切外來說，都是不正確的。」〔註19〕其次，對中國原始宗教和古代思想文化的研究，具有創造性。最後，史料宏富。從吳氏在第一編中羅列的各種參考資料來看，有出土的龜甲、獸骨、彝器、陶器、銅器、鐵器等實物，有古今名著、有地方報章雜誌、有地方志、有風俗習慣的考察、有當今原始部落的人類學調研資料等。雖然吳氏認為實物「是最可靠的主要史料，」但同時他也認為，神話傳說亦有「史料價值。而《山海經》等尤為重要。」〔註20〕說明他既重視實物，又注重神話資料。

二、新考證主義史學派

　　新考證主義史學派亦稱新歷史考證學派，興起於二十世紀二十年代，盛行於四十年代。他們在深受西方科學觀念影響的學術界，有著共同的特徵，「早年多學習自然科學，有著良好的科學素養，同時，又具有舊學的紮實功底，轉治史學後，以客觀、求實的態度，視求真為史學的最高目標，從史料入手，以歷史事實的確認為基本出發點，以近代的科學方法為武器，廓清了中國上古史的迷霧，解決了許多重大歷史問題，形成了歷史學的基本理論體系，把史學的走向近代推向了一個更高的階段。」〔註21〕代表人物有王國維、胡適、顧頡剛、陳寅恪、陳垣、傅斯年及其弟子等，〔註22〕抗戰時期，除了已故的史家王

〔註18〕吳澤：《中國歷史簡編》，序。
〔註19〕吳澤：《中國歷史簡編》，第 9 頁。
〔註20〕吳澤：《中國歷史簡編》，第 11 頁。
〔註21〕瞿林東主編：《20 世紀中國史學發展分析》，北京：北京師範大學出版社 2009
　　　　年版，第 86 頁。
〔註22〕瞿林東主編：《20 世紀中國史學發展分析》，第 99 頁。

國維和從政的胡適，其餘眾人在史學理論、通史、斷代史、社會史、中外交流史等各領域多有創獲。

史學理論與史學史方面：法律史專家楊鴻烈著《史學通論》，分為導言、史學的科學性質的鑒定、史學的「今」與「昔」、論歷史的正當「目的」、論歷史的功用、論史的分類、論與歷史有關係的種種科學等 7 章；陸懋德《史學方法大綱》，是其在清華、輔仁等大學授課的講義，內分 5 編：論歷史、史料、考證、解釋、著作等；史學史著作有魏應麒《中國史學史》，分上、下兩編，上編從史書、史官、史學等方面概述，下編分時段介紹歷朝歷代的史學，同時，就劉知幾、章學誠等人的史學理論進行評述；金毓黻《中國史學史（部定大學用書）》，分 10 章，介紹歷代的史學成就，除官修正史外，亦涉及其他各類史料；傅振倫《中國史學概要》，內分 10 章，論述史之解釋、史官建置、史學起源、史書名目、流別、史體得失、史籍名著舉要（上、下）、史學上兩大思想家、史籍之整理。以上所列著作，以金著為翹楚。

通史方面：黎東方《中國歷史通論（遠古篇）》，內分 4 章，為年代、地域、人種，從氏族到帝國，遠古經濟，中華遠古文化；其《中國歷史通論（春秋戰國篇）》，內分春秋戰國之分期、政治機構與政治內容、春秋戰國時代的經濟演變、輝煌燦爛的古典時代等 4 章；金毓黻《中國史》，屬中國史簡明讀物，重點從探求歷史因果的角度來敘述抗戰前歷朝治亂興衰。

斷代史方面：最具代表性的著作是陳寅恪的《隋唐制度淵源略論稿》和《唐代政治史述論稿》。《隋唐制度淵源略論稿》，分敘論、禮儀、職官、刑律、音樂、兵制、財政、附論等八個部分，來考察隋唐兩代制度的因革與發展歷程。《唐代政治史述論稿》，內分上、中、下篇，論述唐代統治階級自皇族至各名門望族的升降、政治革命、黨派分野、外族盛衰的連環性及外患與內政的關係等。黎東方《先秦史》，分 3 卷：上卷為「遠古」時代，分 8 章，講述舊石器、三皇五帝、夏、商、周的歷史；中卷、下卷分述春秋和戰國時代的歷史。呂思勉《三國史話》，分宦官、外戚、黃巾、後漢地理歷史和文學、董卓的擾亂、赤壁之戰的真相、替魏武帝辨誣、替魏延辨誣等 16 節。衛聚賢《諸葛亮征八莫》，對諸葛亮南征史實及出師表中「五月渡瀘，深入不毛「等語進行了考證。蔣廷黻《中國近代史》，全書共 4 章：1. 剿夷與撫夷，記鴉片戰爭，2. 洪秀全與曾國藩。3. 自強及其失敗，記洋務運動等。4. 瓜分及民族復興，記戊戌變法至北伐完成。郭廷以編《近代中國史（第 1～2 冊）》，將近代史斷限為 16 世

紀至 19 世紀 40 年代鴉片戰爭，與在歐美學者中流行的中國近代史分期相同。郭著對鴉片戰爭記述較詳，並稱在長篇引論中，多處採用了羅家倫的觀點。

　　專門史方面：以姚薇元、羅爾綱、簡又文成績為突出。姚薇元《鴉片戰爭史事考》，原名「魏源道光洋艘征撫記考訂」，對魏源所著《道光洋艘征撫記》一書逐句加以考訂。羅家倫題簽，卷首有蔣廷黻、郭廷以和著者序文 3 篇。羅爾綱《太平天國史綱》，分革命的背景、革命醞釀及爆發、十五年戰爭的經過、天朝田畝制度下的社會之展望、革命的性質及其失敗的原因等八章。羅爾綱《太平天國史叢考》，分 3 輯，收太平天國史論文 18 篇。書前有吳晗序。附圖。簡又文編譯《太平天國雜記（第 1 輯）》，收入《新時代史地叢書》），收史料、論文 10 篇。計有《太平天國起義記》《太平軍記事》《太平天國天京觀察記》《天京遊記》《太平兒》《太平天國金田起義錢記》《太平天國文學之鱗爪》《太平天國福字碑記》《太平天國洪氏遺裔訪問記》《太平天國戰役之史詩》，多為外國人親身經歷的回憶。書中有插圖多幅。書後附錄：《謝興堯桂林獨秀峰題壁詩雜記》《與李清厓先生詩論李星源死事書》。簡又文《太平軍廣西首義史》，分 7 卷：1.《太平天國全史》導言，2. 天王洪秀全之出身，3. 革命運動之醞釀，4. 積極準備舉事，5. 金田起義記，6. 虎兒出於柙，7. 馳驅入桂。書中有插圖多幅，書前有參考書目。簡又文《金田之遊及其他》（即《太平天國雜記 2 輯》），係其 1942 年 10 月至 1943 年 9 月赴太平天國起義地金田等 13 縣親自考查的成果，收集有關太平天國的史料、文獻，考查地理，採訪遺聞、傳說等，整理成書後，有文 14 篇，包括金田蒙山之遊、全州血史、洪德平靖泉考及有關詩刻、家書、手札、家世的考證等內容，附圖多幅。陳安仁《太平天國革命戰史概論》，分八章，論述太平天國運動的性質、爆發及失敗的原因。郭廷以《太平天國史事誌》（上，下冊），以日記事，除太平天國外，對同時的捻軍、天地會活動亦有記載，記載日期以中西曆並列，史料來源於二百多種中外書籍，書後附：天曆與陰陽曆對照及日曜簡表、太平天國人物表、主要戰役及將帥表、洪清兩軍戰爭地圖、清督師大臣表、剿撚統帥表、洪清兩方洋將簡表等。朱謙之《太平天國革命文化史》，分 3 章：1. 太平天國史料及其研究方法；2. 太平天國革命文化之背景；3. 太平天國革命文化之面面觀。後附《天德王之謎》一文。

　　社會史方面：曾資生《中國宗法制度》，包括宗法制度的產生及其基礎、周金文中的宗法記錄、家族財產共有與嫡長子繼承制、族外婚制與宗親製度、

宗法社會與儒家的禮制思想、典型宗法制度的分解等 8 章；徐炳昶《中國古史的傳說時代》，共 7 章：我國古代民族三集團考、論信古、洪水解、中康日食、徐偃王與徐楚在淮南勢力的消長、五帝起源說、所謂黃帝以前的古史系統考等；陶希聖《中國社會史（古代篇）》包括上古期、古代期兩篇共 7 章，論述氏族社會、原始封建組織的發生發達，氏族及原始封建制的崩潰與奴隸經濟的發達，統一國家之成立，社會改革之必要及其失敗等。

中外交流史方面：方豪《中外文化交通史》，收作者 11 篇論文及致向達等人的五封信。王婆楞《歷代征倭文獻考》，共 6 章：德化、向化、攜二、力征、勘患、制議。所引文獻自秦漢至明代，依次按帝紀、列傳、地志、藝文、東夷傳、倭人傳、四裔考、日本考排列，有按語及陳立夫序、著者序，附錄：《釋文獻涵義》《述漢學》《佛教的東傳》《日本使臣學者西渡求學》等。姚寶猷《中國絲綢西傳史》，分 7 章：中國絲綢的起源、西傳之路線、漢代西人對絲國及絲綢之觀感、西方語言中有關「賽里斯」諸字的語源及蛻變、桑蠶種子之西傳和西方絲業之發展、古代販運絲絹之民族等問題。書中資料多取材於我國各代正史及東西方學者有關論著。

少數民族史方面：羅香林《中夏系統中之百越》，收 5 篇論文，論述我國西南及東南地區諸民族的源流及諸族自古以來與中夏系統的親密關係。徐益棠編輯《邊疆研究論叢》（1941～1944），係關於邊疆民族研究的論文集，共收文 17 篇：聞宥《西藏緬甸系語文略說》、胡鑒民《羌族之信仰與習為》《苗人的家族與婚姻習俗鎖記》、史岩《陽關探訪記》、徐益棠《鑼鑼道場圖說》《廣西象平間猺民之宗教及其宗教的文獻》《廣西象平間猺民之婚姻》和邊疆研究論文選目。教育部蒙藏教育司編《川西調查記》，係西雜谷腦河流域、岷江流域茂縣至汶川一段地區的調查報告。分羌人部、戎人部、地理部、經濟部、農業部、動物部等六章。書中有插圖及表格。龔家驊編《雲南邊民錄》，介紹居住雲南各族居民的生活習俗。包括蒲人、木邦、普馬、阿度、山車等 88 個民族。吳澤霖、陳國鈞編《爐山黑齒的生活》，為爐山苗族的調查報告。注重於民政及禮俗方面。包括族系分佈、生活背景、家庭生活、經濟生活、宗教生活等 8 章。卷首有編者序言。吳澤霖等著《貴州苗夷社會研究》，收入《苗夷研究叢刊》，收關於貴州苗夷族社會情況論文 50 篇。卷首有王伯群的「貴州苗夷研究叢刊序」及吳澤霖、陳國鈞的著者序。卷末有「大夏大學社會研究部工作述要」等附錄 6 篇。盛襄學《湘西苗區之設治及其現狀》，分湘西概述、湘西

的苗胞、屯防之回溯、經濟與文化、今後工作之途徑、湘西各縣苗胞調查等 6 節。徐益棠《雷波小涼山之儸民》，收入《金陵大學中國文化研究所叢刊乙種》，分 11 章，介紹雷波小涼山的地理環境、彝族的居處、飲食、服飾、財產、婚姻、階級制度與政治、生與死、戰爭、宗教與巫術等。卷首有作者自序。唐兆民《傜山散記》（桂林：文化供應社 1942 年 9 月出版，1948 年 2 月滬初版），介紹廣西瑤山地區的社會概況。包括五種傜民、人口限制、傜民的優良特性、傜民與酒、傜民與歌等 37 篇。胡耐安《說傜》（1942 年出版，24 頁）介紹粵桂湘省瑤族的歷史、宗教信仰，生活習慣、風土人情等。

史籍整理校訂方面：姚薇元《二十四史解題》，對二十四史的作者、真偽、歷史作用與價值加以評述，並對各史的內容進行了簡明介紹。

三、民族本位文化史學派與戰國策派

民族本位文化史學派的代表人物主要以錢穆、柳詒徵、繆鳳林為代表。他們的弟子如徐文珊、鄭鶴聲、張其昀等，為此派的新生力量。

史學理論與史學史方面：徐文珊《歷史教育論》，係其在《文化先鋒》所發表論文的合集。分 12 章，論述歷史與民族、現實、將來、文化的關係，史學風氣的改革，歷史教育的實施以及歷史觀等。姚永樸《史學研究法》，分史原、史義、史法、史文、史料、史評、史翼等 7 類。

通史方面：以錢穆《國史大綱》和繆鳳林《中國通史要略》為代表。錢穆《國史大綱（部定大學用書）（上、下冊）》，共 8 篇，上冊 5 編，記上古至五代；下冊 3 編，記宋至清。繆鳳林《中國通史要略（第 1～3 冊）》，第一冊的內容為唐虞以前到秦漢；第二冊魏晉南北朝到宋元；第三冊述明清。據本書總目載，第三冊尚有民國和結論兩章，但注明「暫缺，俟再版時補撰」。重慶各版有「部定大學用書」字樣，滬版時取消。張蔭麟《中國史綱（上冊）》，講述自殷商至東漢前的歷史。作者受西方史學思想的影響，謂治史的原則為新異、實效、文化價值、訓誨功用、現狀淵源五條標準和因果及發展兩個範疇。

斷代史和地方史方面有鄭鶴聲《中華民國建國史》，所記自興中會成立至 1941 年。內容分為辛亥革命推翻清朝、北伐完成打倒軍閥、抗戰建國三個階段。戰時學者對東北問題的關注遠勝於現代史研究。薩孟武《中國社會政治史（第一冊）》，論述秦、西漢、東漢的社會政治史，多從政治制度和社會的矛盾入手。於毅夫《論東北問題》，分析「九一八」事變的真實原因，東北問題的

特點，國聯調查團報告書的背景主張，揭露汪精衛等出賣東北的陰謀，並提出解決東北問題的辦法。張其昀《東北問題（第 1 輯）》，共 8 篇。有《東北是中國的生命線》《沙上樓閣之日本大陸政策》《淪陷後之東北》《羅邱宣言與東北問題》《東北與南洋》等。

戰國策派「具有一定的歷史觀的前提，而不再認真研究歷史資料，徑直走上按既定觀念構建先驗性認識體系的唯心路線」〔註 23〕。這一派以雷海宗、林同濟、陳銓等為代表。他們的宣傳主陣地是《戰國策》半月刊和《大公報》「戰國副刊」，喬治忠批評此派「公然鼓吹實行法西斯主義」，「不僅是錯誤的，而且是反動的」，但他們「都沒有勾結國外法西斯勢力，其錯誤和反動只限於思想層面。」〔註 24〕他們的主要成就在文化史方面，以雷海宗《中國文化與中國的兵》一書為代表，此書係雷氏關於中國文化史的論文集，分上、下兩編。上編除總論——傳統文化之評價外，收文 5 篇：1.《中國的兵》；2.《中國的家族》；3.《中國的元首》；4.《無兵的文化》；5.《中國文化的兩周》。以上諸篇抗戰以前發表在《清華學報》上。下編除「總論——抗戰建國中的中國」外，另有兩篇是《此次抗戰在歷史上的地位》和《建國在望的第三周文化》。

其他難以進行派別劃分的史家，他們在政治史、民族史和世界史方面也是成果迭出。有李劍農的《中國近百年政治史》（湖南藍田：國立師範學院史地學會 1942 年出版），記述鴉片戰爭到北伐戰爭前後的中國政治史。陳安仁《中國近代民族復興史》（重慶：青年出版社 1943 年 11 月初版），共 3 章，論述中國近代民族復興的歷史意義與本質、思想淵源、史實、成功與失敗的原因等。劉熊祥《現代中國建設史》（史學書局 1946 年 5 月出版），內分三編：第 1 編，變法維新時期；第 2 編，國民革命時期；第 3 編，民族復興時期。記至抗戰止。李季谷的《西洋近世史》（重慶：中國文化服務社 1943 年 8 月初版，1945 年 1 月再版，1946 年滬 1 版），全書共分導言、從維也納會議到法國二月革命、德意兩國的勃興及美國的進步、列強爭霸及第一次世界大戰、戰後新世界等 5 章。

抗戰時期不乏與政治密切相關之作。如反映日本帝國主義侵華史、倭寇侵華史的著作有：吳重翰《明代倭寇犯華史略》，原為其 1938 年在嶺南大學授課

〔註 23〕 喬治忠：《中國史學史》，北京：中國人民大學出版社 2011 年版，第 348～349 頁。
〔註 24〕 喬治忠：《中國史學史》，第 351 頁。

時的講義。分為 6 篇：明代以前倭與中國之關係、明初倭患、江浙倭患前期、江浙倭患之後期、閩粵倭患、平秀吉犯朝鮮。孟錦華《明代兩浙倭寇》，記述明代倭寇侵犯浙東、浙西的史實。倭寇侵擾浙江，自明初至嘉靖年間最為劇烈。經明朝官民聯合抗擊，至明末方漸漸平息。王德瑫《明季之政治與社會》，主要論述兩個問題：1. 流寇的產生與敗滅；2. 明代士大夫的腐敗，國家機構的解體。作者從社會組織結構方面探討了明亡的原因。曹伯韓《日本侵華簡史》，記甲午海戰到「七七」事變的中日關係。湖南全省人民抗敵後援總會編《日本侵略中國史》，分 3 篇，介紹「九一八」前後到「七七」事變的日本侵華史。李潔西《日本侵略小史》，記述中日甲午戰爭至「七七」事變日本侵略我國的幾次重大事件。程伯軒《暴日侵華血史》，共 9 章。從甲午之戰敘至「七七事變」。有專章論述日本對華的經濟侵略、文化侵略。張覺人《日本帝國主義侵略中國史》，記述 19 世紀 70 年代至 1937 年「七七」事變的日本侵華史。緒論中論及日本侵華的原因、方式。作者將日本軍國主義勢力侵華分為 4 個時期：萌芽時期（1871～1893）、奠基時期（1894～1913）、擴張時期（1914～1930）、急進時期（1931～1937）。秦豐川、陳風章《日本侵略中國史》，述近百年來的日本侵華史，有 18 講。民團週刊社編《日本帝國主義者對華的侵略陰謀》，敘述民國以來日本侵華的歷史。有二十條、天羽四一七聲明、廣田三原則、從七七到八一三等 5 節。程孝慈《暴日侵華解剖》，共 9 章，分 5 個時期，剖析日本明代以來侵略中國的歷史：初期（即明代）到甲午中日戰爭、甲午戰爭至日俄戰爭、日俄戰爭至第一次世界大戰、第一次世界大戰至「九一八」、「九一八」至「七七」事蹟。有兩章專論日本對華的經濟及文化侵略。

反映歐戰史的有：胡秋原《歐戰論》，由其在《建國》上連續發表的論文和在國民外交協會的演說稿整理而成。內容涉及歐戰原因、性質、趨勢及應採取的對策等。張志讓的同名著作《歐戰論》，論歐戰性質、希特勒和墨索里尼和野心、德意之間的諒解、歐戰初期形勢與英法的失策、蘇聯出兵波蘭後戰局的巨變以及對歐戰前途的展望等。還有魏中雄《歐戰與遠東》、楊承芳《從北歐打到西歐》、關夢覺《地中海危機論》、陳鍾浩編著《歐戰與地中海形勢》、朱慶永《歐戰的發展——地中海與東南歐》、彭世楨《歐洲戰線》等。從內容上看，儘管這些著作撰寫較為粗淺，但足以證明中國學者對歐戰的關注度非常高，因歐戰影響世界和中國戰場的局勢。他們普遍預言，世界反法西斯同盟必將因歐戰而更加團結，中國人民的抗戰必將取得勝利。除了研究歐戰，當時的

學術界還普遍關注著太平洋戰場的局勢。相關的著作有：吳光傑《太平洋戰爭之研究》，概述日、美、中、英、荷、蘇等國國情，交戰各國的戰略，指出日本必敗。1943 年的再版中，增加了對印度洋形勢的說明及太平洋戰爭大事記等。劉光炎《近來之國際關係與太平洋大戰》，評論太平洋區域戰爭形勢、美日英蘇等國的太平洋戰略、美日軍事實力對比以及太平洋戰爭對國際政局的影響等。羊棗《論太平洋大戰》，羊著評論太平洋戰爭的特徵、戰場形勢、初期戰況及教訓、日本的動向、同盟國的任務等。此外，還有黃德祿《日本南進與太平洋形勢》、李菊休《太平洋戰後的世界》、汪松年撰輯《太平洋戰爭展望》、張兆麟《太平洋戰爭的分析與展望》等。儘管這些史學著作學術含量不高，但他們為抗戰史和歐戰史研究提供了許多非常有價值的史料，同時，宣傳了愛國主義精神，為民族抗戰的偉大事業做出了貢獻。

　　總之，國統區史學流派紛呈，史學著作各具特色。這一時期，馬克思主義史家通史書寫的顯明特點即是「以唯物史觀為指導，構建了中國馬克思主義史學的通史體系」〔註25〕。他們在抗戰時期的國統區，在極其艱難的生活條件下，於通史、史學理論與史學史和社會史等重要學術領域，均做出了重大貢獻，為馬克思主義史學在戰後的發展奠定了紮實的基礎。新考證主義史學派在史學史、專門史、中外交流史和少數民族史的研究方面，頗有建樹。其治史能綜合運用乾嘉史學與西方實證史學的方法。民族本位文化史學派的成就集中於通史撰寫方面，其治史重在宣揚中國傳統文化的價值。戰國策派以中國文化分期而揚名，卻因鼓吹「法西斯主義」而為今人詬病。就各史學門類相較，抗戰時期的斷代史研究明顯薄弱，期刊中發表的單篇史學論文正好能彌補其中的不足。

第二節　國統區的史學期刊

一、專業期刊

　　史學期刊「作為學術制度化的重要內容」，其出現「為史學研究帶來了許多新的元素，尤其是新興的學術發表行為，使得史學研究有了新的表達方式，民國史學的整體形態也因此發生變化。」〔註26〕但受戰爭的影響，此時學術論

〔註25〕李政君：《唯物史觀與抗戰時期的通史書寫》，《北京黨史》2017 年第 4 期。
〔註26〕王建偉：《專業期刊與民國新史學——以 20 世紀二三十年代學術的發表行為為中心》，《福建論壇》2007 年第 10 期。

文的發表園地——期刊，不算太多。據筆者粗略統計，戰前各類刊物如雨後春筍，抗戰期間的數量則大大縮減，約 500 種，國統區約 280 種，占抗戰時期期刊總數的 56%，淪陷區約 200 種，占 40%，根據地約 20 種，占 4%。在國統區的學術刊物中，史學刊物很少，專刊僅見 9 種，較著名的《史學集刊》，1936 年創刊，1937 日本全面侵華前停刊，1944 年復刊，旋即停刊，至 1947 年再復刊，辦刊時間極短，且呈現出極不穩定的狀態。《史學集刊》共出 5 期，刊文 88 篇，能計入國統區史學的只有 1944 年的 12 篇。《現代史學》存在時間雖長（1933～1937、1941～1943），但亦於 1937 日本全面侵華前停刊，能統計入國統區史學的只有 1941 至 1943 三年，41 年接續 1937 年，出第 3 期，42 年出第 4 期和第 5 卷 1 期，43 年第 5 卷 2 期，加上戰前的所有期數，《現代史學》共出 14 期，刊文 212 篇，其中戰時 58 篇。其他如《治史雜誌》《史學論叢》《史學季刊》《史董》《史料與史學》等專刊，僅一年即告夭折，出版期數最多者也只有兩期。

　　《國立中央研究院歷史語言研究所集刊》是民國時期影響最大的刊物，「代表了舊中國歷史學、語言學、考古學和社會學研究的最高水平。」〔註27〕共出 9 卷 20 本，1939 年 8 卷第 4 期後停刊。第 9 卷第 20 本是中央研究院成立二十週年專號，於 1948 年出版，其中的論文撰寫時間待考。第 12 本在 1947 年由商務重印，但其「曾於中華民國三十四年在重慶出版，」〔註28〕為抗戰前的事。第 19 本 1948 年由商務印書館出版，但一些論文撰寫於 1941 年，如李方桂的《莫話記略》。因此，嚴格來說，第 13 本以後發表的成果方可計算入國統區史學中。

　　《中國社會經濟史集刊》，也是民國時期頗具影響的名刊。1939 年接續 1937 年前的 5 卷，出版第 6 卷兩期，1944 年續出第 7 卷第 1 期，1946 年續出第 7 卷第 2 期，1949 年續出第 8 卷第 1 期，停刊。因此，從出刊的狀況看，斷斷續續，極不穩定，且只有 1939 至 1945 年的三期能計入抗戰時期國統區的史學成果。

　　由以上可知，作為史學論文發表的園地，史學類專刊的作用並不突顯。我

〔註27〕　朱守芬：《傅斯年和〈國立中央研究院歷史語言研究所集刊〉》，《史林》1999 年第 3 期。
〔註28〕　本刊告白，見《歷史語言研究所集刊　第十二本》，上海：商務印書館 1947 年版。

們更應關注的，是綜合性刊物和地理及邊疆研究期刊，抗戰時期，它們承載了發表史學類論文的主要功能。筆者認為，國統區重要的、影響較大的綜合性學術刊物有《文化先鋒》《東方雜誌》《思想與時代》《理論與現實》《中蘇文化》《人文科學學報》《文史雜誌》《中央週刊》《中國文化研究所集刊》《中國文化研究所彙刊》《中山學報》和《廈大學報》等。其他如《文化雜誌》《文史教學》《文哲季刊》《中國學報》《責善半月刊》《學術季刊》《學術雜誌》等也為抗戰時期國統區史學做出了貢獻。

二、綜合類期刊

在上述期刊中，《東方雜誌》是中國發行最早、持續時間最長、影響最大的綜合性雜誌。南京大學博士陶海洋認為，抗戰時期，《東方雜誌》關於中日戰爭的報導「大為增強，同時出現的經濟類作品針對性更強，很多作品述評了中國在抗日戰爭中經濟、貿易、金融等方面的具體應對之策，但這一時期的社會文化及文藝作品的質量卻開始下降。」〔註29〕經筆者逐期查考，這一時期，《東方雜誌》未發表史學論文。

《思想與時代》（1941～1948）是「一份在戰時及戰後的中國學界頗具影響力的同人刊物」，時間跨度較長，共出 53 期，主要「謀求的即為總結前一時代的文化（中國的人文傳統），代表此一時代的思潮（科學時代的精神），並欲意為後　時代播種（科學人文化的現代教育）。」〔註30〕因之，此刊的意義更在思想史層面。據筆者考察，此刊純學術類論文並不多見，主要集中於 1943年各期中，有史學、文學、哲學等，原因是 1942 年張蔭麟病逝後，1943 年發表各種學術論文，以志紀念。1944 年後的幾年，風格再次轉向，以思想闡發為主，與 41 和 42 兩年的風格類似。

《理論與現實》（1939～1947）高舉學術中國化旗幟，是國統區的左翼期刊，共 3 卷 12 期，1939～1941 年出 2 卷 8 期，1946 年出 3 期，1947 年停刊。主要發表哲學類論文，歷史類論文有嵇文甫《漫談學術中國化問題》（1940 年第 1 卷第 4 期），胡繩《論鴉片戰爭：中國歷史轉變點的研究》（1940 年第 1卷第 4 期），呂振羽《關於中國社會史的諸問題》（1940 年第 2 卷第 1 期），吳

〔註29〕陶海洋：《〈東方雜誌〉研究（1904～1948）──現代文化的生長點》，南京大學博士學位論文，中文摘要。

〔註30〕何方昱：《「科學時代的人文主義」：〈思想與時代〉月刊（1941～1948）研究》，復旦大學 2006 年博士學位論文，中文摘要。

玉章《研究中國歷史的方法》（1940 年第 2 卷第 2 期），呂振羽《「亞細亞的生產方法」和所謂中國社會的「停滯性」問題》（1940 年第 2 卷第 2 期），吳澤《老莊哲學的流派性》（1940 年第 2 卷第 1 期），楊榮國《論墨子哲學思想》（1940 年第 2 卷第 1 期），華崗《評侵略主義者的中國歷史觀》（1940 年第 2 卷第 2 期），侯外盧《第一次世界大戰與中山先生的外交政策》（1941 年第 2 卷第 3 期）等 9 篇。

《中蘇文化雜誌》（1936～1949），由中蘇文化協會在南京創刊，1937 年 10 月後改出抗戰特刊，卷期另起；自特刊 1 卷 3 期 1937 年 12 月起遷漢口出版，自特刊 2 卷 1938 年起遷重慶出版，自 17 卷 1946 年起兼出滬版、渝版，1946 年 10 月遷回南京出版，停刊於 1949 年 9 月。史學論文載有郭沫若的《屈原研究：屈原的藝術與思想》《中國古史及先哲思想研究：秦楚之際的儒者》，翦伯贊的《勞動生產力在歷史發展中之社會主義的階段》《兩宋時代漢奸及傀儡組織史論》《論明代倭寇及禦倭戰爭》《南宋初年黃河南北的義軍考》，侯外盧的《屈原研究：屈原思想的秘密》《屈原研究：屈原思想淵原底先決問題》《中國古代氏族專政與統治之起源》《黃梨洲底哲學思想與近代的思維方法》，吳澤的《蘇聯哲學思潮的鬥爭及其發展》等。

由此可見，雖然幾大綜合類名刊在抗戰時期的史學論文發表方面有所貢獻，但登載的論文畢竟不多，數量上無法與《文化先鋒》相抗衡。

三、邊疆研究期刊

邊疆研究類的刊物較多。有《邊疆研究》《中國邊疆》《邊疆人文》《邊疆研究學刊》《邊疆研究論叢》《邊疆通訊》《邊事研究》《邊政公論》《邊政月刊》《西北研究》《西南邊疆》《西南研究》《東北集刊》《東南海》等。所刊成果是我國邊疆史研究的重要史料來源。其中，《邊疆研究》由中國邊疆文化促進會於 1940 年 9 月在重慶創刊，卞宗孟主編，主要欄目有邊賢遺著、研究通訊、工作報告、藏書舉要等，載文介紹我國邊疆文化，研究邊疆問題，報導邊疆情況，刊載邊疆地區資料，有助於瞭解少數民族的語言、宗教和歷史。刊有趙公皎《蒙古逸史考釋》、康駒譯《中緬的歷史關係》、金毓黻《歷史上的東北疆域》、卞宗孟《二千年前東北之開拓者》、榮赫鵬《英侵西藏關係文件》等重要論文。惜僅出一期。《中國邊疆》（1942～1948），看似出版週期很長，但在 1944 年第三卷 7／8 期後即告停刊，1947 年復刊續出第三卷第 9、10 期，1948 年出版第

三卷第 11、12 期。抗戰期間所登載的文章數量極少，史學類論文僅有馬鶴天《西夏文研究與夏文經籍之發現》、寧墨公《明代九邊學說之研究》、許公武《土司制度略考》、顧頡剛《戴家齊君傳》等少數幾篇。《邊政公論》（1941～1948）是頗具影響力的邊疆研究刊物，主要介紹邊疆政治、經濟、社會、交通、教育、民族、宗教、語言和史地情況，其中搜集的邊政資料非常豐富。邊疆史的研究比重相對較低。刊發史學論文約 28 篇，主要有白壽彝《中國回教小史》、鄭鶴聲《近三百年來中華民族融合之趨向》《前清康乾時代之理藩政策》《清代對於西南宗族之撫綏》、李符桐《撒里畏兀兒（Sari—vgnrs）部族考》《回鶻文字來源及其演變》、姚薇元《藏族考源》《成吉斯汗之死期及地點與葬地》、吳傳鈞《近百年外人考察我國邊陲述要》、丁實存《清代駐藏大臣考》等。《邊政公論》作者群也常在《文化先鋒》中刊文。

　　戰時的地理專刊不多，較有影響的有《地理》《地理學報》和《地學集刊》等。這三種專刊登載的論文多為自然地理方面的，而乏人文與歷史地理方面的研究。故本文不做重點考察。

　　綜上所述，從史學著作和論文兩方面的成果來看，馬克思主義史學流派與新考證主義史學派實力明顯強於其他各史學流派。新考證主義史學流派，因其一直遵循科學精神，主張論從史出，用「證據說話」，所以係民國史壇主流。馬克思主義史學在這一時期，由理論轉向實證與社會發展規律的探索，為新中國成立後的主流地位奠定了基礎。

第三節　國統區史學研究特色

一、抗戰史學的兩次轉變

　　抗戰初期，史學界學風由戰前的為學術而學術向經世致用轉變。這是由社會大環境造成的。當國內局勢相對穩定時，學人還能在象牙塔裏專研學術，但戰爭開始後，隨著「文獻的淪陷，發掘地址的淪陷，重建的研究設備的簡陋，和生活的動盪，使得新的史學研究工作在戰時不得不暫告停滯，」〔註31〕學人面對的是如何拯救國家，學術研究也緊緊圍繞如何激發民眾，抵制外敵的入侵。進入四十年代，史學界的風氣轉變成為學術而學術與經世致用並舉。經世

〔註31〕張蔭麟：《中國史綱》上冊，自序，見《張蔭麟文集》，臺灣：臺北中華叢書委員會 1956 年版，第 445 頁。

致用滲入史學中，大部分史家都能在求真與致用之間找到平衡，但也有少部分史家強古就今，在史學求真的路上越走越遠。如常乃德和雷海宗的中國文化分期研究，均「出於現實的動機，為現實的方案而重建過去的。他們抱著『國家至上，為國家服務』的目的，但在客觀上卻恰恰迎合了蔣介石借抗戰之名加強其獨裁統治的企圖，為專制政權製造了學理上的根據，也就理所當然地受到進步學者的嚴正批判。」〔註32〕儘管國統區仍然存在「以古證今」的現象，但已然不是主流。求真的學者往往能抱著科學的態度，做到「為歷史而歷史」，而不因現實「篡改歷史」。

二、馬克思主義史家對史料的重視

中國馬克思主義史學的創始人、「五老」之一的呂振羽，他的《中國原始社會史》和吳澤的《中國歷史簡編》均以史料見長。李達在呂著序中即說，他認為目前我國學界對於本國史的研究，出現了兩大困難，一是運用何種方法研究歷史，二是如何發現與辨別史料。研究方法問題，可以靈活多樣，但不要落入機械主義的陷阱，則方法上的問題容易解決。史料工夫是史學工作者的基本工夫，要求史學工作者不斷去尋找、發現、理解和掌握各種與課題相關的史料，然後加以鑑別，去粗取精，去偽存真，如是，方能揭示出歷史的真相。〔註33〕李達的意思非常明白，即研究歷史所運用的方法固然重要，但史料問題卻更重要，如果運用錯誤，真假未辨，則會「顛倒歷史的真相」，後果是不堪設想的。

三、新考證主義史學派亦有史觀的指導

簡又文即認為研究歷史要站穩立場、認清觀點，這裡就牽涉到史觀問題，他秉持的史觀是生命中心觀。他認為以這種觀點來考察歷史，「便見其是人類為生命之存在，繼續，及發展，而奮鬥──不斷的奮鬥之活動，而史學就是要記述其全面的真象的。」因此，這一史觀是「為生活的，活動的，動力的史觀，」也是以歷史上的人為主體的。簡氏認為，他的史觀與「民生史觀」相同〔註34〕。

由上觀之，在抗戰時期的國統區，各大史學流派之間的對抗逐漸趨向緩和，不再像以前那樣壁壘分明──馬克思主義史家重史觀，輕史料；新考證主

〔註32〕張書學：《論抗戰時期中國史學思潮的轉變》，《山東大學學報》1995 年第 2 期。

〔註33〕原版李序，載呂振羽：《中國原始社會史》，桂林：耕耘出版社 1943 年 4 月增訂版。

〔註34〕簡又文：《太平軍廣西首義史》，上海：商務印書館 1944 年版，第 18 頁。

義史學派重史料，不重史觀，而是不斷互動，開始相互借鑒史學研究方法，改善研究中的不足。但兩者亦有所側重，馬克思主義史學流派要在尋求中國歷史發展的規律，而新考證主義史學流派重在考辨偽史，盡力還原「真實」的歷史。他們的目的都是一致的，即在抗戰的艱難時期，通過史學研究來激勵民族力量與抗戰信心，為建設我國的科學史學和保存、發展中華民族的文化貢獻力量。

第二章 《文化先鋒》雜誌概述

第一節 《文化先鋒》創辦、欄目設置及特色

一、創刊與發展

　　《文化先鋒》是抗戰中後期國民黨中央文化運動委員會主辦的綜合性學術刊物。1942 年 9 月創刊，1948 年 10 月終刊，共出版 9 卷 183 期。期間有所變化：1942 年 9 月 1 日～1942 年 12 月 24 日，週刊；1943 年 1 月 1 日～1945 年 1 月 21 日，旬刊；1945 年 2 月 1 日～1948 年 9 月 30 日，半月刊；1948 年 280 月，月刊。發行人為張道藩，主編為李辰冬，編輯為徐文珊，1946 年以後，主編為華仲麐。該刊自云「不是幾個朋友的集團」，也不是「什麼機關報」，而「是供給各位哲人學者專家發揮議論的園地」和「理論的薈萃所」〔註 1〕。由於刊物氛圍良好，稿酬較豐厚，吸引了各派作者撰稿。欄目設置有短論、論著、文藝、現代史話、書評、學術講座、文化消息、建國歷詳解等，然非完全固定，而是隨著形勢變化進行適度調整。所刊文章涵括政治學、經濟學、文化學、法學、歷史學、地理學、諸子學、社會學、哲學、文學、美術學、自然科學等學科，門類齊全，從不同側面反映了當時學術的全貌。

　　1947 年 3 月後，刊物風格發生明顯轉向，從學術討論變成意識形態的宣傳，雖間有學術論文登載，但已非主流。《文化先鋒》向我們展現了 20 世紀 40

〔註 1〕發刊詞，《文化先鋒》1942 年第 1 卷第 1 期。

年代學術研究的一個側面，並展現了時代轉變的特徵及學術、政治、社會三者
之間的互動關係。

刊物自發行以來，銷路暢旺，創刊號很快「銷售一空，茲為應讀者需要，
已將創刊號再版，現已出書。」〔註2〕而且從後來有人盜賣《文化先鋒》的情
況，也可反映雜誌受歡迎的程度。刊物以建設民族文化，促進文化事業為宗旨。
售價低，係非營利性刊物，由讀者自由訂購，從未採用派銷方式。但曾發現有
不法之徒派訂派銷，勒令訂閱，使很多商民上當受騙。〔註3〕刊物銷售渠道很
廣，在全國各大書店設立了經售處，在各地中國文化服務社設立外埠總經售，
訂閱則可享受折扣。此外，還向各市縣黨部贈閱，但要求其自負郵費和包紮費。
〔註4〕版本有瀏陽紙本、米色龍章紙本和土紙本，訂價不一。〔註5〕

二、辦刊宗旨

在創刊號《我們的態度》一文中，說明辦刊目的是「集中一切的意志與力
量以求三民主義的文化之建設」，「就是供給各位哲人學者專家發揮議論的園
地！我們不是幾個朋友的集團，也不想來辦什麼機關報，卻願把這刊物看成哲
人學者專家的喉舌，他們的理論的薈萃所。只要是不背於中華民國建國最高準
繩──三民主義的主張言論，本刊無不歡迎。」〔註6〕這裡的「哲人專家學者」
既包括社會科學領域的，也包括自然科學領域的，刊物歡迎他們在上面發表見
解，由此可見其包容度及對科學的重視。

《我們的態度》一文回答了什麼是文化和怎樣建設新文化的問題。文章
認為，文化具有民族性和時代性特點。「一民族有一民族的文化，一時代有
一時代的文化。」文化的形成緣於一定的時空關係，「空間性是指某一民族
所處的地理環境，舉凡土壤，氣候，山川，物產，以及一切的自然現象，使
居住在那裡的人們形成一種生活方式，這種生活方式的總和就是構成某民族
的文化的外貌。各個民族因地域環境的不同，於是有各民族的文化。時間性
是指某一民族所處的時代潮流。舉凡聖哲的思想，天才的發明，社會的風尚，
國家的法令，乃至一切典章，文物，宗教，藝術等等無一不足以表示一個時

〔註2〕《本刊啟事》，《文化先鋒》1942 年第 1 卷第 12 期。
〔註3〕本刊緊要事，《文化先鋒》1944 年第 4 卷第 4 期。
〔註4〕本刊啟事三，《文化先鋒》1943 年第 2 卷 5 期。
〔註5〕見「訂價表」，《文化先鋒》1943 年第 2 卷第 17 期。
〔註6〕《我們的態度》，《文化先鋒》1942 年創刊號。

代的特色。」《我們的態度》一文列舉了曾國藩、李鴻章領導的洋務運動，康有為、梁啟超領導的戊戌變法運動，孫中山領導的國民革命運動，陳獨秀、胡適領導的新文化運動與全盤西化主張，陳立夫倡導的中國文化建設運動和十教授的中國本位文化的主張。因發行人身份，刊物唯獨沒有提馬克思主義在中國的傳播與興起，這是不符合歷史事實的。文中強調，以三民主義為旗幟的國民革命運動「是一種最有力量的中國新文化運動。」顯然帶有官方宣傳的意味，不過，以自由、平等、博愛為價值觀的三民主義在當時亦有其價值。

由上可知，儘管《文化先鋒》辦刊的初衷「不想辦成機關報」，但從《我們的態度》一文中，我們可明顯看出，刊物貫徹的是蔣介石的「以三民主義的宇宙觀與哲學觀，從新建立各種學術的體系以及一切文化事業的中心」的思想。主編李辰冬在總結辦刊一週年時，也明確提出，「創辦本刊的目的是遵照蔣總裁的指示：『契合乎我們三民主義的哲學觀與世界觀，從新建立各種學術的系統，樹立各種文化事業的重心』」。〔註7〕在《文化先鋒》第三卷第四期，亦即1944年元旦的新年特大號中，再次重申了辦刊宗旨：本刊是根據總裁「以三民主義的宇宙觀和哲學觀，從新建立新學術體系及一切文化事業的中心」的指示而創辦的。〔註8〕

當然，在抗戰的非常時期，學人辦刊的指導思想大抵遵循三民主義。如《戰國策》的宗旨定為：「非紅非白，非左非右，民族至上，國家至上。」〔註9〕《學術評論月報》也以「國家至上民族至上」為信條，發揚學術，他們認為：「學術是文化的前衛，思想的結晶，文化是民族的精神，是國家的命脈，我們想充實民族的精神，樹立抗戰的力量，便不能不提高文化的水準，鼓勵學術的研究。」〔註10〕《新華日報》亦秉持「抗日高於一切，一切服從抗日」的原則，不僅救國，而且「需要在抗戰勝利後和衷共濟共同建國。民族獨立，民權自由，民生幸福的新中國是我們民族優秀的兒女們近百年來前仆後繼再接再厲所力求實現的理想。」〔註11〕可見，抗戰建國在當時是最大的政治，三民主義是各派共同追求的目標與理想。

〔註7〕 李辰冬：《本刊一年》，《文化先鋒》1943年第2卷第17期。
〔註8〕 佚名：《本刊今後》，《文化先鋒》1944年第3卷第4期。
〔註9〕 《本刊啟示（代發刊詞）》，《戰國策》1940年第2期。
〔註10〕 逸生：《發刊詞》，《學術評論月報》1941年創刊號。
〔註11〕 《發刊詞》，《新華日報》1938年創刊號。

三、欄目及特色

　　《文化先鋒》所設欄目眾多，有短論、論著、文藝、書評、青年園地、青年問題、國防運動、隨筆、建國歷詳解、現代史話、抗戰史話、文化消息（或稱文化通訊）、印度問題講座、科學講座、暑期講座、讀者通訊、問題討論、時論、科學運動、滑翔運動、青年運動。1945 年第 5 卷第 4 期增設新書介紹、讀書雜記、翻譯、雜著、遊記等欄目。1946 年第 5 卷第 25 期後，欄目名稱作了部分變更，短論更名為論壇、時評，文藝更名為文壇雜談，書評更名為書報春秋，文化消息更名為文化新聞，且各期不另設專欄，各類文章雜置其中，學術論文日漸減少，一期約一至兩篇。可見，學術探討已不再是刊物的主體風格。

　　上述各門類中，論著是重點，每期必載，但數量有所變化，第 1 卷第 1 期至第 2 卷第 7 期，論文固定為 3 至 5 篇，第 8 期至第 5 卷第 3 期增至 5 篇或 5 篇以上，第 5 卷第 4 期至 1947 年第 6 卷第 19 期，又降至 3 篇左右，第 20 期後，每期約 2 篇左右。綜合各期，發表論文共 700 餘篇，範圍涵蓋哲學、政治學、經濟學、社會學、歷史學、地理學和自然科學等，其中，史地類約 216 篇，占總數的 30.8%，可見史地學在《文化先鋒》中的份量。再對比其他刊物，《史地學報》學術研究論文僅 83 篇，《思想與時代》史地類論文約 50 餘篇，《理論與現實》論政治、經濟和哲學居多，史學論文僅 6 篇，《中蘇文化雜誌》中的史學研究論文亦不超過 20 篇，《邊疆研究》《邊政公論》《中國邊疆》所發表的史學論文亦很少，《地理》《地理學報》和《地學集刊》等，登載的論文多為自然地理方面的，而乏人文與歷史地理方面的內容。故《文化先鋒》是抗戰時期史學和其他學術論文發表的重要陣地，其影響力毋庸置疑。

　　現代史話和抗戰史話兩個欄目的設置，為研究歐戰史和抗日戰爭史提供了珍貴的史料。如著名新聞學家、抗戰期間擔任《中央日報》總編輯的劉光炎所著《席捲歐亞的戰雲》在《文化先鋒》分期連載，此後結集出版。劉氏之前還出版有《一九四一年國際局勢之回顧與前瞻》和《世界戰爭與中國》等兩部著作。戰爭年代，資料極其匱乏，劉氏雖未親至現場，但重慶外國人較多，從這些人口中所得來的資料也至為難得。如美國在太平洋戰爭前的準備情況，便是劉氏在前來參加中美文化協會的居里先生處探得，他將其發表出來，打消了國人對美國有無能力參戰的疑慮。現代史話欄目中還發表葛一虹的《追記泰戈爾先生紀念會》、易君左的《一九四一年轟炸集》等，易氏文在《文化先鋒》分期連載，名曰紀事，以詩文的形式，記錄了日機轟炸重慶時的情形及敵機走

後百姓恢復經濟生活的情況，同時，有助於我們瞭解戰時知識分子的境遇。另一個與現代史話相似的欄目是抗戰史話，在第 2 卷第 5 期和第 1 卷第 12 期有謝仁劍〔註12〕的《慰勞小記》、解方〔註13〕《衝到敵人的後方》等，記錄了抗戰救亡人員一路所見所聞的悲慘景象，反映了日軍的暴行與戰爭的殘酷。如解文記載了他從銅山退往宿縣途中的情況：銅山城被敵人二面包圍，人們紛紛隨守軍撤退，城裏聽不見人聲，看不見燈火，只剩下正在修築防禦工事的官兵，淒慘的景象，十分可怕，路上遇到從臺兒莊退下的隊伍，紀律嚴明，軍容肅壯。宿縣被日軍炸成一片瓦礫，軍隊撤到了城外進行駐守。〔註14〕從解氏的文字記載裏，我們可以看到部分國民黨軍隊並不像人們說的不堪一擊，而是勇敢地守護著祖國的每一寸土地。

短論於 1943 年第 2 卷第 8 期開設以後，便成了常設欄目，可見《文化先鋒》主創人員對它的重視。短論約 1200 字左右，由社內編輯撰寫，編輯署名僅列姓名的最後一個字，如珊（徐文珊）、麇（華仲麇）、灩（溢灩）、冬（李辰冬）、明（未知何人）等。短論設立的目的是欲「作一面鏡子」，「針對現實，掃除進步的障礙，從事於建設工作」，態度「是嚴正的，不諷刺，不謾罵，不

<hr>

〔註12〕謝仁劍（1905～1978），安徽祁門人，國民黨要員，抗戰後任上海市黨部書記長。1940 年 11 月，與陽翰笙同為文工會副主任委員，並兼任抗戰時期任國民外交協會秘書辰和光華大學，大夏大學教授。出身光華大學，留學美國，獲美利堅大學碩士學位，專攻外交和國際政治，一度參加外資部工作，具有外交的理論與實踐。1949 年赴臺，參加立法院外交委員會。他是一位讀書人，其文章簡而有法，博學強記，通知古今，其人剛果有氣，外嚴內明。材料來源來自秦孝儀主編，中國國民黨中央委員會黨史史料編纂委員會編輯：《革命人物志第 18 集》，臺灣：中央文物供應社 1977 年版。

〔註13〕解方（1899～1972）字矩正，曾用名解子義，山東省荏平縣人。畢業於濟南第一師範文學專修科，曾在惠民鄉師、濟南女中、瀋陽三高、青島女中、八中等校任教。「七‧七」事變後，投筆從戎，任蘇總動員委員會委員，魯南總動員委員會主任。1938 年 6 月任國民黨新六師高樹勳部政治部主任，積極抗日，並主張同共產黨團結抗日，支持幫助高樹勳同共產黨合作，為鞏固華北抗日統一戰線做了很多工作，並為促進高樹勳於 1945 年 10 月率部起義起了一定的作用。1947 年後歷任國立編譯館副編審、上海復旦大學、山東師範學院、華東大學、齊魯大學教授。1951 年 1 月當選為平原省協商委員會副主席，平原省援朝分會副主席。1952 年平原省撤消。1953 年任山東政協常委、秘書長、省人民代表大會代表。資料來源於林英海，葛紀謙主編，鄭州：河南當代人物辭典編輯委員會編：《河南當代人物辭典》，鄭州：河南當代人物辭典編輯委員會出版社 2006 年版，第 204 頁。

〔註14〕解方：《衝到敵人的後方》，《文化先鋒》1942 年第 1 卷第 12 期。

歪曲事實，不益惡增飾以圖快意」。〔註15〕發表過《加強發揚革命精神》《思想獨立與心理建設》《本刊今後》《邁進新階段》《地理常識的重要》《論改進學風》《發揚士的精神轉移社會風氣》《國防科學與文化建設》《為學生呼籲》《為學生進言》《何謂學術》《學術與抗戰》《建設國防文化》《文化不能商化》《民族健康與民族文化》《民族文化與國防文化》《時艱與文運》《談文章價值》《七年了》《學術現實化》《六年抗戰與民族文化的建設》《重視中央研究院評議會之建議》《學術與建國》《再論改進學風》《最近五十年》等重要文章。其中，《學術與抗戰》一文論述了學術與抗戰的關係，認為經濟與武器只是保證抗戰勝利的條件，屬末端，而學術才是取得抗戰勝利的根本。學術能支持和指導戰爭，亦可操控戰局，提高戰爭本身的文化水準，指示戰爭的對象與意義，加強戰爭的動力與勇氣。學術是衡量民族知識能力高低的標準，就成果來說，是民族知識能力的結晶，就功能來說，是民族知識能力的領導。既可代表民族的風氣，也可表現民族品質的優劣。民族的命運就決定在這最高知識能力的使用方向和方式上。問題的關鍵是使用方向和方式是否適宜生存，在內自立，在外抵禦外辱，以求得生活之美滿。作者關於衡量學術好壞的標準在於生存的觀點，意在指明學術應為現實服務。學會了解決問題的方法，但不使用，則此學術必為無用之術。如歷史這門學術，除了提高和振奮民族精神、傳承民族文化外，它也關注現實問題，從過去先人的經驗中尋找解決問題的思路與方法。所以，無論用學術的眼光看戰爭，還是戰爭的眼光看學術，都不能把他們截然分開，因為他們有一個共同的焦點，那就是現實的民族生存。《談文章價值》一文認為文章價值體現在有內容，有思想，有社會教育意義。批評文章無用論，呼籲大家看重文章的價值。《地理常識的重要》一文認為地理與生活密切相關，日常生活無不受地理的影響。離開地理談經濟是紙上談兵，真正經濟學當從地理研究起。呼籲加強地理教育，普及地理常識。由以上幾篇小文可以看出，短論的作用在於根據社會上出現的問題，提出相應的解決辦法，以求社會各方面的不斷進步，體現了《文化先鋒》學人關注現實和重視學術救國的長遠眼光。

　　書評，目的在於全面評價圖書內容的優劣，有助於引起讀者注意和重視，推動好書的出版和發行，是勾通作者、讀者與出版商的橋樑。〔註16〕在四十年

〔註15〕本社：《短論的使命》，《文化先鋒》1943 年第 2 卷第 8 期。
〔註16〕淑平：《學點書評和書評學知識》，《圖書發行研究》1996 年第 1 期。

代，書評還沒能發展成現代意義上的書評學，故在《文化先鋒》中，提要歸屬於書評欄，代表性著作即是丁實存的《新疆書目提要》。此書賅博精審，便於運用，前半在《邊政公論》發表，餘則陸續登載於《文化先鋒》中。〔註17〕《新疆書目提要》是治邊疆學術不可缺少的目錄要籍，至今影響很大。遺憾的是，時人僅注意到此書前半部，〔註18〕未能注意到《文化先鋒》登載的後半部，由此我們也可推斷出《文化先鋒》的學術價值。此外，《文化先鋒》中的書評均由名家所寫，如李長之的《正氣歌》《評馮友蘭〈新理學〉》《評〈新事論〉和〈新世訓〉》，王平陵的《〈蛻變〉讀後感》，陸侃如的《西園讀書記——評梁宗岱〈屈原〉》《西園讀書記——評衛聚賢〈巴蜀文化〉》《浦劍集》，馮沅君的《舒湮的〈董小宛〉》，杜若君的《關於經濟史的幾種譯本》，吳景賢的《偉大的建國者——讀馬元材〈秦始皇帝傳〉》，黃朝中的《評拉鐵摩爾著〈中國的邊疆〉》《貴州苗夷社會研究》，田榮的《讀〈西藏民族政教史〉》，王興瑞的《讀羅著〈國父家世源流考〉》等。其中，歷史著作類書評近三十篇。

　　文藝專欄有小說、詩歌、詞、散文、小品、隨筆等，一般一期有一篇，在整個刊物中占比不大。所涉名家眾多，如徐悲鴻、常書鴻、梁寒操、徐霞村、臧克家、馮沅君、姚雪垠、徐蔚南、沈從文、汪辟疆等。雖為文藝專欄，然其中亦涉及與歷史有關的內容。如李長之《道教徒的詩人李白及其痛苦》、朱偰《杜少陵評傳》、常任俠《記亡友滕固及其著作》、嘉陵《南口的今昔》、顧一樵《南疆雜詠》、汪家正譯《克伯屈自傳的片段》、蔣星煜-《論顏魯公之人格與書學》、李抱忱《赴美途中日記》等，以上文章既涉及文學史、藝術史等學術史研究成果，又涉及名人傳記、遊記和日記，為歷史研究保存了大量的史料，其價值亦值得我們重視。如常任俠的《記亡友滕固及其著作》，是最早紀念滕

〔註17〕編者按，《文化先鋒》1943 年第 1 卷第 19 期。

〔註18〕據魏治臻《新疆書目述略》，《邊政公論》1942 年第 1 卷第 9～12 期，共收明初至民國年間以線裝古籍為主的漢文新疆圖籍 100 多種，並附所錄諸書的內容提要和介紹，使未作提介者僅什一而已。見賈春光等編：《民族古籍研究》，民族出版社 1987 年版，第 173 頁。北京大學考古系資料室：《中國考古學文獻目錄（1900～1949）》（文物出版社 1991 年版，第 346 頁）、東北師大古籍整理研究所，辭書編輯室編著：《中國古籍整理研究論文索引　清末～1983年》，江蘇古籍出版社 1990 年版，第 441 頁）、甘肅省圖書館歷史文獻部編：《西北地方文獻索引　1905～1949》（甘肅省圖書館，1986，第 455 頁）等書所收《新疆書目提要》均僅記載了丁實存在《邊政公論》上所發表的前半部分，《文化先鋒》上發表的後半部分均未關注。

固的作品，也為新世紀以來學術界興起的滕固研究熱〔註19〕提供了原始素材。
著名詩人、教育家、科學家顧一樵（筆者注：即顧毓琇，字一樵）所著《南疆
雜詠》，以七絕的形式，描寫了新疆焉耆、輪臺、龜茲古渡、冰達阪、阿克蘇、
香娘娘墓、英吉沙、明鐵蓋三口、莎車、喀喇崑崙山口、崑崙頌、和闐、洛浦、
皮山葉城道中、玉河橋、巴楚露宿、玉爾滾、庫車、鐵門關、庫水什、吐魯番、
坎兒井等的情況，是治民俗史、地理史、地方史的上好材料。著名合唱指揮家
李抱忱《赴美途中日記》，記錄了赴美途中的所見所聞。

　　編後記在《文化先鋒》中所佔比重較大，每期都有，一是用以補白，二是
採用編後記的文體，介紹作者的情況、論文的核心內容、編輯的意見等。這一
欄目的設置，既有助於引起讀者閱讀的興趣，展現刊物的風格和編輯意旨，又
能讓讀者快速地瞭解整期的大概內容，節省讀者閱讀的時間。例如，體現編輯
意旨的，在第一卷第三期就已有非常迫切的表述：「我們特別需要各部門自然
科學的論文，固然自然科學貴實行不貴言論，且實驗報告本刊也不能刊登，但
我們相信每位自然科學家對自己本行都有個理想，何妨把這個理想具體地詳
細地談談呢……我們要使一篇文章有一篇文章的效果。這樣的注重效果，與自
然科學毫無二致。」所以，才會將郝景盛的《森林為何萬能》這樣的學術論文，
「寄到農林部、經濟部等機關，以作他們施政上或學術上的參考。」〔註20〕令
人遺憾的是，刊物的編輯們如此呼籲，好像自然科學界並未能積極響應，因為
從所有刊載的文章來看，自然科學類論文並非每期都有，而且登載的主要是郝
景盛的論文。在《文化先鋒》第二卷第二十三期更為直白：「本刊近來曾提出
一個口號，『學術現實化』，意思就是求學以致用。我們覺得這樣，學術上才有
中心，結果才不會落空。然而我們所提出的不過是一個原則，實際如何使它與
現實打成一片，則是各部門學者專家的事。……顧炎武先生不作無益於世道人
心的空洞文字，我們雖不敢十分嚴格的期望，但委實心嚮往之，」〔註21〕強調

〔註19〕自新世紀以來，滕固逐漸走入學人的視野，幾乎每年都有相關的研究成果。如
　　　　沈玉：《試論滕固現代繪畫史學中的「德國模式」》（《史學理論研究》2004年
　　　　第 4 期）、《滕固繪畫史學思想探究──對滕固兩部繪畫史著的考察與比較》
　　　　（《文藝研究》2004 年第 4 期）、石磊：《淺談滕固及其〈唐宋繪畫史〉》（《山
　　　　西師範大學學報》2006 年第 3 期）、朱志榮《滕固美學研究方法論》（《文藝研
　　　　究》2010 年第 9 期）、李雪濤：《有關滕固博士論文的幾份原始文獻》（上中
　　　　下）（《美術研究》2017 年第 3、4、5 期）等，總數達上百篇。
〔註20〕編後補白，《文化先鋒》1942 年第 1 卷第 3 期。
〔註21〕編後記，《文化先鋒》1943 年第 2 卷第 23 期。

學術研究要與現實相結合。編後記還會向讀者說明欄目設置的原因。如文藝專欄的設置，是因為「學術性刊物往往流於枯燥，所以我們亦不忽略文藝的力量，故每期酌量登點文藝作品。」書評專欄的設置是因為「我們現在現在缺乏嚴正的批評精神，本刊特別注意及此，故約定梁實秋、陳之邁、李長之、徐仲年、徐霞村、郝景盛以及其他善於讀書的先生們長期供給書評，務期每期有一篇或兩篇，以作中外古今典籍的評價。同時，又闢《出版春秋》一欄，以三言兩語之精闢語句，將往舊論著作適當之批評，使青年有一抉擇。」〔註22〕青年園地專欄的開設，是因為「青年為國家將來的棟樑，他們的思想，他們的行為，他們的願望，我們異常關心，故特開《青年園地》一欄，以作他們學術造詣的表現所，希望青年朋友多多惠稿，我們一定儘量容納，如不合本刊體例的，也負責退還，以示尊重。」〔註23〕編後記還會簡要介紹學術論文的核心內容、作者情況等。例如在以歷史學為中心的第二卷第二期，就載有「劉熊祥先生是三民主義青年團中央團部編審，他論中國歷史的演進以趨向國防化為中心，遍引史實作證，是極有力的主張，極新穎的看法。讀此，更可使我們因勢利導，益致於國防之強化。」〔註24〕編後記對有關學者工作單位、職務職稱與研究領域的介紹，為我們治學術史提供了重要的參考資料。

建國歷詳解，相當於「歷史上的今天」欄目，但內容更為詳細，更具學術性，「以日為綱，先敘事實，次述紀念辦法；有重要文獻，依次編入」〔註25〕，由徐文珊撰寫，第一卷第三期始，第二卷第十九期終，約30篇，每篇字數不一，多者約2000餘字，少者約100餘字。專欄設置之旨，依編者所說，係「追懷先德」，紀念「痛史」，臚舉「建國以來所歷的艱辛，所流的血漬，所建的事功，所立的基礎」，使人們「可以感受守成不易，以至後死者任務之艱巨」，其最終目的無非是宣傳「革命建國」、灌輸「公民知識」、激發鼓舞「抗建情緒」、供給「宣傳材料」，爭取抗戰建國的偉大勝利。〔註26〕欄目以紀念日的形式記載了民國時期發生的一些重大歷史事件，內容包括：「九一八」事變發生的起因、經過、國民政府對日政策的演變與抗戰事實；朱執信的革命事蹟，及徐文

〔註22〕編後補白，《文化先鋒》1942年第1卷第3期。
〔註23〕編後補白，《文化先鋒》1942年第1卷第3期。
〔註24〕編後記，《文化先鋒》1943年第2卷第2期。
〔註25〕洪亮：《抗戰時期的「歷史上的今天」——抗戰期間《文化先鋒》上的「建國歷詳解」欄目》，見李建平，張中良主編：《抗戰文化研究（第八輯）》，桂林：廣西師範大學出版社2014年版。
〔註26〕《建國歷詳解·引言》，《文化先鋒》1942年第1卷第3期。

珊所作《朱執信先生傳》，附於「紀念辦法」之後；國慶紀念日記載了辛亥革命的經過，並附「清帝退位詔」；黃興的革命事蹟，附孫中山所書《黃克強先生逝世時告同志書》及徐文珊所書《黃興傳》等；陳其美討袁起義；蔡鍔的雲南起義；松滬抗戰及停戰協定的簽訂，蔣介石倡導的新生活運動；孫中山逝世前史事，附《總理自傳》《總理遺囑》《總理臨終口頭叮囑》等重要文獻；袁世凱取消帝制；鄧仲元簡史；黃花崗七十二烈士記；革命政府的成立；胡漢民事蹟；徐錫麟起義；五卅慘案、沙基慘案發生的經過；陳炯明叛變；七七事變經過，附《抗戰建國綱領》；國民革命軍誓師北伐；廖仲愷生平及革命事蹟等。〔註27〕同時也紀念防空日、世界學生節、聯合國日、國際合作節、教師節、體育節、孔子聖誕節、詩人屈原、禁煙英雄林則徐等。〔註28〕由上而觀，「建國歷詳解」欄目設置的重點，主要是通過一個個歷史人物和歷史事件，來追溯和構建中華民國的革命史，以激發民眾的抗建熱情。正如洪亮所說，「建國歷詳解」中所記載的事件如同一個個神聖的符號，共同描繪構建民族共同體的畫卷，「這樣，革命史上的先烈為了中華民國的建立而做出的奮鬥、犧牲，便和當前人們為了保衛這個民族國家而付出的種種努力，獲得了統一的意義。」〔註29〕其實，「建國歷詳解」的意義遠不止此，革命人物的生平、傳記，重大歷史事件的敘述，清帝退位詔，《總理自傳》《總理遺囑》《總理臨終口頭叮囑》，蔣介石《西安半月記》，宋美齡《西安事變回憶錄》等重要文獻，為我們認識和撰寫中華民國史保存了極其珍貴的資料。

　　文化消息是民國期刊的常設欄目，用以登載學術文化界當前發生的大事和計劃舉辦的文化活動。《文化先鋒》中的「文化消息」專欄，名字幾經變換，有文化消息、文化動態、文化短播、文化通訊等，其內容多為學術文化的宣傳。「文化通訊」較為特殊，登載學人論學的文章，學術意味更濃。如羅香林所著《與葛豫夫先生論國文學術思想淵源與體系》《與陳寒剖教授論情理雙溶》等。〔註30〕其餘有報導陪都學術團體數量、反映重慶學術文化盛況的；有報導文化

〔註27〕 見《文化先鋒》1942 年第 1 卷第 3、4、6、9、14、15、17 期，1943 年第 1 卷第 18、21、22、24、25 期，1943 年第 2 卷第 1、3、5、6、7、11、12、17 期。

〔註28〕 見《文化先鋒》1942 年第 1 卷第 12、13 期，1943 年第 2 卷第 8、10、13、19 期。

〔註29〕 洪亮：《抗戰時期的「歷史上的今天」——抗戰期間《文化先鋒》上的「建國歷詳解」欄目》，見李建平，張中良主編：《抗戰文化研究（第八輯）》，桂林：廣西師範大學出版社 2014 年版，第 288 頁。

〔註30〕 見《文化先鋒》1943 年第 2 卷第 15、17 期。

界舉行國民月會、相互聯絡感情的；有行政院增發教育文化經費的；有文藝界抗敵協會召集文藝界「商討釐訂合理的稿費」的；有故宮古物展覽的；有孔子學院招生的；有徐悲鴻開畫展的；有期刊雜誌更名的；有老舍與趙清閣合寫劇本《尊師》的；有中研院院務會議改期的；有考古發掘的；等等。總之，報導的消息可謂是種類齊全，應有盡有，從一個側面反映出刊物發行的範圍非常廣泛。筆者經過梳理，認為「文化消息」中有很多是與我們學術研究關係密切的。如李辰冬所著《紅樓夢研究》獲得教育部學術資金，其著《三國水滸與西遊》一書由大道出版社出版，所譯《浮士德研究》，已由商務印書館印行；孔學會常務理事何鍵所著《禮經大學古本講義》一書，已由商務印書館出版；袁月樓《民族復興論》，由行健出版社印行；詩人易君左《如何創建民族新詩》，將在《文藝先鋒》上發表；蔣經國所著《新事業》《中國青年大團結》《人生》等書均在贛出版；孫中山手訂之《三民主義》原本，不日即可運來陪都。〔註31〕以上係著作出版方面。學術機構及學術界動態信息亦常有發布，如報導臺灣成立臺省國立編譯館的情況，館內分設學校教材組，社會讀物組，名著翻譯組及臺灣研究組。館長許壽裳擬編印《中國通史》，供臺胞閱讀。擬整理和翻譯日籍專家留下的有價值的著作，作為研究臺灣的資料。戰時南運古物分別存放在貴州安順及四川峨眉、樂山三處，戰後，故宮博物院院長馬衡把它們遷運至北平。中國史學會於 1943 年 3 月 24 日在重慶中央圖書館召開成立大會，到會的國內史學家及各大學史學教授有 120 餘人，顧頡剛任總主席，主席團成員有顧頡剛、徐炳昶、傅斯年、黎東方、黎錦熙、金毓黻、雷海宗、蔣復璁、陳衡哲等九人。〔註32〕學術著作的出版情況，學術機構及學術界的動態，都是我們學術史研究不可或缺的珍貴素材。

　　讀者通訊是溝通作者與讀者的園地。《文化先鋒》「讀者通訊」欄的設置，大受讀者歡迎，被稱為是「熱心服務社會」〔註33〕的體現，是「求學的指引，真不亞於茫茫大海中望見了燈塔。」〔註34〕內容有針對雜誌中發表的論文提出討論的，如讀者章學良讀了馮友蘭在《文化先鋒》上發表的《一元多元問

〔註31〕見《文化先鋒》1943 年第 2 卷第 17、23 期，第 3 卷第 2 期，1944 年第 3 卷第 12 期。1945 年第 5 卷第 3 期。

〔註32〕見《文化先鋒》1943 年第 2 卷第 2 期，第 3 卷第 2 期，1945 年第 4 卷第 19 期，1946 年第 6 卷第 1、2 期。1945 年第 5 卷第 3 期。

〔註33〕讀者通訊，《文化先鋒》1943 年第 2 卷第 17 期。

〔註34〕讀者通訊，《文化先鋒》1943 年第 2 卷第 4 期。

題》，不同意馮氏所謂「理」是「一元的，既定的，不變的」的觀點，認為「理」是「多元的，突變的」，批評馮氏「理先物而存在」，而不知「理皆寓於萬物」，認為馮氏之「理」相當於我國古代之所謂「玄理」「性理」，而非所謂「真理」，與現實相去甚遠。〔註35〕故章氏提倡實證的、科學的新哲學，反對馮氏所提倡的新理學。此外，還有很多此類文章，如徐明《答郝景盛氏〈評油桐之栽培及改良〉》〔註36〕、柏松《讀〈佛教的興起與釋迦牟尼〉》（與易君左討論）〔註37〕、田榮《讀〈佛教教義的檢討〉》（與易君左討論）〔註38〕、王永蕙《與燕義權先生論〈歷史藝術論〉》〔註39〕等。也有詢問學習問題的。如讀者趙宗光就郝景盛《評藥用植物》一文進行提問。〔註40〕讀者賀子楊詢問從事實際新聞工作和進大學學習新聞學理論何者重要？是否能推薦幾本新聞學著作和刊物？《文化先鋒》主要撰搞人，時任重慶《時事新報》副刊主編、《新蜀報》主筆的張聿飛一一給予解答，並推薦了戈公振《中國報學史》、趙君豪《中國近代報業史》、章丹楓《近百年中國報業之發展及其趨勢》等著作和《新聞戰線》等刊物。〔註41〕賀子楊與張聿飛的討論得到了一批在大學學習新聞學的學生周蔭恩、方特孚、王定一、姚守中的響應，他們寫信給雜誌社，勉勵賀氏要在這「知而後行的科學時代」，先學習新聞學理論，再將理論與實踐相結合，爭取為新聞界做出更大的貢獻。同時，他們也就自己的疑惑向張聿飛詢問新聞記者最應關注哪一門社會科學的問題。張氏回信建議他們多關注與社會密切相關的經濟科學。〔註42〕也有社會人士，不僅諮詢學習問題，還諮詢家庭糾紛問題，這些問題由黃炎培耐心予以解答。幫助讀者解答疑難擁有強大的專家陣容。茲附記讀者通訊欄導師一覽表〔註43〕如下：

　　哲學：馮友蘭　胡一貫

　　文學：梁實秋　王平陵　徐霞村　李辰冬

〔註35〕章學良：《「理」之實證性》，《文化先鋒》1944年第3卷第23期。
〔註36〕見《文化先鋒》1944年第3卷第19期。
〔註37〕見《文化先鋒》1944年第3卷第8期。
〔註38〕見《文化先鋒》1944年第3卷第18期。
〔註39〕見《文化先鋒》1944年第3卷第12期。
〔註40〕見《文化先鋒》1943年第2卷第19期。
〔註41〕讀者通訊，《文化先鋒》1943年第2卷第5期。
〔註42〕讀者通訊，《文化先鋒》1943年第2卷第9期。
〔註43〕資料係筆者在縮微膠卷中覓得。係《文化先鋒》1942年第2卷第5期。

史學：顧頡剛　鄭鶴聲　繆鳳林　黎東方　羅香林　王耀祖　劉熊祥
　　　白壽彝　徐文珊

諸子及文學史：羅根澤

地理：胡煥庸　林超　黃國璋

教育：吳俊升　陳東原

社會及文化：張鴻鈞　李安宅

自然及科學：盧於道　郝景盛

藝術：伍蠡甫　陳銓　金律聲　張洪島

政治：陳之？　張金鑒　林同濟

經濟：趙？坤　周漢夫

考古：馬叔平　商承祚　董作賓

外交：周子亞

法律：梅仲協　劉靜文

宗教：太虛法師　法尊法師　高鳳山　白壽彝　劉國鈞

新聞：張聿飛

邊疆：周昆田　李安宅

第二節　作者群

一、學者情況及論文篇次表

　　《文化先鋒》作者人數眾多，因篇幅所限，無法一一羅列，現僅就部分成員及論文發表情況統計如下：

表1：《文化先鋒》學者情況及論文篇次表

人物	出生年	籍貫	教育背景	當時身份	論文篇次	當時所在單位
張道藩	1897	貴州盤縣	英國倫敦大學；巴黎最高美術學院	《文化先鋒》發行人	10	中央文化運動委員會
李辰冬	1907	河南濟源	燕京大學文學學士；法國巴黎大學文學博士	中央文化運動委員會秘書；《文化先鋒》主編	12	中央文化運動委員會
華　仲	1911	貴州	中央大學文學士；	重慶大學教授；	3	重慶大學；中

麐		遵義	英國倫敦大學文學碩士	中央文化運動委員會專任委員；《文化先鋒》主編		央文化運動委員會
錢穆	1895	江蘇無錫	常州府中學堂	齊魯大學教授；齊魯國學研究所主任；華西大學教授兼四川大學教席	3	齊魯大學；華西大學
徐文珊	1900	河北遵化	燕京大學文學學士	中央文化運動委員會委員兼編譯科長；《文化先鋒》編輯	22	中央文化運動委員會
李長之	1910	山東利津	國立清華大學哲學學士	中央大學副教授；國立編譯館編審	7	中央大學；國立編譯館
林超	1909	廣東揭陽	國立中山大學地理學學士；英國利物浦大學地理系博士	西南聯大兼國立復旦大學教授；中國地理研究所研究員、所長	2	西南聯大
任美鍔	1913	浙江寧波	中央大學地理學學士；英國格拉斯哥大學地理系博士	國立復旦大學教授兼史地系主任；中央大學教授	2	國立復旦大學；中央大學
胡煥庸	1901	江蘇宜興	國立東南大學地學系畢業；法國巴黎大學和法蘭西學院進修	中央大學地學系教授、地理研究部主任、中央大學教務長、中國地理學會理事長	3	中央大學
劉恩蘭	1905	山東安丘	金陵女子大學畢業；美國克拉克大學碩士；英國牛津大學博士	金陵女子大學教授	9	金陵女子大學
郝景盛	1903	河北正定	北京大學生物系畢業；德國柏林大學自然科學博士和愛北瓦林業專科大學林學博士	中央大學森林系教授，同時任昆明北平研究院植物研究所研究員和所長	34	中央大學
吳文藻	1901	江蘇	清華學堂畢業；美	國防最高委員會	1	國防最高委員

		江陰	國達特默思學院學士；哥倫比亞大學碩士、博士	參事室參事兼任蒙藏委員會顧問、邊政學會常務理事		會參事室
孫本文	1892	江蘇吳江	北京大學文科哲學門畢業；美國伊利諾大學社會學碩士；紐約大學哲學博士	中央大學社會學系主任、教授、師範學院院長	3	中央大學
瞿菊農	1901	江蘇武進	燕京大學研究科畢業，哈佛大學哲學與教育學博士	重慶北碚鄉村建設研究所所長、鄉村建設育才院教授、鄉村建設學院院長	6	鄉村建設研究院
陸侃如	1903	江蘇太倉	北京大學中文系和清華學校研究院畢業；法國巴黎大學文學院博士	國立東北大學教授	4	國立東北大學
賀麟	1902	四川金堂	清華學堂畢業；美國奧柏林大學文學士；哈佛大學哲學碩士；德國柏林大學專攻德國古典哲學	西南聯大教授	1	西南聯大
馮友蘭	1895	河南唐河	北京人學哲學系畢業；美國哥倫比亞大學哲學博士	西南聯大教授、文學院院長	3	西南聯大
唐君毅	1909	四川宜賓	中央大學哲學系畢業；	中央大學教授	3	中央大學
劉熊祥	1911	湖南衡山	西南聯大歷史系畢業；浙江大學史地研究所碩士	重慶史學書局總編	4	重慶史學書局
羅根澤	1900	河北深縣	曾就讀於河北大學中文系、清華大學國學研究院和燕京大學國學研究所	中央大學教授	4	中央大學
李濟	1896	湖北	清華學堂畢業；美	中央研究院歷史	4	中央研究院

		鍾祥	國克拉克大學社會學碩士；哈佛大學人類學博士	語言研究所研究員		
傅振倫	1906	河北新河	北京大學史學系畢業；	重慶三民主義叢書編纂委員會編纂兼國立女子師範學院史地系教授；北碚修志委員會副主任、總幹事兼編譯館特約編審	1	三民主義叢書編纂委員會；北碚修志委員會
吳景賢	1910	安徽合肥	安徽私立湖濱中學畢業	重慶中央政治學校副教授	6	中央政治學校
簡又文	1896	廣東新會	美國歐柏林大學文學士；芝加哥大學研究院宗教教育科碩士	廣西省政府顧問；立法院委員	1	立法院
姚薇元	1905	安徽繁昌	清華大學歷史系畢業，清華大學研究院歷史門碩士	中央大學教授	1	中央大學

注：張道藩資料來源於《文化政客張道藩》，見南京市檔案館編：《民國珍檔：民國名人戶籍》，南京出版社 2013 年版，第 199～201 頁。李辰冬資料出於李立明：《中國現代六百作家小傳》，波文書局 1977 年版，第 111～112 頁。華仲麐資料出於林建曾，肖先治編著：《貴州著名歷史人物傳》，貴州人民出版社 2001 年版，第 129 頁。錢穆資料出於韓復智編著：《錢穆先生學術年譜　卷一》，中央編譯出版社 2012 年版，第 93 頁～94 頁。徐文珊資料出自周川主編：《中國近現代高等教育人物辭典》，福建教育出版社 2012 年版，第 510～511 頁。李長之資料來源於於天池、李書：《李長之傳略》，收入《晉陽學刊》編輯部：《中國現代社會科學家傳略　第三輯》，山西人民出版社 1983 年版，第 174～196 頁。林超資料來源於中國科學技術協會編：《中國科學技術專家傳略　理學編　地學卷 2》，中國科學技術出版社 2001 年版，第 139～151 頁。任美鍔資料來源於包浩生：《任美鍔》，見《科學家傳記大辭典》編輯組：《中國現代科學家傳記　第二集》，科學出版社 1991 年版，第 377～384 頁。胡煥庸資料來源於呂章申主編：《中國近代留法學者傳》，紫禁城出版社 2008 年版，第 330～334 頁。劉恩蘭資料來源於岱峻：《風過華西壩：戰時教會五大學紀》，江蘇文藝出版社 2013 年版，第 358～361 頁。郝景盛資料來源於中國科學技術協會編：《中國科學技術專家傳略：農學編：林業卷（一）》，中國科學技術出版社 1991 年版，第 236～245 頁。吳文藻資料來源於《吳文藻教授自傳》，中國人民政治協商會議江蘇省江陰縣委員會文史資料研究委員會：《江陰文史資料　第 8 輯，1987 年 08 月第 1 版，第 65～84 頁。孫本文資料來源於《孫本文學術年表》，見孫本文著：《孫本文文集　第十卷　1949 年後著、論文及其他》，社會科學文獻出版社 2012 年版，第 279～285 頁。瞿菊農資料來源於譚重

威:《鄉村建設實驗家瞿菊農》,《炎黃春秋》1998 年第 8 期和常州市地方志編纂委員會編:《常州市志》第三冊,中國社會科學出版社 1995 年版,第 1030 頁。陸侃如資料來源於劉紹唐主編:《民國人物小傳 第七冊》,生活‧讀書‧新知三聯書店 2015 年版,第 311 頁。賀麟資料來源於戴逸主編:《二十世紀中華學案 哲學卷 3,北京圖書館出版社 1999 年版,第 345～347 頁。馮友蘭資料來源於郭樑主編:《清風華影》,清華大學出版社 2013 年版,第 123～134 頁。唐君毅資料來源於賴貴三著,國家教育研究院主編:《臺灣易學人物表》,里仁書局 2013 年版,第 235～236 頁。劉熊祥資料來源於趙忠文:《中國史史學大辭典》,延邊大學出版社 1992 年版,第 230 頁和董耀會主編,《北大人》編輯部編:《北大人 2》,華夏出版社 1994 年版,第 338 頁。羅根澤資料來源於羅訓森主編,中華羅氏通譜編纂委員會編:《中華羅氏通譜 第二冊》,中國文史出版社 2007 年版,第 981～982 頁。李光謨編:《李濟先生學術年表》,收入李濟:《安陽》,商務印書館 2011 年版,第 265～272 頁。傅振倫資料來源於《傅振倫自述》,收入高增德、丁東編:《世紀學人自述(第三卷)》,北京十月文藝出版社 2000 年版,第 119～134 頁。吳景賢資料來源於西南師範大學教授名錄編寫組編:《西南師範大學教授名錄》,西南師範大學出版社 2000 年版,第 116 頁。簡又文資料來源於劉紹唐主編:《民國人物小傳 第 4 冊》,生活‧讀書‧新知三聯書店 2014 年版,第 418 頁～420 頁。姚薇元資料來源於李盛平:《中國近現代人名大辭典》,中國國際廣播出版社 1989 年版,第 539 頁。

　　上表人物選擇標準有二,一為期刊編委,二為當時學界影響力較大的學人。從《文化先鋒》作者群有以下特點:來自文學、史學、哲學、社會學、政治學、經濟學、自然科學等各學科領域;有國內外名校背景,且多在清華、北大、中央大學、燕京大學等校畢業後,到英國、法國、德國、美國的名校攻讀碩士、博士學位後回國效力;多為當時社會名流,至少為副教授以上職稱;無地域之別,來自全國各省份;所在單位分為兩大塊:一為大學,二為政府機關。作者群呈現的這些特點與學人整體認知、學術取向、刊物風格、時代特徵等都有密切關聯。

二、主要成員簡介

　　李辰冬(1907～1983),原名李振東,後更名辰冬,河南濟源縣南李莊人。1920 年就讀於河南省立臨汝十中,兩年後轉入開封聖安德烈中學,1924 年就讀於燕京大學國文系,畢業後,於 1928 年赴法國巴黎大學攻讀比較文學及文學批評,1934 年獲文學博士。同年回國任教於燕京大學和天津女子師範學院,1937 年任教於重慶中央政治學校,1941 年被張道藩聘任為中央文化運動委員會委員、秘書,後歷任重慶北碚教育部教科用書編輯委員會特約編輯、《文化先鋒》主編、《新思潮》月刊主編、北平參議會秘書長等職。1948 年因厭惡政

治，辭去公職，赴蘭州國立西北師範學院（現西北師範大學）任教，1949 年赴臺灣省立師範學院（現臺灣師範大學）任國文系教授，1952 年與趙友培合辦中國文藝協會小說研究組，任教務主任，1954 年創辦中華文藝函授學校，任校長，1963 年，應新加坡義安學院之聘，赴新加坡專心讀書和研究《詩經》，1969 年回到臺灣，任教於臺灣師範大學國文系和國文研究所，1978 年退休，1982 年創辦復興國學院，1983 年病逝於美國休士敦明湖城。一生著述頗豐，不僅有《紅樓夢研究》和《詩經研究》兩部最有影響的力作，還有《三國水滸與西遊記》《文學與青年》《新人生觀與新文藝》《文學與生活》《文學欣賞的新途徑》《文學與人生》《文學原理》《文學新論》《陶淵明評傳》《杜甫作品繫年》《怎樣開闢國學研究新境界》《詩經研究方法論》《詩經通釋》和《李辰冬文學批評自選集》等。另外，譯有《巴爾扎克研究》和《浮士德研究》。〔註 44〕李氏首接王國維《紅樓夢評論》考據之風，「以文學的立場，把小說當做專書來研究」，其《紅樓夢研究》成為三四十年代「最重要的紅學著作之一，代表了此期《紅樓夢》藝術研究所能達到的高水準。」〔註 45〕該書一年之內出至 6 版，可見其受歡迎的程度。他用科學的方法和以審慎的態度，歷經二十餘年，在《詩經研究》一書中，發前人所未發，得出詩三百零五篇均係尹吉甫一人所作的結論，被認為是一個「偉大突破」〔註 46〕。

徐文珊（1900～1998），河北遵化人。1915 年就讀於遵化省立五中（現一中），1929 年考入燕京大學文學系，受教於顧頡剛、胡適、錢穆等名師。畢業後在北平匯文中學任國文和歷史教員，後任國立北京大學中文系講師、副教授、教授。1937 年後，歷任教育部中學國文教科書編纂、國民黨中央文化運動委員會委員兼編譯科長，主編文化運動叢書，編輯《文化先鋒》等。1945 年後，任中央黨史會徵集處長、國史館和黨史館聯合辦事處主任。1949 年 8 月赴臺後，續任黨史會史職十年餘。後受聘東海大學兼職教授、中國醫藥學院、逢甲工商學院、靜宜文理學院教授等數職。出版有《歷史教育論》《中國史學

〔註 44〕李辰冬的資料可參考鄧慶佑：《李辰冬和他的〈紅樓夢研究〉》，《紅樓夢學刊》1995 年第 4 期；鄧慶佑：《紅學人物志》，北京：文化藝術出版社 2011 年版，第 372～375 頁；李立明：《中國現代六百作家小傳》，香港：波文書局 1977 年版，第 111 頁。

〔註 45〕解璽璋：《五味書》，合肥：安徽教育出版社 2013 年版，第 132 頁。

〔註 46〕羅盤：《李辰冬教授的學術貢獻——為紀念逝世一週年而作》，臺灣《文訊學刊》1984 年第 3 期。

概論》《中華民族之研究》《國父思想淵源與實踐》《中華文化概論》《先秦諸子導讀》《革命的人生觀》《史記評價》等二十餘部著作。〔註47〕

李長之（1910～1978），山東利津人。幼年即接受新式教育，1925 年考入山東省立一中，後考入山東大學附設高中，1929 年進北京大學預科甲部，1931和 1933 年分別入清華大學生物系和哲學系就讀。1936～1948 年，先後任清華大學華僑生、蒙藏生導師、京華美術學院教授、重慶中央大學助教、講師、副教授、北京師範大學教授等職。1949 年加入新民主主義文化建設協會，1951年之後一直在北京師範大學任教授，主要從事《紅樓夢》注釋和《新華字典》修訂的工作。著作有《魯迅批判》《司馬遷之人格與風格》《陶淵明傳論》《波蘭興亡鑒》《文史通義刪存》《中國文學史略稿》等二十餘部。〔註48〕

劉恩蘭（1905～1986），山東安丘人。1919 年考入南京匯文女子中學，1921 年考入南京金陵女子大學，畢業後任該校附中工作。1929～1932 年在美國克拉克大學攻讀自然地理碩士。獲得學位後回母校金女大創建地理系，並擔任系主任。同時，與竺可楨一起創建了中國地理學會和氣象學會，被選為理事。1938 年，赴英國牛津大學攻讀博士學位，畢業後回國繼續在金女大任教。1951 年後在東北師範大學、哈爾濱軍事工程學院等校任地理學教授。1978 年任國家海洋局教授兼顧問。著有《中國農業氣象》《中國雨量變率的研究》《川西之高山聚落》《河西走廊經濟發展中的地理條件》《海岸控制與航道維護》等。〔註49〕

劉熊祥（1911～1994），湖南衡山人。1925 年考入衡陽三中，1927 年任小學教師，1928 年考入湖南第一師範，1933 年畢業後任小學教師，1936 年考入北京大學歷史系，抗戰爆發，隨校遷往昆明，1940 年畢業於西南聯大，同年考取浙江大學張蔭麟的研究生，攻讀中國近代史，1943 年畢業，碩士論文題目為《清季聯俄政策之始末》，是年至 1949 年，先後任浙江大學史地研究室編

〔註47〕 徐文珊的資料主要參考方成毅主編：《遵化之旅》，石家莊：河北美術出版社 2000 年版，第 121～122 頁；周川主編：《中國近現代高等教育人物辭典》，福州：福建教育出版社 2012 年版，第 510 至 511 頁。

〔註48〕 李長之的資料可參考王志民主編：《山東重要歷史人物 第八卷》，濟南：山東人民出版社 2009 年版，第 293～297 頁；劉德龍 李海萍 楊宗傑等編著：《山東籍的當代文化名人（上卷）》，濟南：山東出版集團 2006 年版，第 20～22 頁。

〔註49〕 劉恩蘭的資料可參考錢煥琦主編：《金女大校友 口述史》，南京：南京師範大學出版社 2015 年版，第 16 頁；岱峻：《風過華西壩：戰時教會五大學紀》，南京：江蘇文藝出版社 2013 版，第 358～361 頁；青島市史志辦公室編：《青島市志・人物志》，北京：五洲傳播出版社 2002 年版，第 152～153 頁。

輯，重慶史學書局總編，《史學雜誌》主編，《青年抗戰叢書》編審，中央幹部學校副教授，湖南國立師範學院副教授，西北師範學院歷史系教授等，1950 年入華北人民革命大學政治研究院學習，1951 年回西北師院繼任教授，直到退休。曾兼甘肅省政協委員，甘肅省志編纂委員，民盟甘肅省委員會副主任委員等職。著作有《清季四十年外交與海防》《清季十年聯俄政策》《中國近代史》《中國近代史研究》《現代中國建設史》等。〔註 50〕

羅根澤（1900～1960），河北深縣人。幼入私塾，1910 年入小學，後考上深縣中學，因家貧而中輟，考上河北省立第一師範後，又因患病而休學，後來跟隨深縣本籍學者武錫鈺讀先秦經史之學與古典詩文，武氏是桐城派著名學者吳汝綸弟子，精於國學，羅先生於此得益甚多，1925 年隨出任河北大學中文系教授的武氏入讀該校，1927 年考取清華學校研究院國學門，同時考取燕京大學國學研究所，1929 年畢業，同年由劉盼遂介紹入河南大學任教，1930 年任河北大學教授，兼天津女子師範學院教授，1931 年任中國大學、北京師範大學教授，1932 年由郭紹虞推薦至清華大學任教，1934 年任安徽大學教授，1935 年復任北京師範大學教授，1937 年任西北聯合大學教授，1940 年任重慶中央大學教授，兼四川教育學院教授，解放後任南京大學教授，中國科學院社會科學部文學研究所兼職研究員。著作有《古史辨》第四、六冊（主編）《中國文學批評史》《樂府文學史》《魏晉南北朝文學史》《羅根澤古典文學論文集》等。〔註 51〕

吳景賢（1910～？），原名吳尚禮，安徽合肥人。1926 年畢業於安徽私立湖濱中學。1927 年 1 月～1938 年 8 月，歷任合肥私立養正小學、安徽私立湖濱中學、安徽省立宣城中學等校教師，安徽省立圖書館館員、流通股主任。1938

〔註 50〕劉熊祥的資料可參考（美）陳潤成，李欣榮編：《天才的史學家：追憶張蔭麟》，北京：清華大學出版社 2009 年版，第 100 頁；《中國社會科學家辭典》（現代卷）編委會：《中國社會科學家辭典 （現代卷）》，蘭州：甘肅人民出版社 1986 版，第 182 頁；周川主編：《中國近現代高等教育人物辭典》，福州：福建教育出版社 2012 年版，第 161 頁；中外名人研究中心編：《中國當代名人錄》，上海：上海人民出版社 1991 版，第 212 頁；趙忠文：《中國史史學大辭典》，延邊：延邊大學出版社 1992 年版，第 230 頁。

〔註 51〕羅根澤的資料可參考者眾多，主要有：南京大學文學院編：《南京大學文學院百年史稿》，南京：南京大學出版社 2014 年版，第 233 頁；深州市地方志編纂委員會編：《深縣志》，北京：中國對外翻譯出版公司 1999 年版，第 577 頁；羅訓森主編，《中華羅氏通譜編纂委員會編：《中華羅氏通譜 第二冊》，北京：中國文史出版社 2007 年版，第 982 頁；吳岩，李曉濤：《古史辨派》，長春：長春出版社 2013 年版，第 192 頁。

年 9 月～1948 年 12 月，任湖南國立師範學院史地系助教、講師，重慶中央政治學校講師、副教授，南京國立政治大學副教授、教授。1949 年 1 月～1952年 3 月，任國立女子師範學院史地系教授兼總務主任，西南師範學院史地系教授，主講中國通史、中國近代史、秦漢史、明清史等課程。〔註 52〕

郝景盛（1903～1955），河北正定人。幼入私塾，1920 年方上縣城高小，後考入河北省立第七中學，1924 年被推薦至旅順工科大學就讀，1925 年因參加反日學生運動，被學校開除，同年考入北京大學預科，後入生物系學習生物。1931 年畢業，任北京大學植物研究所助理員，1933 年考取河北省公費留美，後改去德國，先後入柏林大學理學院和愛北瓦林業專科大學攻讀，於 1937 和 1938 年分獲兩校博士學位，博士畢業後，經香港、河內回國，任雲南省建設廳林務處技正，兼國立中山大學林學教授，1940 年由梁希推薦至重慶中央大學農學院森林系任教授，1943 年，兼任昆明北平研究院植物研究所研究員、所長，1945 年任東北大學森林系教授兼農學院院長，1947 年專任北平研究院植物研究所研究員，1954 年調任中央林業部總工程師，技術委員會主任。著作有《中國北部忍冬科圖志》《中國楊屬植物誌》《中國柳科植物誌》《青海植物地理》《中國林業建設》《造林學》《森林萬能論》《中國木本植物屬誌》《林學概論》《科學概論（生物學篇）》等。〔註 53〕

〔註 52〕吳景賢的資料可參考者較少，筆者主要參考的是西南師範大學教授名錄編寫組編：《西南師範大學教授名錄》，重慶：西南師範大學出版社 2000 年版，第116 頁。

〔註 53〕中國科學技術協會編：《中國科學技術專家傳略：農學編：林業卷 （一）》，北京：中國科學技術出版社 1991 年版，第 236～239 頁；中國人民政治協商會議正定縣委員會文史資料委員會：《正定文史資料 第 4 輯 正定歷代名人》2002 年，第 228 頁；袁寶華主編：《中國改革大辭典 上》，海口：海南出版社 1992 年版，第 1077 頁。

第三章 「救時之弊」:《文化先鋒》之史家與史地學

第一節 簡又文、姚薇元的史學實踐

　　無論從成果數量還是影響力來說,在國統區,新考證派明顯處於主流地位,主要由胡適、傅斯年、顧頡剛、陳寅恪、陳垣和他們的弟子及從海外學成回來的青年史學家組成。抗戰時期,他們的名字經常出現在《文化先鋒》《國立中央研究院歷史語言研究所集刊》《邊政公論》等刊物上。在《文化先鋒》上活躍的史學家有:徐文珊、蔣星煜、劉熊祥、燕義權、白壽彝、傅振倫、錢穆、太虛、朱子方、李絜非、李長之,葉法無、羅根澤、張默生、唐君毅、吳景賢,吳傳鈞、姚薇元、羅香林、徐德嶙、簡又文、李符桐等。從治史方法來說,國內的新考證派與國外的留洋派可謂是同根同源,而簡又文和姚薇元是其中的佼佼者,他們在抗戰時期撰寫的史學論著,比較典型地體現了新考證派的治史特點。

一、簡又文的太平天國史研究

　　與羅爾綱齊名的太平天國史研究專家簡又文(1896～1979),童年入述善小學堂,肄業後進專塾,學習中國文學及歷史。十二歲入美國教會在廣東所辦嶺南學校中學。20歲入美國奧伯林大學,1917年畢業,獲文學學士,並回國省親。1918年再渡美,入芝加哥大學研究院,專修宗教學,師從歷史批評家

古士舉〔註1〕和宗教學家史美夫，逾年，獲碩士學位，1921年因父病返國。其治學謹遵芝加哥歷史與宗教學派，「在歷史、宗教、哲學、藝術等方面，均有成就。」〔註2〕尤其「研究太平天國史，頗心儀其人。」〔註3〕據梁羽生回憶，1944年他拜簡又文為師時，簡「早已是名滿全國的太平天國史學者」〔註4〕。戰時編譯有《太平天國雜記（第2輯）》，又名《金田之遊及其他》，是太平天國史研究的重要史料。他的治史方法，注重利用中外史料和實地調研，融會貫通。

簡氏的抱負在於「集中畢生的時間，才幹，精神，能力，以從事於此專精的學術工作——包括史料之發見，考證及整理，各特殊問題及各方面真相之透僻的研究，與夫全部歷史之寫作。」〔註5〕這一志願終於在1961年實現，完成《太平天國全史》，為太平天國史研究做出了很大的貢獻。《太平軍廣西首義史》即《太平天國全史》之第一部（以下稱簡著），是在《大風（香港）》《文化先鋒》《建設研究》上發表的論文基礎上編撰而成，係「太平天國史的傑作」〔註6〕。因本文論抗戰史學，故以1944年的商務本為底本，分撰寫目的、史料範圍、主要內容和簡氏其人其書的評價等幾個方面進行論述。

撰寫目的。簡著是受廣西省政府之託，考察和整理太平天國史蹟史料，並與《金田之遊及其他》一書和多篇論文融會貫通，成一系統之史，記載洪秀全

〔註1〕 美國古士舉著：《新約小史》，簡又文譯，中華基督教文社1926年版，繆秋笙序。關於師承，簡氏在其《太平天國全史》卷一《歷史的歷史》中說得至為詳細：「綜計我所受的治學訓練之最得力者為下列諸位大教授：如倫理學之H.C.King，宗教史學之 Shaier Mathews，S.J.Cass，E.Haydon，（Chicago）Me Giffert（Union），宗教哲學之 G.B.Smith（Chicago），Lyman（Union），宗教心理學之 Ames.（Chicago），G.A.Coe（Columbia），聖經考證學（Higher Critiecism）之 J.M.P.Smith，Votow（Chicago），社會學及社會倫理學之 Ellwool（曾在芝大授課一學期），H.F.Ward（Union），哲學及美學之 H.M.Kallen（New School of Social Research），這裡一一表出，所以紀念和答謝師恩也。抑有進者，他們當中好幾位史學專家是曾於壯歲留學歐洲大陸圖秉根大學的。（Tubingen Univ）故他們所傳授的治學精神及方法，乃是一脈相承的圖秉根歷史學派，復發揚廣大而演成芝加高的歷史及宗教學派。」
〔註2〕 左雙文：《近代史家和20世紀三四十年代香港史學》，《史學史研究》2004年第1期。
〔註3〕 蕭一山序，見簡又文：《太平軍廣西首義史》，上海：商務印書館1944年版。
〔註4〕 梁羽生：《金應熙的博學與迷惘》，收入羅孚編：《香港人和事》，北京：中央編譯出版社2010年版，第4頁。
〔註5〕 簡又文：《太平軍廣西首義史》，上海：商務印書館1944年版，第8頁。
〔註6〕 顧頡剛：《當代中國史學》，上海：上海古籍出版社2006年版，第94頁。

出生、成長，聚眾起義，作戰年餘，直至打出全州邊界為止。首先，簡氏以書明志，表明其抗戰決心和書生報國的情懷。在此著首頁，我們可以看到非常醒目的識語：「謹獻此書於為國族生存而抗戰的全體忠勇將士」。其次，發揚廣西革命運動之光榮史。再次，書寫太平天國信史。簡氏認為，中外古今官方或私家的史籍之記載太平天國史蹟者，以此一時期為最多，然「真偽雜陳，紛紜其說，莫衷一是，迄無一部信史。」簡氏的抱負即在於撥開迷霧，不能「任其錯誤相承，習非成是」，否則國人將會陷入「假知識之黑暗域中」，難以見到歷史的真實。為此，他也謙虛地說，「相對論者告訴我們一條真理：世上無絕對，亦即無完善。所以我不敢侈言這本書各卷所敘的是完善無訛及於各問題的答案皆絕對不錯。由於個人學問未深，識見未到，讀書未多，參考未備，觀察未周，根據未足，思慮未及，以致述辭未工，詮義未達，判斷未真，考證未確，各種可能的缺點，在在難免。」「以著者積年所受的治學訓練，必要先得充足的事實為根據乃敢試下結論。」「必要俟全部事實既明，乃作結論於最後頭，如此可免蹈空疏寡要與籠統抽象之弊，亦較符合於科學方法也。」所附地圖，都是「親到各地考察所得，復參考軍用地圖與廣西省縣輿圖而製稿。」〔註7〕可見此地圖的彌足珍貴，亦可見其書寫信史的決心與行動。

簡著所涵括的史料範圍。史料是揭櫫史實的基本保障，從正文前的參考書目來看，所引資料可謂包羅萬象，有今人所集史料，有野史、詩歌、小說、傳記、日記、載記、詔書、供辭、家書、布告、劍橋大學藏本、英人著述、國人和簡氏本人譯本、官方記載、私家著述、清人文集、地方志、雜錄、國內外時人作品、地圖、碑刻、遊記、採訪、報章雜誌等。從史料規模來看，凡是國內外保存下來的所有有關太平天國的史料，幾乎網羅始盡，遠超前代史書，從而有助於在撰寫過程中減少偏見，盡最大努力還原真實的太平天國史。

簡著的主要內容。縱觀全書，大體可分以下幾個方面：

（一）太平天國史的撰寫背景及治史方法

太平天國史的撰寫背景。首先，釐清國人對太平天國的態度。簡氏從心理學的角度考證了態度不一的原因。他認為，厭惡及痛恨者蓋因「其先世身罹兵燹之災，飽受此役之害」和深中了清政府「宣傳謬說的毒素」，以致「於當時戰事真相不明，是非莫辨，由是而萬惡皆歸，視同匪寇，目為叛逆焉。」同情

〔註7〕簡又文：《太平軍廣西首義史·自序》。

和贊許者則因其深明民族大義，認為太平天國運動符合當前革命的需要，「實為民族革命之鬥爭，曾予清廷以致命傷之打擊，」「使民族意識與革命精神常在動盪鼓舞中而無時停息。」其次，追趕熱潮。隨著辛亥革命的成功，太平天國更是被當作民族革命的典範而引起國人極大的興趣。「近十餘年來，乃有學術界人士著手以科學方法而研究太平天國歷史」，他們「或則從事史料之發見與整理及考證，或則致力於專題與片面之研究，或則努力於全史之撰述。」〔註8〕太平天國史的研究蒸蒸日上，成一時熱門。它之所以能成為人們熱衷研究的對象，因太平天國是推翻滿清政權、恢復漢族河山的民族革命運動，意義重大，它的破壞性、毀滅力強，影響深遠，給予抗戰建國以資鑒。由此而觀，以史為鑒，才是簡氏撰寫太平天國史的最終目的。

在治史方法方面：簡氏提出了六要點：1. 確定任務；2. 站穩立場；3. 認清觀點；4. 搜集史料；5. 編比事實；6. 表現真象。簡氏服膺「生命中心說」的人生哲學和社會哲學，所以他認為歷史的任務是「記述人類為生存奮鬥而活動的真象。」為的是「今人及後人讀此而得真實的感覺，正確的瞭解和合理的同情。」立場上，「是本著科學家大公至正務求真實的態度和客觀冷靜慎思明辨的頭腦以從事了。」史料搜集上也儘量做到窮盡，「已經過許多年實驗科學的程序，網羅文物，考證史料，實地採訪，調查、考察、復幾經勤勞工作，艱難締造，而後慢慢地逐漸生長及演進而成的。」〔註9〕運用分析與綜合的科學方法編比事實，最後以歷史的形式將其表現出來。此書六易其稿，至為不易。

（二）洪秀全的出生與成長歷程

洪秀全生辰歷來有爭論。是時，中外學界關於洪秀全的誕辰，記載頗多出入，簡氏從中篩選出九種說法，一一加以駁辨，並據《太平天日》、韓山文著《太平天國起義記》等材料，再輔以汪梅村日記之所載，參以旁證，修正了羅爾綱《太平天國史綱》定天王生辰為嘉慶十七年壬申十二月初九日的結論，得出洪秀全誕生於嘉慶十八年十二月初十日（1814 年 1 月 1 日）的結論。據簡氏回憶，羅氏與其討論後，在新著《金田起義前洪秀全年譜》中更正前說，採用了簡說。〔註10〕

洪秀全之姓氏在當時也有多種說法。清官誤以為姓朱或姓焦；王韜與李圭

〔註8〕簡又文：《太平軍廣西首義史》，第 1～2 頁。

〔註9〕簡又文：《太平軍廣西首義史》，第 10～20 頁。

〔註10〕簡又文：《太平軍廣西首義史》，第 53 頁。

之誤以為鄭。簡氏親訪洪氏故里,根據其太公墓碑、家族族譜、祖祠歷代神主、洪代遺族、故老傳聞、書塾遺址等新史料,確證秀全姓洪,了結了學術界的一大公案。

因無書籍記載,亦無當事人回憶,洪秀全童年狀況難考。簡氏只能通過口述史的方法將洪氏童年一一記錄。他將較為可信的口述史料列於右,如秀全侄媳的口述,將神話或誇大之詞列於左,如秀全從侄孫洪顯初和洪氏故鄉老人宋居仁的口述,以備一格。由此亦可見其嚴謹之學風。

洪秀全的出生與成長歷程,傳說者眾多。如從粵東大儒朱次琦遊的傳說;接觸基督教的傳說;洪氏神奇經驗和臥病昇天事的各種記載等,簡氏均一一考證。因篇幅關係,此處不一一申揚。

(三)革命的準備過程

朱謙之及某些中外學人生搬硬套《紐約時報》論壇評論的結論,將鴉片戰爭與太平天國革命運動的發生牽扯在一起,簡氏認為極為不當。首先,論壇著者不明中國大事的真象,自不免「強拉不相干的事實,貫連一片,誤以一前一後發生的兩事件即為因果。」其次,由太平軍起義的史實證明鴉片戰爭並未對這場革命運動發生任何直接或間接的影響。最後,簡氏認為從對這場運動發生的影響上來說,《聖經》的作用更大。當然,這也如他所說,太平天國革命運動發生的原因非常複雜,宗教僅是反映了歷史的局部的真實,事件後面的原因還有「種族的,經濟的,個人的,民族的,及一般社會的等因素。」〔註11〕筆者亦認同簡氏觀點,歷史的真象只有通過多種因素相互影響、共振,方能清晰的揭示。

簡氏運用考證學方法對戈登保存的《粵匪起事根由》一文進行了辨偽,證明係偽史料,而被稻葉君山的《清朝全史》誤用。清代官書及私人著述就洪馮等初次入桂之年,各異其詞,簡氏以羅爾綱《太平天國史綱》、韓山文《太平天國起義記》及新出史料《太平天日》為證,確定洪馮入桂之年為1844年。然《太平大國起義記》與《太平天日》並非全然準確無誤。馮雲山入紫荊山活動的史事是簡氏根據親自採訪所得的新史料撰寫的,既能與前兩書相互參證,又經過考證,糾正了前兩書中的錯誤。他還對太平天國的革命準備過程有多項考證,貢獻良多。

〔註11〕簡又文:《太平軍廣西首義史》,第96頁。

（四）起義的經過，直到打出全州為止

簡氏述及拜上帝會教徒的革命運動以毀壞當地神像為始，觸怒了竭力維護道統和禮教的士紳階級和迷信的下層民眾。馮雲山遭訟事一節，糾正了羅爾綱《太平天國革命的醞釀》一書中的個別錯誤。此外，簡氏分析了起義的背景、太平軍的軍事建置、教徒開拔及行軍情形，敘述了「花洲扶王」、金田起義、江口之役、武宣膠著、突圍至象州、紫荊山麓之殲滅戰、突圍出走平南藤縣、馳驅入桂、攻克永安州、蓑衣渡之役等史事。

簡氏每事必考，僅太平軍起義日期，他就列舉了中外史籍中七種不同的說法，一一加以研究，提出各種證據，推翻眾說，將日期確定為十二月初十，此說亦得到羅爾綱的呼應。於傳統所認為的永安稱王，簡氏亦以非是。他認為洪仁玕的供辭「時猶未明真象而得自傳聞之誤也。」他親自到江口墟石頭城採訪陳公館主人陳仲連，得知洪秀全稱王係在攻佔江口墟之前，早於永安。〔註12〕遺憾的是簡氏亦未考證出洪於何處稱王。考「太平天國」國號的名稱之處，簡氏認為「太平」二字出自公羊三世——據亂世、升平世、太平世之說，而「天國」之稱，源出於基督教的《新約聖經》。再考「天王」之稱，本出於《周禮》。〔註13〕對於中外學界熱議的「洪大全案」，簡氏力辨中西，其中包括辨駁羅爾綱，認為洪大全實有其人其事，他的論辯得到蕭一山的支持，被蕭氏引為同調。〔註14〕

從史料範圍和主要內容看，簡著特色明顯，即運用實地調查所得與域外史料考證史實。尤其是域外史料，傳統史家因語言障礙，難以為之。「真正能做到這一點的，基本上非留學生或是受過現代學院訓練的新生代，否則無能為力。先以1930年代最為熱門的太平天國史研究為例。太平天國的官方文獻多為清廷所毀，原件存於中國本土者不多，即有賴留學生（與學者）搜羅而回。」〔註15〕這批留學生和學者中有蕭一山、王重民、簡又文和洪業等人，他們都為中國近代史和太平天國專史研究做出了貢獻。據夏春濤所述，在西文資料譯介方面，簡又文重視較早，貢獻最大。他完整翻譯了研究太平天國初期歷史的重

〔註12〕簡又文：《太平軍廣西首義史》，第208頁。
〔註13〕簡又文：《太平軍廣西首義史》，第209頁。
〔註14〕簡又文：《太平軍廣西首義史》，第270～283頁。
〔註15〕潘光哲：《中國近代史知識的生產方式：歷史脈絡的若干探索》，見（美）裴宜理，陳紅民主編：《什麼是最好的歷史學》，浙江大學出版社2015年版，第133頁。

要史料,多次赴兩廣採訪洪氏遺裔或進行實地考察,相關資料和考釋文字除少量收入《太平天國雜記》外,其餘則編成《金田之遊及其他》一書出版。他的太平天國史研究,澄清了以往的許多訛傳和誤解。〔註16〕

簡氏治學嚴謹,他對當時流行的各種學說,均有批評,而非針對馬克思主義一種學說。在朱謙之批評部分馬克思主義史學者的「太平天國史觀」時,簡氏反過來批評朱氏的史觀,說他將太平天國農民運動判斷為「資產階級性的農民革命」、「自始至終只是反封建的農民革命」,與史實不符,「一因太平天國雖是要打倒清朝,但不是『反封建』的,蓋以他們自己要新創『天朝』,自立『天王』,而一切政治思想活動和制度,仍是充滿中國傳統的封建色彩。如是以封建代封建,何能說法『反』?次因太平軍兵員雖大多數是來自田間,但這不能稱他們為『農民革命』,蓋以反革命的勢力之最強最大而終於成功者——曾國藩等之湘軍及其友軍,其兵員之大多數也就是農民入伍的;所以若徒以兩方交戰的分子——兵員——而論,正是農民打農民。則又何能稱為『農民革命』?愚見以為一個革命運動的性質不能專憑其所構成的人員分子的出身職業而斷定,必須要根據他們革命的理想與目的和成就的建設而斷定之。」〔註17〕由此可見簡氏嚴謹的治史思想。

簡氏治史,始終秉持科學史學觀。他說:「科學的歷史之目的,乃在求過去的真實,所謂客觀的歷史者是,原不當效法古代資鑑派的史家之純抱道德目的。但是人類的奇能端在其能將前人的經驗以作今人進步的踏足石。這就是教育學的基本原理。所以科學的史家既貢獻了研究所得之古人種種活動的真知識出來,人們自然會鑑於其興亡盛衰成敗利害之跡而運用這真知識於道德教育之工作,——即是以前人的經驗作借鑑取資之實用。所謂『前事不忘後事之師』者是。這道德教育之目的是自然而然,也是與科學的史學並行不背的,即如我們利用自然科學的各種成績以造益於人生之發展一樣。史學的研究,於真知識一途而外,若能給人以道德的教訓愈多,則其貢獻於人生愈大,這是絕無可疑的。」〔註18〕簡氏將科學史學與史學的資鑑功能兩者緊密地結合了起來,認為科學史學貢獻出來的知識,人們藉以資鑑,是一種自然而然的事。

縱觀簡氏全書的論析,我們可明顯看到簡氏高度讚揚太平天國革命的重

〔註16〕夏春濤:《二十世紀的太平天國史研究》,《歷史研究》2000 年第 2 期。
〔註17〕簡又文:《太平軍廣西首義史》,第 94 頁。
〔註18〕簡又文:《太平軍廣西首義史》,第 7 頁。

要意義。因此筆者不同意祁龍威給簡氏戴上「否定了太平天國，否定了中國人民反帝反封建革命」〔註19〕的帽子。祁氏所依據的理由是簡氏文中有「太平天國革命的破壞性和毀滅力堪比日本侵華戰爭」一說。很明顯，簡氏係就太平天國革命的規模和國內遭受的經濟和文化的方面的損失來說的，是建立在事實基礎之上的評價，並未否定太平天國革命。然筆者也不同意簡氏將清政府財政衰竭、舉借外債、不平等條約的簽訂和次殖民地的形成都歸結於太平天國革命運動。因為這場運動只是以上現象形成的外因，而簡氏不能辯證地分析，這是有其歷史侷限的。但我們不能將此怪罪於簡氏一人，而應以同情之理解的眼光視之。同情歸同情，立於科學角度，我們亦應指出簡氏及其書之不足，如其將太平天國失敗的原因歸結為洪秀全個人出身於「半個秀才之迂腐儒生」〔註20〕，此論不免失之偏頗。更有甚者，簡氏在敘述洪秀全「非在永安稱王」，「士紳王作新」等史事時，本可將自己盡心竭力考證的成果置於文中，但不知是他感覺證據不足，還是其他原因，卻將他人提供的史料寫入正文，而輔以自己的考證，使全文不能貫通，這是此書之一大弊病。然瑕不掩瑜，此書不失為太平天國史研究的經典地位。

二、姚薇元的鴉片戰爭史研究

與簡又文一樣，姚薇元（1905～1985）也是新考證派的代表人物。他於1926年考入清華學校，從習物理，改攻歷史。1931 年起，為清華研究院陳寅恪的研究生，從事魏晉南北朝隋唐史研究。其碩士論文《北朝胡姓考》是我國研究胡姓的開山之作，「這部著作出版後，一直受到國內外專家學者的高度重視，一致認為這是一部有很高學術價值的論著，特別是魏晉南北朝隋唐史的必備參考書。」此外，他考訂魏源的《道光洋艘征撫記》，著成《道光洋艘征撫記考訂》一書〔註21〕，1942 年由貴陽文通書局出版，1945 年曾獲民國政府教育

〔註19〕 祁龍威：《馬克思主義與太平天國史學——兼評簡又文〈太平天國全史〉》，《揚州師院學報（社會科學版）》1982 年 Z1 期。

〔註20〕 簡又文：《太平軍廣西首義史》，第 87 頁。

〔註21〕 貴陽文通書局 1942 年版，書名為《鴉片戰爭史事考》，由羅家倫題簽。據初版姚薇元自序所說，氏書原名《魏源道光洋艘征撫記考訂》，「為使一般讀者明瞭，改名《鴉片戰爭史事考》，而將原題作為子題。」故原書標題全名應為：《鴉片戰爭史事考——魏源道光洋艘征撫記考訂》。筆者考之上海新知識出版社 1955 年版的《鴉片戰爭史實考》一書首封，副標題為《一名魏源「洋艘征撫記」考訂》，未見有「道光」二字。沈雲龍主編：《近代中國史料叢刊續編第

部「獎勵學術發明」二等獎。1955 年改名為《鴉片戰爭史實考》，由上海新知識出版社再版。1984 年又要根據新發現史料，修訂重版。姚氏發表的論文有《可汗稱號源出中國考》（《史學述林》1941 年第 1 期）《藏族考源》（《邊政公論》1944 年第 3 卷第 1 期）《成吉思汗之死期及地點與葬地》（《邊政公論》1944 年第 3 卷第 8 期）《唐代諸帝享年考》（《人文科學學報》1943 年第 2 卷第 1 期）《北朝帝室氏族考》（《說文月刊》1944 年第 4 卷）《與錢賓四論唐藩鎮胡籍》（《文史雜誌》1945 年第 5 卷第 7／8 期）《唐代的財政與國運》（《文化先鋒》1946 年第 5 卷第 25 期）等 30 餘篇見解獨到的論文。〔註 22〕以上論文多發表於抗戰時期，與《鴉片戰爭史實考》共同構成了姚薇元在國統區史學上的成就。

　　學術界對《道光洋艘征撫記》的作者問題雖爭論很大〔註 23〕，但不影響筆者依據其所著文通書局本《鴉片戰爭史事考》（以下簡稱姚著），研究其成書、特色及史學價值等。

　　（一）姚著成書。1933 年前，蔣廷黻任清華大學歷史系主任時，姚氏初稿已成，並已讓蔣氏作序，計劃出版，1935 年求得郭序時仍未出版，後來遇上抗戰，更是一拖再拖，至 1942 年方出版。從蔣序和郭序的落款時間來看，

　　　　九十五輯》，文海出版社版，1974～82 版，影印的即是大陸的 1955 年版。只有在人民出版社 1984 年姚薇元的修訂本中，副標題才記為《魏源〈道光洋艘征撫記〉考訂》。李天松的記載略有出入。疑李筆誤或未參考原書，而僅就 1984版置論。

〔註 22〕 李天松：《學術界公認的研究鴉片戰爭史的重要專著──武大社〈鴉片戰爭史實考〉》，武大出版網 2007 年 5 月 25 日。筆者依據《全國報刊索引》，對姚薇元發表的論文做了部分補充。

〔註 23〕 姚薇元始終堅持認為《道光洋艘征撫記》係魏源所作。見姚薇元：《關於「道光洋艘征撫記」的作者問題》（《歷史研究》1959 年第 12 期）和姚薇元：《再論〈道光洋艘征撫記〉的祖本和作者》（《歷史研究》1981 年第 4 期）。師道剛在《「道光洋艘征撫記」作者問題的再商榷》（《歷史研究》1960 年第 4 期）一文中提出質疑，他認為《道光洋艘征撫記》是「託名魏源、幾經刪改傳抄、逐漸演化、面目已非舊觀的改寫本，而其祖本，則為李德庵所寫之『英吉利夷船入寇記』，後經駱秉章改題為』洋務權輿』，曾以刻本行世。」冼玉清在《關於〈夷艘入寇記〉問題──與姚薇元、師道剛二先生商榷》（《學術研究》1962 年第 2 期）一文中，否認姚說，認為《道光洋艘征撫記》非魏源所撰，而是李德庵的兒子李鳳翎。黃良元在《〈道光洋艘征撫記〉並非魏源手定》（《安徽史學》1989 年第 2 期），亦認為《道光洋艘征撫記》非魏源所作。然經筆者仔細閱讀上述三文，認為提出的證據和論證並非很充分，故在新證據未出來之前，筆者以姚說為是。

蔣廷黻序的落款時間為一九三三年六月,致臺灣沈雲龍主編的《近代中國史料叢刊續編》目錄記為「鴉片戰爭史實考二卷　姚薇元撰　一九三三年序排印本」。其次,郭序落款時間為民國二十四年五月二十日,亦即西曆 1935 年。復次,姚薇元自序落款是民國三十年十月,亦即 1941 年,氏書於 1942 年出版,最後,1931 年姚氏考入清華研究院歷史門,師從陳寅恪研究魏晉南北朝隋唐史,且主要著力於北朝胡姓。但亦耗費大量精力從事鴉片戰爭史的考證。由此,從氏著撰寫到出版,經過了十一年。故這一成果的獲得極為不易,是姚氏多年沉澱的結晶。

　　(二)姚著特色。考證史料是史家的基本工夫,也是科學史學派堅持的治史原則。姚氏的貢獻在於,他不僅使用中西史料互證考史,而且在魏書的基礎上,通過擴充史料內容,儘量還原那段真實的歷史。魏書通病在於:「每只就行文之便,順手寫下,致事實先後顛倒舛誤者極多。」〔註 24〕例如,魏書「初,鴉片煙在康熙初以藥材納稅,乾隆三十年以前,每年多不過二百箱。及嘉慶元年,因嗜者日眾,始禁其入口。嘉慶末,每年私鬻至三四千箱。」僅五十四字,但姚氏卻足足用了近二千字,考證了鴉片一詞的來源及演變,其中涉及到的鴉片譯語有希臘語、阿拉伯語、英語、法語、德語、西班牙語、葡萄牙語、意大利語、波斯語、保加利亞語、塞爾維亞語、土耳其語等。文中還考證了中西各國鴉片用作藥材的歷史,糾正了魏書幾處錯誤:自明以來即以藥材納稅,而非始自康熙時以藥材納稅;是乾隆三十二年以前,而非乾隆三十年以前,每年輸入鴉片不過二百箱。為了體現史家的嚴謹性,姚氏力求每一件史實的敘述都更加準確。如魏書有「嘉慶末,每年私鬻至三四千箱」,姚氏查找到新資料,將數字確定為每年平均輸入四千五百五十三箱。〔註 25〕除了數字不夠準確外,魏書中還有多處易使讀者混淆的內容。如魏書將販賣鴉片的商人統稱「洋商」,姚氏考證認為,當時的「洋商」,實則是本國行商的通稱,亦係「外洋行商」之簡稱。外國商人則通用「夷販」、「夷商」等名。〔註 26〕此外,姚氏不僅糾正魏記之誤,亦糾正西書之失。如他根據林則徐奏章,在攻打磨刀外洋的英船戰役中,「夷船彼此撞碰,叫喊不絕。夷人帶傷跳水燒斃溺斃及被煙毒迷斃者,不計其數。」從而判斷《Chinese Repository》所記「英船受創極微」係「掩飾

〔註 24〕姚薇元:《鴉片戰爭史事考》,貴陽:文通書局 1942 年版,第 124 頁。
〔註 25〕姚薇元:《鴉片戰爭史事考》,第 9～12 頁。
〔註 26〕姚薇元:《鴉片戰爭史事考》,第 30 頁。

之辭,不可盡信。」他還糾正了 H.B.Morser 的名著《清代外交史》中記錄事件時的日期錯誤,如這次事件的發生就是 6 月,但《清代外交史》誤作 5 月。這樣的例子在文中還有多處,茲不贅列。姚氏重視辨析歷史事件發生的原因。如黃爵滋奏請嚴禁鴉片一節,姚氏根據《清史列傳》中的材料,略敘黃氏生平,隨後將黃氏原奏與魏源《道光洋艘征撫記》(以下簡稱魏記)兩相對照,發現魏記自「敬籌國計至治以死罪」一段,「係節述黃奏大意,非錄原文。該摺呈於道光十八年閏四月,魏記作四月,奪『閏』字」。姚氏節引黃奏,意在說明「此一財政問題,實推動禁煙之基力,亦即戰爭之主因也,故中英戰爭,在英為保障僑民商業,而我則為抵塞紋銀漏卮。質言之,所謂鴉片戰爭者,實即中英間之經濟戰爭也。」〔註27〕由此可見,博採中西史料,嚴謹務實、同時糾正中西書之失、處處現懷疑的目光、原因辨析等,是姚著的顯明特色。

　　(三)姚著的史學價值。蔣廷黻序說:「姚君薇元費了兩年的工夫來考訂這篇《道光洋艘征撫記》。他參考了很多的中西史料,把魏默深的原文逐句的加以研究。他的成績有兩件:第一他給了我們許多關於鴉片戰爭的正確知識;第二他告訴了我們道光時代一個大學者如魏默深究竟知道多少世界的事情。姚君這種工作,可算有功於史學了!」〔註28〕蔣氏的這段話告訴我們,姚薇元對魏源的《道光洋艘征撫記》考訂甚詳,費時久,工夫深,運用史料廣泛,涵蓋中西。他的科學史學工作所揭露的客觀事實,為我們提供了許多關於鴉片戰爭的知識,也為我們瞭解和研究魏源提供了參考。為此,姚氏自己也說得非常明白:「著者根據新發現的中國資料,及第一流的西洋著作,將魏記逐句加以考校,訂正其錯誤,糾改其偏見,前後共二百餘處。」〔註29〕他出版此書的目的在於「第一在使讀者明瞭鴉片戰爭的真相,第二希望研究史學者能藉此得到若干助益,至少在考訂史料的方法上。」〔註30〕因此,揭露歷史的真相和貢獻史料考訂的方法以嘉惠後學,是姚氏從事鴉片戰爭史研究的意旨所在。後來修訂本中刪去的郭序亦對姚著亦有極高的評價,認為姚氏克服了中西著作敘述鴉片戰爭史時的偏見,他的史著除了具有上文所說的優點外,還「可使讀者明瞭這次戰爭的性質,以及近代中國歷史大轉變的由

〔註27〕姚薇元:《鴉片戰爭史事考》,第 1～2 頁。
〔註28〕蔣廷黻序,載姚薇元:《鴉片戰爭史事考》,此序在上海新知識出版社 1955 年版尚有保留,然在人民出版社 1984 年版中則盡行刪去。
〔註29〕上海新知識出版社 1955 年版自序修改為一百餘處。差別甚大。
〔註30〕姚薇元:《鴉片戰爭史事考》,自序。

來。」〔註31〕筆者認為，姚著的史學價值不僅體現於他的考證學成就和對鴉片戰爭史的原因分析，還體現在他對古代史書按語體的改進。姚氏「按語」不再評價史事，而是附以豐富的內容，既有考訂，又有以時代眼光品評歷史人物，還有建立在原材料基礎上的，對歷史事件發生的原因的分析，其重點在敘史。姚氏對鴉片戰爭原因的分析，似乎吸收了馬克思主義經濟決定論的觀點。

總之，以魏源的《道光洋艘征撫記》為藍本的《鴉片戰爭史事考》可稱之為一部研究鴉片戰爭史的權威之作。章開沅認為，這本著作「學風嚴謹，功力深厚，堪稱開創之作」〔註32〕。美國著名歷史學家費正清也認為此書「是一本有詳細的注釋而且有判斷力的書」。裴宜理、陳紅民主編的《什麼是最好的歷史學》一書稱讚此書「以繡花針手法逐段（逐句）加以考訂，誠臻史家展現中國近代史領域裏的『史料考證』工夫之化境。」〔註33〕

第二節　民族主義旗幟下的史學研究

一、《文化先鋒》其他史家簡介

曾資生（1911～1970），湖南安化人，中國政治史研究專家。北京大學畢業後繼續攻讀中國古代政制研究生，師從陶希聖，撰有《中國古代社會研究》。抗戰期間，任國防部參事、軍事委員會委員長侍從室第二處秘書（少將銜）。在此期間，一邊忙於政治，一邊苦心鑽研學術，所著《中國政治制度史》一書，被教育部定為高校歷史教材，行銷內外。抗戰勝利後，擔任總統府政務局第三科科長，兼任國立政治大學教授。1948 年冬，聯合數十位大學教授敦促蔣介石下野，後回長沙，參加湖南和平起義。〔註34〕

〔註31〕姚薇元：《鴉片戰爭史事考》，郭序。

〔註32〕章開沅：《〈鴉片戰爭史〉序二》，見蕭致治主編：《鴉片戰爭史》（上，下），福州：福建人民出版社1996 年版，又見又載《長江日報》1997 年 3 月 30 日、《中華讀書報》1997 年 8 月 13 日。

〔註33〕潘光哲：《中國近代史知識的生產方式：歷史脈絡的若干探索》，載（美）裴宜理，陳紅民主編：《什麼是最好的歷史學》，杭州：浙江大學出版社2015 年版，第 138 頁。

〔註34〕資料來源於王曉天，王國宇主編：《湖南古今人物辭典》，湖南人民出版社2013 年版，第 885 頁和梁道中：《曾資生先生二三事》，收入中國人民政治協商會議湖南省安化縣文史資料研究委員會編：《安化文史資料　第 7 輯》，1993 年

　　李符桐（1911～1984），遼寧新民縣人，東北大學史地系學士，東北文科研究所史地學部碩士，師從金毓黻。抗戰時供職於國立編譯館，抗戰勝利後任東北大學副教授和國立瀋陽博物館編纂。1948 年赴臺後任臺灣省教育廳督學，1957 年轉任臺灣師範大學史地系教授，1970 年擔任該校歷史系主任，1973 年任文學院院長兼歷史系主任，1981 年退休。主要從事回紇史、遼金元史和邊疆史地研究，著有《邊疆歷史》《回鶻史》《成吉思汗傳》及學術論文二十餘篇。〔註 35〕

　　賀岳僧，生卒年不詳，湖南人〔註 36〕。他是尖銳揭露和批判國民黨及國民黨政府的革新運動分子〔註 37〕，也是鄉村建設運動中非常有影響的重工主義派〔註 38〕，與吳景超、陳序經等，主張以都市建設、工業建設來解決三農問題。〔註 39〕著有《西北史綱》《中國罷工史》《孫中山年譜》《二十年來的中國》《九一八以來中日關係》等。

　　徐德嶙（1902～1978），湖南益陽人，中共地下黨員。畢業於國立武昌中山大學，歷任國民革命軍第六軍政治部編纂股長，《湖南民報》總編，《民國日報》主編。1941 年後，歷任中央政治學校研究員、講師、副教授，1945～1948 年，任中央大學中國通史教授。解放後，任上海滬江大學，華東師範大學歷史系教授。著有《中國史綱要》《中國通史講稿》《秦漢史述論》《三國史講話》《魏晉南北朝史述論》《均田制》等，所論旁徵博引，闡發精詳，成一家之言，在史學界有一定影響。〔註 40〕

　　　　版，第 85 頁。梁道生曾親炙曾氏，為其助手時，幫他搜集資料，編輯《食貨》和《社會與政治》兩個週刊，因此的他的回憶文章極具史料價值。

〔註 35〕劉紹唐主編：《民國人物小傳　第七冊》，上海：生活・讀書・新知三聯書店 2015 年版，第 106～107 頁。

〔註 36〕胡適：《胡適全集　第二十二卷》，合肥：安徽教育出版社 2003 年版，第 225 頁。

〔註 37〕易勞逸：《蔣介石與蔣經國（1937～1949）》，王建朗、王賢知譯，原書名：《Seeds of Destruction: Nationalist China in War and Revolution, 1937~1949》，Stanford University press 1984.北京：中國青年出版社 1989 年版，第 8、151 頁。

〔註 38〕羅榮渠主編：《從「西化」到現代化　（下冊）》，黃山：黃山書社 2008 年版，第 883 頁。

〔註 39〕何愛國：《中國現代化思想史論　1912～1949》，北京：世界圖書出版廣東有限公司 2014 年版，第 136 頁。

〔註 40〕懷湘：《徐德嶙先生傳略》，見中國人民政治協商會議益陽縣委員會文史資料研究委員會：《益陽文史資料　第 4 輯》，1987 年 10 月第 1 版，第 52～54 頁。

另外，胡肇封專研邊疆史；〔註41〕吳化暄為國立編譯館助理幹事；〔註42〕王恩洋為著名佛學家，抗戰期間繼歐陽竟無後主持東方文教研究院；〔註43〕吳澤炎抗戰時任東方雜誌編輯；〔註44〕周子亞為法學家和外交史研究專家，抗戰時歷任中央政治學校教授；〔註45〕易君左抗戰期間任軍事委員會編審室副主任，〔註46〕還有鄔伯饒、秦冰臺、喻智微、趙岡等人。

上述學者有以下共同的特徵：多出身北京大學、清華大學、中山大學或國外名校；在官方機構或學校任職，有的甚至身居要職；多為國民黨員；普遍是熱愛祖國的民族主義者。

二、《文化先鋒》史家群體所體現的史學思想

由史家群體所體現的共同特點，我們可以推知：名校的學歷為他們奠定了堅固的學術基礎，與官方的密切關係為他們的研究提供了便利，愛國主義思想使他們把學術研究作為報效祖國的使命。

從筆者所選《文化先鋒》二十八篇歷史學研究論文來看，學者們都有共同的思想，即國不可亡，民族不可滅。選題上，北宋的黨派鬥爭、春秋時代的民主、西北的國防史、秦漢的國防建置、抗戰七年來的外交史、明代的吏治整頓、太平天國盛衰興亡的原因等，均是切合現實的熱點選題。這些論文中，二十四篇涉及古代史研究，通過秦漢、隋唐等盛世的展現，來鼓舞民族士氣。即使是對明朝的研究，也是鄭和下西洋這樣大的歷史事件，以壯我國威。通過北宋黨爭及外交的失敗、國防史和太平天國盛衰興亡原因的探討，來警示當局者吸取

〔註41〕 張建華，薄音湖總主編：《內蒙古文史研究通覽 文化卷》，呼和浩特：內蒙古大學出版社 2013 年版，第 262 頁。

〔註42〕 中央黨史研究室第一研究部，中國第二歷史檔案館編；李忠傑主編：《國民政府檔案中有關抗日戰爭時期人口傷亡和財產損失資料選編 2》，北京：中共黨史出版社 2014 年版，第 935 頁。

〔註43〕 四川省南充縣志編纂委員會編纂：《南充縣志》，成都：四川人民出版社 1993 年版，第 940 頁。

〔註44〕 張耕田，陳巍主編：《蘇州民國藝文志》上冊，南京：廣陵書社 2005 年版，第 270 頁。

〔註45〕 上海社會科學學會聯合會研究室：《上海社會科學界人名辭典》，上海：上海人民出版社 1992 年版，第 156 頁。國立政治大學於 1946 年由中央政治學校與中央幹部學校合併而成，詞條中說周子亞 1940 年任國立政治大學教授，誤。

〔註46〕 袁行霈主編、趙仁珪執行主編：《詩壯國魂 中國抗日戰爭詩鈔 詩詞（下）》，北京：中國青年出版社 2015 年版，第 453 頁。

歷史的教訓。通過遠古石器的研究，來展示我國源遠流長的民族文化。具體表現在：

首先，這些論文雖然很少直白地表達現實關懷，但字裏行間都會流露憂患意識。曾資生研究北宋黨派產生的基本原因、分化、內容及演變之後，得出的結論是：「北宋末年對金主和主戰的絕對歧趨，李剛主戰，一部分朝則主和議，現均會成為黨派鬥爭中的中心問題。及至欽徽北虜，宋室南渡，此類問題，尚未能定於一是。亡國之禍，自無幸免之理了。」〔註47〕賀岳僧研究西北國防史後，得出的結論是：「西北與國防的關係，無論從歷代外患多發生於西北的情形言，無論是就天下精兵健馬都在西北的情形言，抑無論就激發人民的戰志與戰意言，都是非常重要的。更證以眼前的情形，東南各省雖遭淪陷，但荊襄、川陝以及廣大的西北都在我們的手中，這就是最後一個有力的保障。」〔註48〕這是直抒胸臆了。亦有通過輯補明末逸民的事蹟，以古喻今，抒發逸民憂國憂民之情感，弘揚民族不屈之氣節。〔註49〕王恩洋將晚清民國社會動亂的原因歸結為「西學東漸，異說紛起，儒學漸衰，人失依據。」故「欲奠定人心，固莫先於澄清學說。」〔註50〕《宋神宗與王安石》也是作者鄔伯饒借「宋代中華民族的不幸」〔註51〕，來喻示當今中華民族受到外族侵略的不幸。姚薇元《唐代的財政與國運》則擔心「財政崩潰，國祚也就從此喪亡。」〔註52〕

其次，論文中體現了嚴謹的考據精神。相關的重要作品有《唐代史館考》《鄭和下西洋》《東西政治精神之基本歧異》《論中國貨幣起源》《遠古石器淺說》《西漢兵制及其國防》等，或許以上論文的寫作也有一定的現實考量，但無論是文首還是文尾，都難以看到作者有徑直的表述，他們所進行的都是極為紮實、嚴謹的考據工作，其史學思想隱藏在這些工作之後，需要我們「揭示其中所蘊含的豐富的思想內涵」，以彌補人們將「考證與思想對立起來」的不足。〔註53〕李符桐在《論中國貨幣起源》中，考證貝未演化為貨幣以前，殷人最初以其作

〔註47〕曾資生：《北宋新舊黨派的興起鬥爭及其演變》，《文化先鋒》1948 年第 8 卷第4 期。

〔註48〕賀岳僧：《國防史上的西北》，《文化先鋒》1943 年第 2 卷第 8 期。

〔註49〕秦冰臺：《明末逸民瑣事輯聞》，《文化先鋒》1946 年第 6 卷第 1、2 合期。

〔註50〕王恩洋：《宋明理學之旨趣與精神》，《文化先鋒》1946 年第 6 卷第 14 期。

〔註51〕鄔伯饒：《宋神宗與王安石》，《文化先鋒》1946 年第 6 卷第 14 期。

〔註52〕姚薇元：《唐代的財政與國運》，《文化先鋒》1946 年第 5 卷第 25 期。

〔註53〕王記錄：《歷史考證和史學思想——以錢大昕為例》，《淮北煤炭師範學院學報》2006 年第 1 期。

為裝飾品，「益信而有徵矣」〔註54〕，表明了他的歷史觀。趙岡在《唐代史館考》中表示，史書記事「浩博繁雜，而搜採撰述，殆非一人之力所能為」〔註55〕，隱含了他合眾力修史的觀念。錢穆在《東西政治精神之基本歧異》一文中，並不囿於舊說，亦不盲目聽信宋儒王安石、程頤、朱熹等人言「三代以道治天下，漢唐以智力把持天下」，而是通過史實舉證，加以中西比較，對漢唐以來「尚不失為王道之傳統」加以確定。〔註56〕此已充分表明錢穆的疑古史觀與比較方法治史的思想。吳化暄《鄭和下西洋》考證鄭和出使的原因、經過、結果，得出結論：「鄭和之豐功偉業，不僅雄視於當時，亦足以光耀後世而永垂無窮。假使以後無袁忠徹劉大夏輩以費錢糧為由，而不中斷，繼續派人經營海外，政府再加以鼓勵，則航海者必日增月益，中國之殖民事業，決不在今日諸列強之下矣。」此處體現了吳氏歷史反思的思想。徐德嶙《西漢兵制及其國防》一文考證西漢兵制及國防建置，將西漢國防分為三期：漢武帝前的消極國防，漢武時期的積極開拓和其後的相機攻守，但仍能「謹守邊境」〔註57〕。從吳氏的分期中，可看出其注重守邊的思想。李濟《遠古石器淺說》，通過地下得到的證據與實驗中猩猩的行為，判斷出人類使用修製石器「是由長期使用器具的經驗體會出來的。」〔註58〕由此而觀，李氏史學實受西方進化論及實驗主義的影響。

　　再次，發揚歷史的資鑒功能。民國的情況與北宋極為相似，因此，北宋史的選題就是尋求歷史資鑒的顯例。胡肇封的《河套國防史略》是一篇重要的歷史地理學論文，他在結論中表明：「遜清混一宇內，分旗設治，直至今日，輪廓仍舊，近事歷歷，可資復按，無待詳述，語謂：『前事不忘，後事之師』，又曰：『述往事而知來者』，是則歷史陳跡，或亦可供今日之參考乎？」〔註59〕徐德嶙研究秦代國防建置的目的在於，借鑒秦代移民實邊的國防政策，幫助政府鞏固邊防，「不特足以充實邊防，且可開化邊疆，提高邊疆文化，以加強其對內之向心力。」〔註60〕吳景賢《隋代的建設》一文，認為隋代的建設「奠定了中國歷史上第二次大統一盛世的基礎」，且這樣的盛世，「在國內則融合了南北

〔註54〕李符桐：《論中國貨幣起源》，《文化先鋒》1947年第7卷第4、5合期。
〔註55〕趙岡：《唐代史館考》，《文化先鋒》1948年第8卷第10期。
〔註56〕錢穆：《東西政治精神之基本歧異》，《文化先鋒》1942年第1卷第17期。
〔註57〕徐德嶙：《西漢兵制及其國防》，《文化先鋒》1946年第6卷第14期。
〔註58〕李濟：《遠古石器淺說》，《文化先鋒》1943年第3卷第3期。
〔註59〕胡肇封：《河套國防史略》，《文化先鋒》1946年第6卷第14期。
〔註60〕徐德嶙：《秦代之國防建置及疆土之開拓》，《文化先鋒》1946年第6卷第8期。

的文化,在國外則領導了亞洲各民族。」〔註 61〕吳氏通過宣揚隋代的文治武功,來鼓舞當時較為低落的民族士氣。他在《明初地方吏治之整頓》一文中,認為明初地方吏治的整頓,是其能維持近三百年統治的重要原因,為此,他將「整頓吏治,非特為刷新政治之唯一途徑,實亦安定社會之有效方法。當此抗戰建國時期,此點尤為重要。」〔註 62〕朱子方在研究秦代的教育後,認為秦之所以速亡,最重要的原因是教育不得其道,「一味禁止言論自由,統制教育,實施愚民政策」,孰不知,壓力與反抗成正比,壓力越大,人們的反抗也會越大,所以統治者欲求「本固」,則「必須教之化之,以德服之,非壓之愚之所能收效也。」〔註 63〕吳景賢通過敘述宋代外交失敗的歷史事實,「以告國人」,「前事不忘,後世之師」。〔註 64〕太平天國興衰史的研究,也是簡又文想讓當局學習太平天國「有理想」、「有組織」、「有紀律」和「團結的精神」,吸取其「基本力量的分化」和「全體的腐化」的教訓。〔註 65〕

最後,亦有論文以服務現實政治為旨歸。如國際和平組織史的研究,即是為戰後聯合國的建立提供參考。方瑞典指出,儘管人們有維護世界和平的願望,但所建立的組織機構生命都不長,更沒有穩固的長效機制,以致戰爭頻發,尤其是一戰後的國際聯盟,未能達到維護世界和平的目的,以致二十年後,國家之間的戰爭更是「變本加厲,其殘酷慘痛更有甚於第一次者」。因此,在同盟國即將取得勝利之際,「乃敢就國際社會之演進,檢討古今學者之國際組織方案,提出一點管見」〔註 66〕。就如《文化先鋒》編後記中所述,「在同盟國家正在研究戰後永久和平問題的目前,對於以往『國際和平組織史的檢討』,是有其必要的意義的。」〔註 67〕喻智微更為直白與露骨,他在《我國古聖先賢的節約思想及其節操》一文中即旗幟鮮明地指出,要將「古聖先賢的儉德」,作為「我們後世的楷模」,以挽救「國家民族的存亡」。此文的撰述也是為了響應國民黨政府「已有令在先」的「提倡節約運動」。〔註 68〕

〔註 61〕吳景賢:《隋代的建設》,《文化先鋒》1944 年第 4 卷第 3 期。

〔註 62〕吳景賢:《明初地方吏治之整頓》,《文化先鋒》1942 年第 1 卷第 17 期。

〔註 63〕朱子方:《秦代教育評述》,《文化先鋒》1948 年第 8 卷第 10 期。

〔註 64〕吳景賢:《宋代外交的失敗》,《文化先鋒》1943 年第 2 卷第 2 期。

〔註 65〕簡又文:《太平天國盛衰興亡之原因》,《文化先鋒》1944 年第 3 卷第 10 期。

〔註 66〕方瑞典:《國際和平組織史的檢討》,《文化先鋒》1944 年第 3 卷第 22 期。

〔註 67〕編後記,《文化先鋒》1944 年第 3 卷第 22 期。

〔註 68〕喻智微:《我國古聖先賢的節約思想及其節操》,《文化先鋒》1947 年第 7 卷第 12、13 合期。

三、《文化先鋒》史學論文的價值

歷史研究一旦與政治或現實結合，是不是就意味著毫無價值可言？民國學人標榜的為學術而學術，是不是就能與政治絕緣？筆者發現，在抗戰這個大現實下，《文化先鋒》學人的選題儘管都有一定的政治考量，但他們的研究卻多是非常紮實的文獻研究，得出了許多令今人依然信服的結論。

曾資生治學嚴謹，對人和藹可親，「在當時的學術界極負盛名。國內各報章雜誌，特約請他寫稿的很多。」曾氏儘管公務繁忙，但態度極為認真，經常通宵寫稿，精神和體力支持不住了，就躺在床上睡一兩個鐘頭，再起來寫。曾氏常說：「寫文章，不寫則已，既寫，就應該對讀者負責，絕對不可隨便，了草塞責。」〔註69〕《北宋新舊黨派的興起鬥爭及其演變》一文，就是其辛勤耕耘的成果。該文探討了黨爭形成的原因：南北地域差異；座主與門生、舉主與被薦舉者的私恩結合；學術思想的不同。〔註70〕同時，曾氏在文中還討論了黨派的分化和黨爭的內容及演變。全文近九千字，向我們完整地展現了宋朝自范仲淹與呂夷簡黨爭後的概況。曾氏係中國政治史專家，其《中國政治制度史》作為大學教材行銷海內外，影響空前。在白鋼所統計的二十世紀三四十年代中國政治制度史研究的論著中，曾著被列為政制通史類出版最早的一部，〔註71〕至今仍有影響。在氏著的第四部中即有黨爭研究，然內容較少，且僅書寫至唐。他分析唐代黨派問題出現的原因時，強調了四點：一為魏晉南北朝以來士族門閥與庶姓寒門的對立；二為座主與門生，舉者與被舉者的私恩結合；三為藩鎮勢力的發展；四為宦官勢力的存在。〔註72〕曾氏宋代黨爭的研究是以前成果的進一步深入和拓展，學術價值顯著。〔註73〕文末有「宋朝黨爭，亡國自不可避免」之語，似有所指。考此文成於抗戰後，國共兩黨相爭之時，此文的撰寫雖

〔註69〕梁道中：《曾資生先生二三事》，收入中國人民政治協商會議湖南省安化縣文史資料研究委員會編：《安化文史資料　第7輯》，1993年版，第87～88頁。

〔註70〕曾資生：《北宋新舊黨派的興起鬥爭及其演變》，《文化先鋒》1948年第8卷第4期。

〔註71〕白鋼：《二十世紀的中國政治制度史研究》，《歷史研究》1996年第6期。

〔註72〕曾資生：《中國政治制度史　第四冊》，重慶：南方印書館1944年版，第47～49頁。

〔註73〕三四十年代研究黨爭的成果甚多，較著名者有牛夕：《北宋黨爭之經過及其背景》（《清華週刊》，1931年第36卷第7期），該文的貢獻在於，詳述了北宋黨爭的由來及經過。金毓黻：《宋代之變法與黨爭》（《青年中國季刊》，1941年第2卷第3期），然其文有三分之二的篇幅在敘述王安石變法，黨爭內容僅占三分之一，且述及的是表徵，未能研究其因變。

未標明有任何政治意圖,但通過搜採曾氏行年及梁道中《曾資生先生二三事》等資料可知,其官至總統府秘書,但心繫國家和民族命運,厭惡黨爭,以致對政府失望,最終奔赴長沙反正。

錢穆《東西政治精神之基本歧異》一文,以「封建」為視角,來探討東西政治精神的差異,著重對中西社會的性質作非常詳細的對比研究。他認為中國史上的「封建」與西方的「封建」不同在於:歐洲中世紀之所謂封建,是一種社會形態,而非政治制度,西周封建則為周人建國的制度;歐洲中古時期之所謂封建是「經濟性」的,中國史上之封建則屬於「政治性」的;歐洲中古時期之所謂封建,其侯王與臣下在精神與理論上分屬兩體,西周封建則天子與諸侯同屬一體;歐洲中古時期之所謂封建是軍事征服二體的,靠相互契約進而武力來維繫,西周封建是宗法一體的,靠宗法進而人文一體來維繫。錢氏對比中西封建,明確了歐洲中世紀封建與西周封建的「不相當」,不能將兩者等同。接著他批評晚近學者將魏晉以下之社會形態比附西方之封建時代,為「無當史實之遊談」,因魏晉政治沿襲兩漢,傳統未斷,而羅馬帝國解體後,新民族國家為非羅馬人之再征服與再創造。他明確表示,中國史上絕無歐洲封建社會之階段。〔註74〕這一觀點已為當今多數學者所認同。〔註75〕錢氏此文是繼二十年代中國社會史大論戰後,對中國社會性質進一步的冷靜思考。

李符桐的《論中國貨幣起源》是一篇考證極為精審的文章。其貢獻在於:在郭沫若「貝未成貨幣以前,必為一種裝飾品」說的基礎上,提出「以貝為裝飾之用,非徒殷先民然也,以後諸野蠻部落中,此種習慣仍保留,」並舉唐時《南昭野史》一書之記載和美洲諸土著民族的事例加以證明,使「殷人最初用

〔註74〕 錢穆:《東西政治精神之基本歧異》,《文化先鋒》1942 年第 1 卷第 17 期。
〔註75〕 如馮天瑜結合語義學與歷史學,追蹤「封建」一詞誤植的過程,認為西周的「封建」是指「封土建國」、「封邦建藩」,與秦以降的郡縣制一樣,都是一種政治制度,秦漢至明清的社會,不宜再冠以「封建」,這些觀點都是對錢穆「封建」辨析的呼應。比錢穆更進一步的是,馮氏將秦以降的社會稱為「郡縣制時代」、「宗法專制帝制時代」。(見馮天瑜:《史學術語「封建」誤植考辨》,《學術月刊》2005 年第 3 期。)作為一個「地主經濟論」的信奉者,李根蟠提出,中國自秦以來的社會是不同於西方封建領主制的封建地主制,正如他所說,這一觀點受到越來越多的質疑、批評與根本性的挑戰,因為「近年來,中國學術界出現一股似乎越來越大的聲浪,否定中國歷史上曾經存在過封建社會,尤其是不承認戰國秦漢以後的中國為封建社會。」(見李根蟠:《中國「封建」概念的演變和「封建地主制」理論的形成》,《歷史研究》2004 年第 3 期。)李氏觀點,亦可反證中國史學界大多數學人對錢氏說的認可。

貝為飾品，益信而有徵矣。」否認郭沫若構成朋之貝「可多可少」說，贊成王國維「十貝為朋」說和朱國禎《湧幢小品》中「八十為索」說。認為貝在殷代的行使單位，「或以十貝為朋，或以八十為索。」以鐘鼎文、《說文解字》《蛾術篇》等材料來證明西周用金以乎為單位，乎既可為重量單位，又可為貨幣單位。在考證刀布泉錢為田器農具演變而來時，認為梁啟超《中國古代幣材考》惟嫌疏略，並引用了明代《學海堂四集》的材料詳加說明錢與鏄均是田器。再運用顧炎武《日知錄》《史記》、徐灝《說文解字注箋》《周禮泉府疏》《錢與泉古今異名》和新出土古器物證明布即泉，作為貨幣，亦是田器，與錢同。關於錢圓函方的來源，李氏勇於否定王國維和梁啟超二說，認為「錢函為銚庣之遺跡，而非本於川貝明矣。至其形圓，為流通方便計勢不得不而。於是知王梁二氏，恐對此尚有忽也。」〔註76〕由此可見，李文不僅在王國維、梁啟超、羅振玉古代貨幣研究的基礎上進行了推進，而且運用了野史、日記、小品、經學書籍、新出土器物等各種珍貴材料，補充了學界研究的不足，豐富了中國貨幣史內涵。

吳化暄《鄭和下西洋》是鄭和研究和海上絲綢之路史研究的重要論文。吳文首先運用張燮《東西洋考》、傅元初《開洋禁疏》《明史·婆羅傳》、艾儒略《職方外紀》、馮承鈞《伯希和撰鄭和下西洋考序》等資料來劃分學界爭論很大的東洋、西洋、南洋之地理位置，〔註77〕主張以文萊為界，以東即東洋，菲

〔註76〕 李符桐：《論中國貨幣起源》，《文化先鋒》1947年第7卷第4、5合期。

〔註77〕 這一問題自民國至今依然爭論很大。民國時人「不明當時地理劃分之範圍，改下西洋為下南洋，實為大誤」（吳化暄說）。今人洪建新《鄭和航海前後東、西洋地域概念考》認為吳氏所依據的史料均是鄭和下西洋200年後的史料，不足為據，而應以鄭和同伴馬歡的《瀛涯勝覽》為準，以蘇門答臘島西北部的韋島為界，此界以東，為東洋，此界以西為西洋。（載中國航海史研究會編：《鄭和下西洋論文集》第一集，人民交通出版社1985年版，第201～219頁。）當然這只是洪說，陳佳榮《鄭和航行時期的東西洋》，再添新材料，以鞏珍《西洋番國志》來補證馬歡《瀛涯勝覽》，但不同於洪說的是，他主張以帽山為界，並進一步主張：「明代前期，我國以粵江口今珠江口──加里曼丹島西岸南岸──帝汶一線，此線之東為東洋，之西為西洋。」（載南京鄭和研究會編：《走向海洋的中國人──鄭和下西洋590週年國際學術研討會論文集》，海潮出版社1996年版，第139頁。）洪、陳二氏都使用了馬歡的《瀛涯勝覽》，但吳化暄在考證鄭和身世時，亦使用了馬著和鞏著的材料，那為什麼他在考證東西洋界分時，未使用馬說和鞏說呢？這值得我們進一步思考，且雖今人認為張燮《東西洋考》距鄭和下西洋年代久遠，價值不大，但在民國時，張著卻非常受重視，研究的文章有很多，如薛澄清：《明張燮及其著述考》（《嶺南學報》1935年第6期）、容肇祖《東西洋考之作者張燮》（《大公報史地週刊》1937年

律賓群島屬之;以西即西洋,「印度洋為西洋,所指不僅海洋而已。」吳氏認為,鄭和身世考以鄭鶴聲《鄭和》一書為詳,「海內人士言鄭和事略者,咸資考證。」他還為鄭著添一則新史料,即李儀廷將軍在鄭和後人處獲得鄭和家譜,經李士厚加以考證,撰《鄭和家譜考釋》一書,〔註78〕影響很大,為鄭和的身世又提供了一層證據。鄭和出使次數是鄭和研究的一個大問題,「各書所載,互有不同」,《鄭和家譜》言三次,《明實錄》言六次,《明書‧本紀》言五次,《明史‧本紀》言六次,《明史‧鄭和傳》《明紀》《明通鑒》三書言七次,吳氏認為,鄭和親筆撰寫的《天妃靈應之記》碑文才最為可信,其中記述了他出使的年歲、次數,為永樂三年、永樂五年、永樂七年、永樂十一年、永樂十五年、永樂十九年、宣德六年,共七次。〔註79〕吳氏引用的這段碑文史料解決了鄭和出使次數、往返時間和主要出使國的問題。誠然,具體出使了哪些國家,小小碑文,未能窮盡,需配合其他史料互證,方能得出確論。以上這些均是吳文對鄭和研究的貢獻,其餘如文中所述鄭和出使的原因、經過與結果,亦能讓我們全面瞭解鄭和出使西洋的來龍去脈。

其他幾篇文章在學界同樣佔有一定的份量。李濟的《遠古石器淺說》四期連載,約一萬五千字,考證了人類什麼時候開始使用器具,人類早期在地球上所處的環境,石器製造法,石器的演進與分期等。尤為重要的是,李氏在文中介紹了西方考古界的成績。〔註80〕簡又文《太平天國盛衰興亡之原因》從理想、組織、紀律、戰術、精神等方面闡述太平天國興盛的原因,又從集團腐化、力量分化、戰略失敗、人才缺乏、帝國主義的干涉等方面來分析太平天國衰亡的原因〔註81〕,考慮非常全面。徐德嶙《西漢兵制及其國防》討論了西漢兵制

第 7 卷第 2 期)、張禮千《「東西洋考」中之針路》(《東方雜誌》1945 年第 1 期)等。故張著的史料價值尚需分辨,明朝時西洋、東洋、南洋的分界問題,亦需學界進一步論證。

〔註78〕據李士厚所說,李儀廷係 1936 年在雲南玉溪縣鄭和十七世孫鄭紹明家裏發現的鄭和家譜,譜裏記載著鄭和出使事蹟,隨同出使的官兵、出洋船舶、所到國家,特別是成祖和宣宗給鄭和的敕書,他考證後刊印了《鄭和家譜考釋》,由此又進一步瞭解了鄭和出洋的事蹟。(見李士厚:《新發現的〈鄭和家譜首序〉》收入《文獻》 第十七輯,書目文獻出版社,1983 年 09 月第 1 版,第 96 頁。)

〔註79〕吳化暄:《鄭和下西洋》,《文化先鋒》1948 年第 8 卷第 10 期。

〔註80〕參看李濟:《遠古石器淺說》《遠古石器淺說(二)》《遠古石器淺說(續三)》《遠古石器淺說(續完)》,分載《文化先鋒》1943 年第 3 卷第 3 期、1944 年第 3 卷第 8 期、1944 年第 3 卷第 14 期、1944 年第 3 卷第 16 期。

〔註81〕簡又文:《太平天國盛衰興亡之原因》,《文化先鋒》1944 年第 3 卷第 10 期。

和西漢的國防建置與國防政策問題。〔註82〕儘管徐文不如勞榦《漢代兵制及漢簡中的兵制》那麼有影響,但他對「兩漢軍制的演進也有梳理。」〔註83〕實際上,徐氏經過考證,也得出了一些新的結論,如西漢繼承了秦代以郡國之騎士、材官、樓船為主的兵制,另創較為靈活的卒更、踐更和過更之法。〔註84〕賀岳僧《國防史上的西北》、胡肇封《河套國防史略》、徐德麟《秦代之國防建置及疆土之開拓》等論文,均是邊疆史地與國防史研究中極為重要的文章,值得此領域的學者關注。

不過,亦有價值相對不高的論文。如易君左的《春秋時代的民主精神》,文中為民主和三民主義尋找歷史根源,但易氏所理解的民主只是春秋時的重民思想,與現代民主絕然不同,現在的民主在於人民的統治,可在中國古代是君治,因此,這是違背歷史實際的。但文中頗能表達其愛國之意,文末將善惡的衡量標準定義為是否有損國家和民族的利益,即是例證。此外,陳庭珍的《婦女運動的回顧與展望》與吳澤炎的《婦女運動新論》也可作為民國婦女史和婦女運動史研究的參考資料。

小結

《文化先鋒》上的歷史學論文提出了很多新問題,也解決了許多前輩學者未能解決的舊問題,推動了相關領域的研究,普遍具有學術價值。儘管在此雜誌上發文的學者多身兼數職,有的甚至從事著政府行政工作,但在抗戰的大背景下,他們一面為國家安危和民族復興積極奔走,一面利用自己所學專業,利用業餘時間從事學術研究,以使文化之火不滅,民族精神得以發揚,抗戰得以勝利,國家得以富強。筆者想繼續申論的是,有些學者一直強調在學術的象牙塔裏鑽研,純粹為學術而學術,才能出成果。但從歷史主義的角度反思歷史,在古代哪個學者不是一邊從政一邊治學?而且古時學問均是經世致用之學,包括史學,一開始即帶有經世的目的,亦即學習故事陳跡,以因應現時變化。因此,不能因學者從政,就不承認他的學術水平,而是要就他的學術論著水平來作出中肯的評介。民國以來,在學術專門化之後,從事學術研究的從政者,成果儘管不多,但可看出其在炮火聲中努力撰寫論著的

〔註82〕徐德麟:《西漢兵制及其國防》,《文化先鋒》1946 年第 6 卷第 14 期。
〔註83〕《中國中古史研究》編委會編:《中國中古史研究(第五卷),上海:中西書局 2015 年版,第 183 頁。
〔註84〕徐德麟:《西漢兵制及其國防》,《文化先鋒》1946 年第 6 卷第 14 期。

艱辛，這些學人同樣值得我們敬重。

第三節 學科建設與國家認同：地理學論析

一、抗戰時期中國現代地理學源流

學術於亂世是否必衰？為破解此謎題，張道藩組織諸領域專家檢討了抗戰以來的各門學術，編成《中國戰時學術》一書，他在序言中說：「在一般人的想像裏，我國抗戰了七八年，因交通的阻塞，印刷的困難，國外資料的難於獲得，學術上必將退步，然事實恰與此相反。我們有見於此，特約全國專家學者將學術上的各部門作一總檢討，其結果使我們意外地興奮，我國的各種學術，不但沒有退步，而且有長足的進步，較之數十年的學術，進展有過之無不及。」〔註85〕張氏之說雖有所誇大，但足以窺見我國學術並未因抗戰而中斷，反而取得了一定的成績。中國地理學即應戰時之需，迎難而上，在亂世中呈現不斷向前發展的良好勢頭。地理學學科的系統建設，各專業機構及各高校地理系、史地系的建立和人才的培養，學會的創設，「對外貢獻最具體」〔註86〕的地理學論著的出版等，均為現代地理學在抗戰時期表現出來的佳績。

以往學者根據西方地理學的分期觀念，認為「中國近代地理學發軔於 16世紀至 1840 年鴉片戰爭（相當於歐洲孕育時期的地理學），形成於清末至 20世紀上半葉，發展壯大於 20 世紀 50～70 年代。」〔註87〕然實際來說，地理學應在抗日戰爭時期形成現代規模，抗戰前僅屬於「西潮衝擊——中國反應」〔註88〕的艱難探索期。本文在探討現代地理學發展的基礎上，梳理地理學由傳統至現代的演變，以明確民國地理學的學術走向。

（一）抗戰時期中國地理學的發展

抗戰時期，中國地理學在學科建設，地理系、史地系和研究機構的設立，專業刊物的出版等方面，均得以向前推進，已具備現代地理學的規模。

〔註85〕孫本文等：《中國戰時學術‧序》，中央文化運動委員會文化運動叢書第八種，上海：正中書局 1946 年初版。

〔註86〕陳獨行：《抗戰七年來我國的地理學界及其出版物》，《文化先鋒》1944 年第 3卷第 24 期。

〔註87〕王愛民：《地理學思想史》，北京：科學出版社 2010 年版，第 172 頁。

〔註88〕羅志田：《西潮與近代中國思想演變再思》，《近代史研究》1995 年第 3 期。

1. 學科建設

現代地理學在戰時已形成了包括自然地理學、人生地理學、歷史地理學、經濟地理學、區域地理學、地圖學和地理學史等較為完整的學科體系。發展至20世紀70年代，地理學的門類已經達到50種以上。〔註89〕但在抗戰前，地理學雖在竺可楨、翁文灝、丁文江、章鴻釗、黃國璋、張其昀、朱家驊等學人的共同努力下得到快速發展，學科建設與人才培養亦有一定基礎，但終屬草創階段，未形成系統。林超曾指出，「現代地理學在世界發展不過百年，還存在諸多尚待解決之問題與爭論未決之看法，思想異常紛雜，且現代地理學學科在國內尚未完全建立。」〔註90〕為此，他以中國地理研究所所長的身份，呼籲地學界同仁於以下幾個方面，努力構建現代地理學新學科：（1）將現代地理學研究對象界定為地球表面各種現象的相互關係及其分布規律，並注意這些現象的區域性特徵；（2）地理學的內容分類應隨著地理學學術發展及研究對象的擴大而隨之不斷變動和擴充；（3）通論地理和區域地理兩者無分彼此，在目的與方法上具有共通性；（4）地理學研究應用於公民教育，服務於國家政治、經濟、軍事等各方面，但地理學學術的進步應緊緊依賴於精深的理論研究，而非應用性研究；（5）人生地理學派有決定論派與或然論派，但前者已逐漸退出歷史舞臺；（6）地理學研究可以從景觀做起，但不可以從景觀出。〔註91〕林氏從地理學的研究對象、內容和研究方法等方面，對現代地理學的學科建設進行了探討，其理論成果在今天看來，仍具有參考價值。

2. 地理系、地學系和史地系的設立

抗戰爆發後地理系或地學系和史地系在各高校的設立數量較戰前明顯增長。從1936年國民政府教育部批准成立的各高校情況來看，獨立學院和專科學校均未設立地理系或史地系，也未曾開設地理學課程。而在42所公私立大學中，僅中央大學、清華大學、北平師範大學、中山大學、暨南大學、東北大學等7所高校設有地理系或史地系，數量極少，占比僅約17%。〔註92〕在1943年國民政府教育部的統計中，有西北師範學院、女子師範學院、貴陽師範學院、

〔註89〕國家自然科學基金委員會：《地理科學》，北京：科學出版社1995年版，第83頁。

〔註90〕林超：《現代地理學問題檢討》，《文化先鋒》1942年創刊號。

〔註91〕林超：《現代地理學問題檢討》，《文化先鋒》1942年創刊號。

〔註92〕中國第二歷史檔案館編：《中華民國史檔案資料彙編》第五輯第一編，南京：鳳凰出版社1991年版，第300～311頁。

桂林師範學院等 4 所獨立學院設置了史地學系。而在 23 所公私立大學中，計有中央大學、西南聯合大學、西北大學、中山大學、浙江大學、四川大學、復旦大學等 13 所大學設有地理系、史地系或文史地專修科，數量較戰前已明顯增長，占比達 56%。〔註93〕就戰時的艱苦條件來說，這樣的增長已極為不易，其原因為地理學學者的不懈努力、戰時地理學功能的凸顯、政府對地理學的重視，及地理「科學制度化」〔註94〕等。

3. 地理學專業期刊、學術機構及團體

抗戰軍興以後，各地印刷困難，一時洛陽紙貴，但地理學者為了民族大業，為了地理學能對民族抗戰有所助益，先後創辦《地學教學》《史地雜誌》《邊政公論》《地理》《地理集刊》等地理及史地類刊物，彌補了《地學雜誌》《地理雜誌》《禹貢》和《地理教育》因抗戰爆發停刊而造成的損失。其中，集中了竺可楨、丁文江、翁文灝、胡煥庸、黃國璋、張其昀、任美鍔、李四光、譚其驤、柳詒徵、鄭鶴聲、繆鳳林、陳垣等一大批專家學者的《地理學報》更是辦刊至 1948 年。故此，地理學術與戰前相較，不僅未見衰退，反取得較大進步，表現為刊物數量增多，專業性增強，出版時間增長。〔註95〕前所論僅為地理類專刊，事實上，還有很多人將學術論文發表在其他刊物或大學學報上，其中最具代表性的是《文化先鋒》，曾發表高質量的地理學術論文 30 餘篇，多為地理學界名家如胡煥庸、吳傳鈞、林超、任美鍔等所撰，主要是地理學學科建設與地理學專業理論的闡發與構建，〔註96〕當為學界所重視。

一些著名高校如中央大學、浙江大學、清華大學等在戰時率先成立研究機構，培養地理學專門人才。就筆者掌握的資料來看，抗戰前地學界僅有中國地學會、中國地理學會、禹貢學會等少數幾家專業地理研究機構，且 1935 年至 1937 年，未見有新地理機構的成立。1938 年後，浙江大學史地研究所、中國地理研究所、清華大學地學會、中央大學地理研究所相繼成立，研究機構數量較戰前反有增長。

〔註93〕中國第二歷史檔案館編：《中華民國史檔案資料彙編・第五輯第二編教育（一）》，南京：鳳凰出版社 1991 年版，第 750～769 頁。

〔註94〕〔法〕保羅・克拉瓦爾著，鄭勝華、劉德美、劉清華、阮綺霞譯：《地理學思想史（第四版）》，北京：北京大學出版社 2015 年版，第 77 頁。

〔註95〕中國第二歷史檔案館編：《中華民國史檔案資料彙編・第五輯第二編教育（一）》，南京：鳳凰出版社 1991 年版，第 750～769 頁。

〔註96〕鄧根飛：《學科建設與國家認同：〈文化先鋒〉地理學術論析》，《理論月刊》2016 年第 9 期。

　　從以上三點來看，由於政府與社會在抗戰前均未對地理學予以足夠重視，致其不斷在摸索中前行，發展相對緩慢。抗戰爆發後，隨著本身學科性質的發揮、戰爭中應用價值的凸顯以及政府對史地學科的重視，地理學發展進程明顯加快。

（二）傳統至現代的演變

　　中國現代地理學是本土地理學與近代西方傳入的地理學相互融合的產物。至於本土是否有過地理學，民國以來的學術界意見不一。王庸認為：「除掉地圖和西方科學輸入以後的地學之外，在中國學術史上實在很少可以稱為地理學的。所謂地志，在分量上雖是汗牛充棟，不可勝數；但論其內容，都多半是歷史性質，即如記山水、地域、物產、人口之類亦不過地理事蹟的記載，彷彿不定期的年鑒，不能認為真正的地學。」〔註97〕粗看王庸的觀點，可能會覺得他認為中國地理學源於近代，但仔細梳理其《中國地理學史》，卻發現他承認我國古代有現今即將被「新分析方法」〔註98〕所取代的地圖學，而「不承認中國古代有地理之學，但他卻建構了其知識體系。」〔註99〕其中所隱藏的涵義，值得尋味。王勤堉和顧頡剛則認為中國早已有地理學，且發源於《禹貢》。王氏有「我國自來言地理者，類多溯源於《禹貢》」〔註100〕的說法，顧氏則考《禹貢》出於戰國之世〔註101〕，並創辦《禹貢》地理專刊。孫敬文贊同王、顧二人「中國古代即有地理學」的說法，同時以考古學為依據，將地理學的發端推至更早的《山海經》。他在蘇聯地理學會第二屆代表大會上的報告稱，中國有關地理知識的著作，最早見於《山海經》，此書除記載了一些神話傳奇，也包括旅行材料及傳聞記錄〔註102〕。法國人希勒格所著《中國史乘中未詳諸國考證》一書證明了孫敬文的說法，詳細考證了《山海經》中諸如扶桑國、文身國、女國、小人國、大漢國、大人國、君子國、白民國、古丘國、黑齒國、玄股國、勞民國、泥離國、背明國、郁夷國、含明國、吳明國、三神山、古琉

〔註97〕王庸：《中國地理學史·弁言》，上海：商務印書館1938年版，第1頁。

〔註98〕D R Fraser Taylor: Geography, GIS and the Modern Mapping Sciences / Convergence or Divergence? Cartographica. vol30. numbers 2&3. 1993.47~53.

〔註99〕孫俊、潘玉君、湯茂林：《中國地理學史研究的理路分析》，《地理研究》2014年第33卷第3期。

〔註100〕王勤堉：《民國以來我國地理學研究之業績》，《學林》1940年第1輯。

〔註101〕顧頡剛：《論今文尚書著作時代書》，《古史辨（第一冊）》下編，樸社1926年版，第200～206頁。

〔註102〕孫敬文：《中國地理學之發展概述》，《教學與研究》1955年第4期。

球國、女人國等地名〔註 103〕,足見《山海經》的記載,都有事實依據。我們不能因其多記離奇怪誕之事,就視之以小說。當代學者王慧編著《中國古代科學》時也說:「中國古代地理學起步很早,在地圖製作、學術著作等方面有突出成就,在先秦時期中國人就已經撰寫了地理學著作《山海經》。」〔註 104〕可見,中國很早即有地理學,且保存下來、有文字記載的地理學著作以《山海經》為最古,已無疑問。

　　《山海經》之後,本土地理學經過了不斷發展、衰落與更新的歷程。戰國時《禹貢》一書,平正切實,已無神怪色彩,為舉世公認的地理專著。《史記》八書已有水利、溝渠、遊歷等記載,《漢書·地理志》,專記地理,為歷代正史「志地」專篇的楷模,沿襲至清。而地方志、風俗記、遊記、異物志等與地理有關的著述,更是浩如煙海,不勝枚舉。但明清以後,地理學明顯走向衰微,專著與名篇極少。直至近代西學東漸後,本土地理學才得以改造、貫通為「地圖學、地球物理學、地文學、氣候學、水理學、海洋學、生物地理、人類地理、經濟地理、政治地理、歷史地理、地理學史、方志學、地理教育、地理學會十五個項目」〔註 105〕,而成系統的現代科學。

　　中國地理學注意吸收西方地理學元素,按現代學科建制改造傳統地理學。十九世紀後半期,西方地理學開始入傳中國,若干地質、地理學者來華調查,如德國人李希霍芬、美國人維里士及日本人所組成的調查隊,到二十世紀初,又有美國人葛德石與卜凱長期居留中國,搜集整理大量地理資料,中國人所知的地理科學知識隨之播遷。〔註 106〕在時勢相逼下,張相文發憤開創中國自己的地理學事業,他與地學界同仁創辦中國地學會,發刊《地學雜誌》,希圖以本國之力,獨立研究與考查地學,追步西方。至二十年代,生物學、動物學、地質學、氣象學等,帶動了地理學的發展,使其呈日新月異之勢。與此同時,竺可楨在南京高師首創地理學系,開始培養地理人才。其後,有部分高校進行仿傚,但終因師資匱乏,生源稀少而被迫放棄。三十年代後,情況方有所好轉,國民政府開始實行走出去戰略,向歐美等西方國家派遣留學生,學習先進的科學技術。習地理學的留學生回國後,或走向教學崗位,或加入地理學會和科研院所,

---

〔註 103〕〔法〕希勒格著,馮承鈞譯,《中國史乘中未詳諸國考證》,上海:商務印書館 1938 年版,收入《尚志學會叢書》。
〔註 104〕王慧:《中國古代科學》,合肥:黃山書社 2014 年版,第 25 頁。
〔註 105〕張其昀:《近二十年來中國地理學之進步》,《科學》1935 年第 19 卷 10 期。
〔註 106〕孫敬文:《中國地理學之發展概述》,《教學與研究》1955 年第 4 期。

國內地理科學知識的傳播與發展因此獲得極大推動。抗戰爆發後，國民黨政府加大對地理學科的扶持，高校地理或史地單獨成系者甚多，有東北大學、金陵大學、金陵女子文理學院、西南聯大、西北大學、四川大學、武漢大學、復旦大學、暨南大學、廣西大學、國立師範學院、女子師範學院等。〔註107〕地理學的專門研究機構，由朱家驊倡導、教育部和中英文教基金董事會合辦的中國地理研究所，也在戰時得以創建。至此，現代地理學終於在中國奠定，它融合中西，實現了從傳統至現代的艱難轉身。

（三）原因探析

地理學在現代化的過程中，取得了巨大的成績。有以下幾個因素。

第一，戰前牢固的地理學基礎。中國傳統地理學經過發展，已植下深厚根基。地理志蔚為大觀，地圖學領先西方。17世紀以後，地理學雖漸衰落，但中華民族具有容納和吸收外來文化的能力，面對西學侵逼，晚清民國學者順應時勢，努力於改造傳統學術，使我國固有學術重煥勃勃生機，地理學因此而得一新生命。清末即模仿西方學科建制，在九門「普通學」中設有「地理」一門〔註108〕，民國北洋政府1913年頒布的《教育部公布大學規程》中在文科下設有地理學一門〔註109〕，國民政府1929年公布的《大學規程》中則在大學理學院下開設地理學〔註110〕。在傳統與現代觸碰的過程中，地理學領域逐漸形成了丁文江、張相文、章鴻釗、李四光、翁文灝、竺可楨、張其昀、胡煥庸、黃國璋、顧頡剛等較為固定的學者隊伍。專門培養地學人才的地理系、史地系也於二十年代開始創建。武昌亞新地學社、中國地學會、禹貢學會、中國地理學會和中國地理教育研究會等學術機構，組織、集合全國的地理學專家、學者，共謀地理科學的發展，他們或編印刊物，主辦講座，或發表論著，或介紹新知，使中國地理學在戰前已初具規模，有力地促進了抗戰時期現代地理學的發展和學科建設的完成。

〔註107〕陳獨行：《抗戰七年來我國的地理學界及其出版物》，《文化先鋒》1944年第3卷第24期。

〔註108〕張之洞：《奏定學堂章程》，收入沈雲龍主編：《近代中國史料叢刊》第七十三輯，臺灣：文海出版社1966年版，第5頁。

〔註109〕劉志鵬、別敦榮、張笛梅主編：《20世紀的中國高等教育 教學卷 下》，北京：高等教育出版社2006年版，第128頁。

〔註110〕 劉志鵬、別敦榮、張笛梅主編：《20世紀的中國高等教育 教學卷 下》，第169頁。

第二,地理學人才的引進與派出。中國地理學的現代化進程起步較晚,1909 年方發軔於張相文,至戰前不過 28 年。如果從竺可楨於 1921 年首先在國立東南大學開設地學系算起,時間更短。彼時地理學人材極為匱乏,師資力量也極薄弱,為此,不得不考慮從國外聘請外籍教師,學習由他們帶來的西方地理學知識和先進技術。國民政府也於 1929 年開始,主動實行走出去戰略,先後出臺了《中央大學區制定的各項派遣留學生章則》《浙江省派遣留學生辦法大綱及其施行細則》《國民黨中央執行委員會派遣留學生章則》等法規,〔註111〕大力向海外派遣留學生。其中即有出外學習西方地理學的,如胡煥庸、林超、任美鍔、侯仁之等人,他們在翻譯西方先進地理學理論的同時,將國外的科學技術帶回國內,並結合中國實際進行研究,推動了國內地理教育和科學的發展與進步,為抗戰爆發後地理學的「勃興」和現代學科建設做出了貢獻。

第三,西方現代地理學的影響。我國現代地理學是在西學的不斷衝擊下逐漸建立的。19 世紀中葉,洪堡和李特爾開創了現代地理學,並隨著西方的軍事侵略傳入我國。外國學者帶有殖民掠奪性質的探險和考察及撰寫的有關中國的地理著作,客觀上對傳播地理學知識和開發國人的智慧起到了積極作用。正如周振鶴所說:「在西學東漸的過程中,地理學科對於中國起著某種意義上的先行學科的作用。先進的中國人,就是從認識世界地理開始,才打破了傳統的中國與四夷的天下秩序的舊觀念,接受萬國並存的世界意識,進而充分理解到自身的缺陷,產生向西方學習的念頭,出現各種變革的觀念,引起了延續一個多世紀的思想革命歷程。」〔註112〕地理學從傳統至現代的變革即是從這個時候開始的。到 20 世紀初,國外地理學著作不斷由留日學生在國內翻譯和出版,促進了西方地理學的迅速傳播,豐富了中國地理學的內容,其最新地理學思想與方法的引入,推進了現代地理學在抗戰時期的系統建設。

第四,外部刺激。1937 年盧溝橋事變後,日本軍國主義勢力發動全面侵華戰爭,民族危機空前嚴重。此前,國內政局雖亂象叢生,但尚未遭受嚴重外患,地理學僅受西學影響,並在少數地理學家的努力下緩慢發展。此後,受外

〔註111〕中國第二歷史檔案館編:《中華民國史檔案資料彙編 第 5 輯 第 1 編 教育》,南京:江蘇古籍出版社 1994 年版,第 363～374 頁。

〔註112〕周振鶴:《一度作為先行學科的地理學——序〈晚清西方地理學在中國〉》,上海:上海古籍出版社 2000 年版,第 1 頁。

來侵略刺激，國民政府提倡學術為抗戰服務，要求各領域的專家、學者在從事學理研究外，更要檢討抗戰建國的理論與實際問題，以適應戰時國家與民族的需要。通過檢討發現，地理科學與抗戰建國關係尤為密切，大至國家經濟建設計劃，小至交通路線的開闢、戰場敵我得失的討論等，都需要運用地理學知識。此種「需求是我國現代地理學發展的重要動力」〔註 113〕。地理學者為了抗戰，亦以筆為槍，將所學貢獻於祖國，他們撰寫論文，出版專著，創辦學會，以實際行動抒寫他們的報國情懷。

二、《文化先鋒》地理學論析

衡量我國抗戰時期地理學發展進步的標誌，是此一時段學術論著的數量〔註 114〕。然學術界眼光主要集中於地理學著作和專刊，忽視了其他綜合性學術期刊，而這些期刊往往刊有質量頗高的地理學論文。《文化先鋒》即刊載地理論文三十餘篇，多由當時學界名流所撰，具有較高的學術價值與理論水平。這些未被學術界注意的材料，其理論貢獻有哪些？這是我們需要探討的。

（一）現代地理學建設

現代地理學在抗戰後因其地位的凸顯，方受到政府的重視。學者們運用地理知識服務抗戰的同時，在傳統地理和國內現實環境的基礎上，仿照現代西方學術體系，構建中國現代地理學的理論譜系。相關論文有林超《現代地理學問題檢討》《對於吾國地理研究與地理教育方針之意見》、杜若君《經濟地理學的概念》《經濟地理學的研究對象及其任務》、王德基《國防地質學述要》、王鏡清《論鄉土地理》等。

林文《現代地理學問題檢討》將現代地理學研究對象界定為地球表面各種現象的相互關係及其區域分布。此文確立了現代地理學的研究對象；梳理了地理學幾大分類之間彼此相融的關係；批判了地理景觀派巴沙格爾的看法，認為景觀並不能作為地理學研究對象的全部。這些見解，促進了國內現代地理學學科的成熟與建立。同時，他提出地理學應用研究要緊緊依靠基礎理論研究，不

〔註 113〕 葛全勝、吳紹洪、朱立平、張雪芹：《21 世紀中國地理學發展的若干思考》，《地理研究》2003 年第 22 卷第 4 期。
〔註 114〕 陳獨行：《抗戰七年來我國的地理學界及其出版物》，《文化先鋒》1944 年第 3 卷第 24 期。

能忽視學理性探討,否則會阻礙科學的進步。〔註 115〕此說為當前學界重應用輕基礎的浮躁學風注入了一劑清醒劑。

經濟地理學屬新興科學,1882 年提出,至 20 世紀 20 年代發展為一門獨立科學。杜若君《經濟地理學的概念》《經濟地理學的研究對象及其任務》兩文釐清了經濟地理學的概念問題,明確了經濟地理學的研究對象與任務,為經濟地理學建立了完整的系統。〔註 116〕

王德基《國防地質學述要》將國防地質學的研究範圍概括為礦藏的開採、地下資源的利用、基本理論等,同時介紹了它在軍事、水利、原料、建築材料等方面的應用。〔註 117〕結合國防科學與地質學,創立了國防地質學,目的是為了滿足民族抗戰和建國的需要,如修築陣地、軍火倉庫等軍用工程和公路、鐵路、機場、堤壩等民用工程。王鏡清《論鄉土地理》明確提出「鄉土地理是以科學的地理的方法,來解釋本鄉本土的人地之關係,換句話說,也就是本鄉本土的區域地理,地理知識的掌握於國家與社會影響為大,更有利於支持抗戰。」〔註 118〕由此看出,學術的應用價值在特殊時期表現極為明顯。

(二)西北邊疆地理研究

19 世紀初,隨著清政府統治的式微,西北邊疆問題成為國家安定、統一的後患。祁韻士感於時世,首開邊疆史地研究的先河,撰《蒙古王公表傳》《新疆識略》《藩部要略》《西陲要略》等,後徐松、龔自珍又將此一經世之學發揚光大,分別撰有《西域水道記》和《西域置行省議》。鴉片戰爭後,天朝上國的迷夢被打破,西北邊疆史地的研究在時勢刺激下,由被動轉向主動。這一時期的代表作有張穆的《蒙古游牧記》、何秋濤的《朔方備乘》、姚瑩的《康輶紀行》等。至抗日戰爭時期,隨著民族危機的加深和正面戰場的失利,西北及邊疆的戰略地位突顯,地理作為一門經世之學,也越來越受重視。此時,《文化先鋒》西北邊疆史地方面的研究成果有王維屏的《新疆地位價值的復活》、胡煥庸的《新疆地理》《建設計劃與地理背景》、顧毓秀的《建設大西北》、鄭象銑的《湟水流域河西走廊之移民問題及其方案》《西康的金礦》等。他們的這

〔註 115〕林超:《對於吾國地理研究與地理教育方針之意見》,《文化先鋒》1942 年第 1 卷第 6 期。

〔註 116〕杜若君:《經濟地理學的概念》,《文化先鋒》1942 年第 1 卷第 7 期。

〔註 117〕王德基:《國防地質學述要》,《文化先鋒》1943 年第 2 卷第 23 期。

〔註 118〕王鏡清:《論鄉土地理》,《文化先鋒》1943 年第 2 卷第 23 期。

些學術成果為指導西北和邊疆的開發和建設做出了貢獻。

王文述說了絲綢之路的歷史，並在此基礎上，對照抗戰以來沿海要港被敵封鎖的現實，提出重振絲綢之路、移民開發新疆、打通對外交通路線的主張。〔註119〕此論極富遠見卓識：一者，新疆的開發有助於應付抗戰的不利局面和為中國軍隊的戰略撤退穩固後方；二者，絲路的復興，能促進新疆和中亞經濟的發展；三者，為抗戰結束後國家的統一與穩定奠定了基礎。

胡文《新疆地理》亦論新疆，即在為政府服務，為想去新疆和關心西北的人服務。他詳細介紹了新疆地形、地貌、土壤、物產、交通等，認為開發新疆，意義重大，不僅可增加國家富源，也可進一步鞏固邊陲國防。〔註120〕其《建設計劃與地理背景》一文是看到《大公報》上關於《黃河導向蒙古沙漠》與《黃河導向蒙古的不必要和不可能》的爭論後撰寫的，他提出建設計劃應先應用地理知識，根據地形、氣候、土壤、水文等地理要素，進行通盤研究，才不至於憑空虛構，不切實際，並提出了科學的治河方案。〔註121〕顧文響應政府30年代提出、但缺乏顯著成果的大西北開發計劃，他回顧西北史，呼籲欲復興中國，就必須重建大西北、穩固抗戰大後方。〔註122〕胡、顧二文既體現了抗戰對經世學術的需要，也體現了政治與學術之間的緊密聯繫。

鄭文《湟水流域河西走廊之移民問題及其方案》在深入考察河西走廊和青海湟水流域移民問題的基礎上，探討是移民與地理環境的關係，提出了較為完善的解決方案。他認為，移民是建設大西北的重要舉措，為了增進生產，改良民生，加強國防，整合民族，儲蓄人力等，需要移民農墾、畜牧和進行工礦業開採。但影響移民的問題很多，如政治上尚無切實統一的計劃，缺乏體恤民情、為民眾謀福利之人，吏治不清明；生活上，由於戰爭與苛政，用於農墾的力畜、器具、種子、肥料等均無著落；水利上，水量不足，水溫降低，不利於農作物成長；社會、風俗習慣及語言與內地均不同。針對政治與區域、位置、面積、地形、水文、水利、人口、種族等綜合地理因素，他提出了以下解決方案：設一統一機構，做調查、設計、管理等事宜；提供生活物品；供給農器、種子及肥料等；酌減負擔；興辦水利；推進教育；小本貸款；組織合作社；分期移徙

〔註119〕王維屏：《新疆地位價值的復活》，《文化先鋒》1942年第1卷第7期。
〔註120〕胡煥庸：《新疆地理》，《文化先鋒》1943年第1卷第22期。
〔註121〕胡煥庸：《建設計劃與地理背景》，《文化先鋒》1942年第1卷第16期。
〔註122〕顧毓秀：《建設大西北》，《文化先鋒》1942年第1卷第16期。

等。〔註123〕論者對問題的分析可謂一針見血,方案的提出也極具針對性與可操作性,但由於政府的腐敗與日寇的侵略,缺乏清明、穩定的政治與社會環境和經濟支撐,他的研究與提議只能是一廂情願,難以付諸實施。鄭文《西康的金礦》亦極具現實價值,他經過詳細的調研,描述了西康省的地理概況及黃金分布情況,敘述了西康地金的生產情形,各縣產金的詳細地址及情況,並根據地理專業知識,提出了如何進行開採和管理的建議〔註124〕,有力地支持了抗戰,也為政府困窘的財政提供了財源。

以上學者的研究是抗戰環境下挽救民族危機的產物,也是政治與學術互動的成果,體現了國家主義與民族主義的時代特徵。他們的智慧與腳踏實地的作風仍然指引著我們前進的方向,他們的理想也在中國共產黨的領導下逐步實現。南水北調工程、西部大開發戰略、絲綢之路戰略等正推動著大西北走向騰飛。

（三）地緣戰略理論

地緣戰略理論緣於英國近代地理學的鼻祖麥金德 1904 年撰寫的論文《歷史的地理樞紐》,他在文中提出了「心臟地帶」的論點,使人們充分認識到地理因素對國際關係中安全問題的影響。之後美國的斯皮克曼在《和平地理學》中針對「心臟地帶論」發展出了邊緣地帶理論,以此確保美國的安全與獨立。《文化先鋒》中探討地緣戰略的論文有吳傳鈞《地緣戰略論》、趙廷鑒《亞洲第二戰場之地理觀察》《論臺灣在中國地理上之重要性》《論東北在中國地理上之重要性》,任美鍔《中國的物產》《太平洋地理與戰後和平》,司以忠《南洋地理概述》等。這些研究成果均是國家主義精神的具體體現。

吳文以 20 世紀新近出的名詞「地緣戰略」為題,將地緣戰略定義為地緣政治,是軍事地理學與政治地理學兩者相互融合的產物。他在文中梳理了地緣戰略的研究現狀,認為學術界在此領域研究最好的當屬德國的荷斯霍佛和英國的麥金特,全文的亮點是地緣戰略的構成十因素分析,將其歸納為:面積(空間)、形狀、位置、疆界、地形、臨海、氣候、資源、交通、人口等。關於其中何者為要,他給出的結論是:十因素可以歸納天時(氣候、時間)、地利(面積、形狀、位置、疆界、臨海、地形)、人力、物力(資源、交通)四個主要

〔註123〕鄭象銑:《湟水流域河西走廊之移民問題及其方案》,《文化先鋒》1943 年第
2 卷第 15 期。
〔註124〕鄭象銑:《西康的金礦》,《文化先鋒》1944 年第 3 卷第 17 期。

因素，排序當為：物人地天，無論古今大小戰爭，其勝負皆決於此。〔註125〕
這些均係其做出的重要學術貢獻，其地緣戰略研究有助於幫助我國實現抗日
戰爭的勝利。

趙文《亞洲第二戰場之地理觀察》從地理學學術的角度出發，論證堅持長
期抗戰的理由。他認為，我國以東經110度為經線將地球分為東西兩部，東部
多平原與丘陵，西部多高原山地，不利於侵略者機械化部隊，故易守難攻，退
守至西部堅持抗戰是非常重要的戰略選擇。全文分為疆域及與中國關係；政區
之劃分；自然形勢；重要資源；水道與交通等幾大部分，結論強調緬甸戰略地
位的重要性，認為滇緬公路是支持我國抗戰力量的大動脈，對於我國最後抗戰
成功具有重要影響。〔註126〕其另一文《論臺灣在中國地理上之重要性》亦從
地理學專業角度出發，認為應先對臺灣地理狀況加以深刻認識，方克有濟，以
利於臺灣經濟建設。論者從沿革與政區、住民與習俗、自然景觀、交通與都市、
國防形勢等方面進行分析，讓我們瞭解到臺灣的具體概況，為政府在臺灣地區
進行經濟建設提供了可貴的資料。其結論認為，臺灣農工業發達，物產富饒，
收復後應繼續擴大工業規模，鞏固防務，改善民生，與內陸加強密切聯繫，如
此，則有利於我國和世界經濟繁榮與永久和平。〔註127〕其《論東北在中國地
理上之重要性》一文從東北政區與居民、自然環境、重要資源分布、工業發展
與對外貿易、交通與都市等方面向國人提供了詳盡的地理素材。他於結論中呼
籲大家居安思危、精誠團結、移民實邊，以永保東北。〔註128〕趙文分別對第
二戰場、臺灣及東北的地理學進行論述，體現了他作為一名地理學家，努力將
所學奉獻於祖國的熱忱。

任文《中國的物產》將物產分為兩類：一為原料品，即天然產物，如農
林畜漁礦，供人民直接消費和工業使用；二為製造品，即為工業產物。認為
吳景超將中國資源分為盈餘、能自給和不能自給三種，具有一定合理性。他
說：「國家發展至今，地下資源已得到大量開發，大多資源已近枯竭而依賴
進口，西方發達國家為子孫後代計，停止開發國內資源，轉而購買他國資源。

〔註125〕吳傳鈞：《地緣戰略論》，《文化先鋒》1944年第4卷第4期。
〔註126〕趙廷鑒：《亞洲第二戰場之地理觀察》，《文化先鋒》1944年第4卷第4期。
〔註127〕趙廷鑒：《論臺灣在中國地理上之重要性》，《文化先鋒》1944年第4卷第11
期。
〔註128〕趙廷鑒：《論東北在中國地理上之重要性》，《文化先鋒》1945年第5卷第8
期。

目前，我國經濟發展主要依賴製造業，資源開採比較嚴重，國內有識之士不斷呼籲停止類似的開發行為，但為利益計，國人多選擇置若罔聞，不顧後代能否有所依賴。」〔註 129〕他提出的農工平衡發展的方案不失為一項長久國策，值得當政者借鑒。其另一文《太平洋地理與戰後和平》是對美國斯巴克曼和平地理一書觀點的發揮，同時介紹了太平洋地區島嶼及所分布各國情況。〔註 130〕

司文分為三部分：一為引言，認為我國在南洋華僑已有 800 多萬，與我國關係最為密切，我們對南洋有注意的必要；二為中國與南洋的關係，認為南洋與世界發生關係，當以中國為最早；三為南洋地理概況，氣候，特產等。〔註 131〕此文凸顯了南洋對我國的戰略意義。

（四）其他地理學術成果

《文化先鋒》其他重要的地理學術成果有陳正祥《自然與人生》、陳獨行《抗戰七年來我國地理學界及其出版物》等。前者是關於人地關係的論述，後者是對抗戰七年來地理學研究成果的總結，均有重要的學術價值。

陳正祥在文中論證了自然與人生的關係，他認為，人類活動受自然環境的影響，不同的自然環境能使人類產生不同的體質，性格與觀念，而他們的衣、食、住、行、職業、才能乃至宗教信仰、學術創作，也因自然環境的不同而有差異。人類利用自然最具體的表現有房屋與道路、耕種與畜牧、礦藏開採等。〔註 132〕論者吸收了學界關於「地理環境決定論」的成果，但又有所突破，更重視人在自然環境中的主觀能動性。

陳獨行在戰時資料極難查詢和獲得的情況下，寫下總結抗戰時期地理學成果的論文，是難能可貴的，有助於史地學者瞭解戰時我國地理學發展動態和學術水平。論者認為抗戰時期我國地理學初具規模，但發展不盡如人意，圖書總量不多，且乏權威性著作。他按經濟地理、國防地理與政治地理、區域地理、外國地理、地形學與區域地形、氣候學與區域氣候、地圖與圖志等分類列舉了相關領域的代表性著作。此外，他非常重視史地期刊登載的學術成果，列舉了《地理學報》《地理》《地理集刊》《史地雜誌》《地學集刊》《邊政公論》等重

〔註 129〕任美鍔：《中國的物產》，《文化先鋒》1944 年第 4 卷第 10 期。
〔註 130〕任美鍔：《太平洋地理與戰後和平》，《文化先鋒》1945 年第 4 卷第 19 期。
〔註 131〕司以忠：《南洋地理概述》，《文化先鋒》1945 年第 4 卷第 19 期。
〔註 132〕陳正祥：《自然與人生》，《文化先鋒》1944 年第 4 卷第 4 期。

要學術期刊。〔註133〕從陳文對地理學術的分類和期刊的列舉中，我們可以看到現代地理學學科在抗戰期間的成型。

（五）《文化先鋒》地理學研究的特點

《文化先鋒》屬綜合性學術刊物，其辦刊性質與特點與地理類專刊有所不同。地理類專刊重在於傳播和普及地理知識。《地理學報》在其簡章中就明確指出其宗旨：「在收集地理資料，傳佈地理知識，從考察，講習，討論，出版諸方法以達此目的，並欲在首都建立地理研究中心，與國內有關係之專門學會及東西洋有名之地理學會互相聯絡，俾中國國民欲確知本國各地與世界各國之地理環境者，有所問津焉。」〔註134〕內容多為季節、氣候、時令、農作物分布等自然地理知識。《地理》宗旨在於：「一以傳佈地理的知識，增加一般人對於地理的知識和興趣；一以藉與海內同道相研討，期收集思廣益之效果；而其中心的目的，則在於廣立我國地理學的基礎，謀我國地理學長足的進步。」〔註135〕以期提高中學教師的地理水平，間接影響中小學生的地理程度。其刊載內容主要是通論地理、區域地理、遊記、譯述和地理消息等。《史地雜誌》宗旨在於：「斯刊之創，敢云闡發新知，微貢所得。惟望海內君子於此邦有夙好者，不吝教誨，樂予提攜，繼承精神之遺產，發揚固有之光榮，而以本刊為其郵焉。」〔註136〕其內容主要為浙江風土人情之研究。《邊政公論》內容主要係介紹邊疆政治、自然地理和文化，為邊疆建設提供參考。〔註137〕

與以上專刊相比較，從1942～1945年《文化先鋒》地理學的發文來看，呈現出以下特徵：

（1）釐清概念，建立和完善現代地理學學科體系。如現代地理學的內涵及其研究方法，經濟地理學的內涵及其研究成果，鄉土地理學的概念及其研究路徑等。

（2）服務社會現實與國家戰略。如吳傳鈞《地緣戰略論》、趙廷鑒《亞洲第二戰場之地理觀察》《論臺灣在中國地理上之重要性》《論東北在中國地理上之重要性》，任美鍔《中國的物產》《太平洋地理與戰後和平》，司以忠《南洋

〔註133〕陳獨行《抗戰七年來我國地理學界及其出版物》，《文化先鋒》1944年第3卷第24期。

〔註134〕翁文灝等：《中國地理學會暫擬簡章》，《地理學報》1934年創刊號。

〔註135〕黃國璋：《發刊詞》，《地理》1941年第1卷第1期。

〔註136〕張其昀：《發刊詞》，《史地雜誌》1937年創刊號。

〔註137〕《發刊詞》，載《邊政公論》1941年第1卷第1期。

地理概述》均是直接為現實需要服務的文章,體現了學術經世的思想。正如原中國地理學會理事長,中科院院士陸大道所說:「以任務帶學科,這是我國 50 年來地理學取得蓬勃發展的一條基本經驗。」〔註 138〕

（3）關注西北開發與邊疆建設。如王維屏《新疆地位價值的復活》、胡煥庸《新疆地理》《建設計劃與地理背景》,顧毓秀《建設大西北》、鄭象銑《湟水流域河西走廊之移民問題及其方案》《西康的金礦》等文。

小結

綜上所述,有文字可考的中國傳統地理學最早可溯源至《山海經》和《禹貢》,但發展較為緩慢,尤其是官修史書的制度確立以後,凡山川、河流、地域、人口的記載等,都統一納入《地理志》中,私家地理學著作數量稀少,僅有《水經注》《水經注疏》《元和郡縣圖志》《徐霞客遊記》等,然整體規模在 17 世紀以前仍領先於西方,後逐漸走向衰落,原因是中國地理學學術尚未趕上西方思潮,走上科學之路。〔註 139〕至鴉片戰爭以後,西學催逼,現代科學技術入傳中國,地質學、氣象學、物理學、化學、生物學、動物學等各門學科率先在中國得到發展,傳統地理學亦借西風而逐步實現改造。中國學者努力探索融通中西地理學之路,終於抗戰時建成現代地理學,之後薪火相傳,造就現今中國地理學蓬勃發展之勢,其整體過程是不斷積累漸變和呈螺旋式上升的。

總之,中國現代地理學是傳統地理學的積澱、地理學人才的培養、西方地理學的影響和民族危機空前嚴重等多重因素共同作用的結果,是多難興邦的產物,也是我們當今地理學的基礎。它帶給我們的啟示在於:地理學者應具有現實情懷,能不斷應對新環境,解決新問題,只有如此,地理學才能彰顯其旺盛的生命力。陸大道在反思當前中國地理學現狀時說:「近 20 年來,大批地理學者,少了對於中國高速發展帶來嚴重問題關注的熱情。考察、預警和主動配合政府去解決城鎮化、環境、土地、水資源、區域治理、生態功能的破壞等問題的努力大大減退了。」〔註 140〕在這方面,民國時期地理學者的努力可為我們資鑒。

〔註 138〕 陸大道:《我國地理學界發展若干值得思考的問題》,《地理學報》2003 年第 58 卷 1 期。

〔註 139〕 傑弗雷·馬丁著,成一農、李雪梅譯:《地理學思想史》,北京:商務印書館 2008 年版,第 314～315 頁。[Martin G J.All Possible Worlds: A History of Geographical Ideas. 4th ed. Oxford: Oxford University Press, 2005.]

〔註 140〕 陸大道:《地理科學的價值與地理學者的情懷》,《地理學報》2015 年第 70 卷 第 10 期。

在國難深重時期，《文化先鋒》學人撰文研究地理學，他們重點探討了我國現代地理學的學科建設，解決了現代地理學含義、地理教育方針及意見、西北及邊疆地理、人口遷移、區域地理研究與抗戰的關係、人地關係等基本問題，並總結了抗戰七年來我國地理學界的研究成果，以振奮地理學界和全國人民的抗戰決心。這些基礎研究是構建現代地理學的核心，正如羅納德‧庫克所說：「地理學家要加強基礎研究，要形成地理學的核心理論基礎。要在交叉學科的研究中守住自己的陣地，並繼續通過應用為社會做貢獻，加強基礎研究是唯一的途徑。」〔註141〕一語道出了此雜誌所刊載地理學論文的理論貢獻。

地理學是一門綜合性學科，從建立之初就是研究自然科學和人文科學交叉界面上的現象〔註142〕，其終極關懷是國家前途、民族命運和整個人類的未來，因此，我們只有瞭解它的過去，才能預知它的將來。《文化先鋒》地理學研究成果，僅是整個學術史的冰山一角，其要旨在於服務民族抗戰和國家經濟建設，體現了學術經世的特點和學科建設與國家認同的完美結合，亦體現了地理學者的愛國主義情懷。當然，如欲系統瞭解和研究民國時期地理學術理論與成就，以指引當今地理科學發展方向〔註143〕，還須中外史地學界及科學界賢達共同努力。

〔註141〕 Matthews J A,Herbert D A. Unifying Geography: Common Heritage, Shared Future. Routledge Press, 2002.
〔註142〕 傅伯傑：《地理學綜合研究的途徑與方法：格局與過程耦合》，《地理學報》2014 年第 69 卷第 8 期。
〔註143〕 陸大道：《地理科學的價值與地理學者的情懷》，《地理學報》2015 年第 70 卷第 10 期。

第四章　史學史與史學理論的開新

　　民國學者在史學史與史學理論領域的研究，為建國後學科的發展打下了堅實的根基。抗戰時期的歷史學研究摒棄了五四以後國人治學一心向西的缺點，開始走向傳統與現代的融合之路。正如陳寅恪所預言，中國自今日以後，「真能於思想上自成系統，有所創獲者，必須一方面吸收輸入外來之學說，一方面不忘本來民族之地位。此二種相反而適相成之態度，乃道教之真精神，新儒家之舊途徑，而二千年吾民族與他民族思想接觸史之所昭示者也。」〔註1〕

第一節　史學史與史學理論研究成果述評

一、史書的評價

　　中國史學史是一門較為年輕的學科，從梁啟超於上世紀 20 年代提出「史學史的做法」開始，至今尚不足百年。尤其是上世紀三十年代，史學史的發展迎來了它的第一個春天，出現了很多系統的總結之作，被學界普遍認為是中國「史學史學科發展的第一階段。」〔註2〕四十年代，更是「進入了第一個成熟的收穫期。」〔註3〕瞿林東說：「對史學名著在理論上進行發掘和總結，是科學

〔註1〕陳寅恪：《馮友蘭〈中國哲學史〉下冊審查報告》，陳美延編《陳寅恪集‧金明館叢稿二編》，生活‧讀書‧新知三聯書店 2001 年版，第 284～285 頁。
〔註2〕胡逢祥：《歷史學的自省：從經驗到理性的轉折──略評 20 世紀上半葉我國的史學史研究》；持此論者有：張越：《史學批評與史學理論及史學史學科的關係》，《河南師範大學學報》2008 年第 6 期，周文玖：《論中國史學史學科的產生》，《史學月刊》2002 年第 8 期。
〔註3〕胡逢祥：《歷史學的自省：從經驗到理性的轉折──略評 20 世紀上半葉我國的史學史研究》，《華東師範大學學報》2004 年第 1 期。

地認識歷史過程的途徑之一。」〔註4〕因此，總結這一階段的史學成果，能豐富我們關於史學史的認識，對史學史學科的建設和發展能起到更大的推動作用。

誠然，除了一系列史學史專著的出版外，各類雜誌上發表的中國史學史論文亦不容忽視。據周文玖統計，其數量達「220多篇，從先秦時期的史學到民國時期的史學，均有研究文章問世。」〔註5〕《文化先鋒》內刊的史學論文也可體現中國史學史的發展，其中有兩篇研究《史記》與《資治通鑒》的論文，由同一作者朱子方在任職國立編譯館副編審期間撰寫，由此我們可窺見兩部史學名著在當時的研究狀況，亦能讓讀者瞭解朱子方早年的史學成果。

首先，戰時《史記》研究及朱氏論文的價值。自關新史以來，史界開始超越清學大儒的治史方法，不再囿於文獻訓詁、辨訛、考誤，而是採用西法，對過往史著進行系統研究，尋出其因果。《史記》及《資治通鑒》兩部史學名著即是在這樣的背景下，被推向研究高潮的，一度形成顯學。有對其內容進行考證的，如羅根澤《史記老子傳考證》（《古史辨》第4冊下），張鵬一《史記本於公羊考》（《陝西教育月刊》，3卷第3～4期），師玄《史記十二諸侯年表考證》（《圖書月刊》，3卷第2期），朱希祖《史記漢王劫五諸侯兵考》（《齊魯學報》，1941年第2卷）等。有對其注釋、辨偽的，如德峻《史記偽篇考》（《新東》2卷第1期），柳詒徵《論太史公書箋證書》（《國學通訊》，1940年第1輯）等。有研究司馬遷的，如李長之《司馬遷生年為建元六年辨》（《中國文學》，1944年1卷第2期）、《司馬遷之性格與交遊》（《東方雜誌》41卷第6期）、《司馬遷之識與學》（《東方雜誌》42卷第9期），蔣元慶《太史公年歲考》（《學海》第2卷第1期）。如果說以上成果尚屬乾嘉治學範疇，那麼以下文章已突破此畛域，走向更為廣闊的天地，如雷海宗《司馬遷的史學》，湯用彬《史記發微》，施章《司馬遷史學的研究》，朱子方《史記的特色》等。施章《司馬遷史學的研究》認為司馬遷最大的功績是以綜合的精神創造了紀傳體通史，他將《史記》的特質歸納為：平等的眼光，既記載帝王貴族，又錄列庶民；超越的史識，於通史中保存國別史之面貌；徵實者精神，他親赴各地的民間徵集實事，以改正古史中傳說與神話的謬誤；因果的記載，他在記載人類生活變遷歷程中

〔註4〕瞿林東，吳懷祺，陳其泰：《從創立走向建設——中國史學史學科發展的歷程》，北京師範大學學報2002年第5期。
〔註5〕周文玖：《論中國史學史學科的產生》，《史學月刊》2002年第8期。

抓住事實之核心，而顯示其因果關係，使讀者知道興衰成敗有必然的聯繫。同時，施文對馬遷的治史方法提出批評，認為其以想像補足歷史，以情感抉擇史料，此兩點最不符合現代科學的精神。〔註6〕雷海宗《司馬遷的史學》（《清華學報》13卷第2期）就古今學術界稱讚《史記》文美與史體美提出批評，認為其文美，卻多抄襲〔註7〕。雷文看似令人耳目一新，但有苛求古人之嫌，且針對史體方面，並未提出多少有價值的批評。翦伯贊《論司馬遷的歷史學》著筆於司馬遷紀傳體撰史的歷史方法及其歷史批判「太史公曰」，旨在說明《史記》紀傳體歷史方法的內容及其批判精神。〔註8〕湯用彬《史記發微》「摘其尤著者，凡若干事」〔註9〕，方便人們閱讀。

以筆者所見，民國史學界以「《史記》之特色」為研究對象的，僅見朱氏和吳柳隅兩人。吳氏於1927年以「從史學上觀察史記之特色」為題，在《文字同盟》第7、8、9期連續發表，為最早研究《史記》特色的系統之作。吳氏認為《史記》之不朽在於「體例之善，蘊蓄之富」，並標舉其特色如下：《史記》對於勝朝人物抑揚，能存是非之真；《史記》編至現代，不存修史待諸異代之謬見；《史記》據事直書，不為時君諱過；《史記》蘊蓄宏富，包含時代各種思潮；〔註10〕《史記》發明表式，使錯綜複雜之事可以提綱挈領，一目了然；《史記》本善善從長之義，其敘述人物，不使以瑕掩瑜；〔註11〕文采遠勝於他史。〔註12〕吳氏之評價已囊括了馬遷的史家四長：德、才、學、識。而朱子方《史記之特色》一文條舉《史記》之所以千古不朽的諸原因：體裁之活用，以本紀、世家、列傳、表、書五體合纂而成；組織嚴密、脈絡連貫、渾然一體；記述之普遍，能統觀全局，顯出歷史的各個方面；文筆之美妙。可見，朱氏研究偏重《史記》的編纂特色，而非史筆及史德的判斷。且朱氏所列《史記》之第一條特色，不再沿襲其他史家「《史記》為紀傳體」之說，而在梁啟超「諸體雖非皆遷所自創，而遷實集其大成，兼綜諸體而調和之，

〔註6〕施章：《司馬遷史學的研究》，《國立中央大學半月刊》1930年第2卷第5期。

〔註7〕雷海宗：《司馬遷的史學》，《清華學報》1941年第13卷第2期。

〔註8〕翦伯贊：《論司馬遷的歷史學》，《中山文化季刊》，1945年第2卷第1期，第105～120頁。後收入其《民國叢書第一編072——史料與史學》一書，上海：上海書店出版社1989年版，第37～74頁。

〔註9〕湯用彬：《史記發微》，《國學叢刊（北京1941）》1941年第4期。

〔註10〕吳柳隅：《從史學上觀察史記之特色（1）》，《文字同盟》1927年第7期。

〔註11〕吳柳隅：《從史學上觀察史記之特色（2）》，《文字同盟》1927年第8期。

〔註12〕吳柳隅：《從史學上觀察史記之特色（3）》，《文字同盟》1927年第9期。

使互相補而各盡其用」〔註13〕觀點的基礎上，進一步闡述司馬遷在《史記》中如何調和本紀、世家、列傳、表、書五體，合纂而成一部綜合體體載的史書，指出他之所以能「不為體例所範圍，而能神化變通，縱橫馳騁，無往而不適」，是因他撰史的原則為：「不完全以其人之名位，端視其人在當時之實際事業如何而定」，「把握時代活動之核心，以決定歷史人物在紀傳世家中之合理地位，正是子長著史記所不可企及之特色。」〔註14〕此論頗具真知酌見，只是囿於當時的知識體系，朱氏未能明確提出綜合體體裁的概念，但他的見解已然超乎前人和時人，為現在《史記》綜合體說之濫觴。

其次，《資治通鑒》的研究成果更是至為宏富，圍繞著《通鑒》的續寫、改寫、補作、史評等活動未曾中斷，崔萬秋《通鑒研究》分「《通鑒》之姐妹篇」、「《通鑒》之影響」、「《通鑒》之評論」三章詳述之。〔註15〕崔著內容翔實，資料宏富，其中涵括日本的通鑒學研究成果，且有自己獨到的見解，可作為通鑒學的入門書。而學界廣為流傳的，是系統研究《資治通鑒》的《通鑒學》，此書張須1945年撰畢，卻於1948年方由上海開明書店出版。朱子方的論文於1947年撰成，不可能看到張須的著作。但其中的觀點與張須有異曲同工之妙。朱氏《資治通鑒解題》是從史學史的角度對《資治通鑒》作較系統的研究。全文涉及到作者、命名緣起、命名意義、編年體體制、內容、紀事真實、剪裁有法、具有中心觀點等特色、影響及續編等。〔註16〕文約四千字，無法該備全書，故有以下缺陷：一為作者直接抄自《四庫全書總目提要》，未進行辯證；二未對全書史料來源進行分析；三未就司馬遷的史學思想進行研究。然我們不能苛求朱氏，畢竟一篇論文不可能作深入和全面的探究。他關於《資治通鑒》命名緣起、意義及特色的研究成果，為《通鑒》學研究貢獻了一份力量。誠然，「紀事真實」這一特色，崔、張二家及前人之治《通鑒》學者均已言之，不能算是朱氏之創造，然其餘兩條特色，如「剪裁有法」和「具有中心觀點」應屬氏之創見。

二、史學義例的闡發

張越說：「史之『要義』是伴隨古代中國史學相終始的訴求，是獨具特色

〔註13〕梁啟超：《中國歷史研究法》，上海古籍出版社1998年版，第15頁。
〔註14〕朱子方：《史記之特色》，《文化先鋒》1946年第5卷第25期。
〔註15〕崔萬秋：《通鑒研究》，上海：商務印書館1934年版，第24～87頁。
〔註16〕朱子方：《資治通鑒解題》，《文化先鋒》1947年第7卷第4、5合期。

的境界和氣質。以『史學理論』的著眼點去歸納和總結史學之『義』和『意』固然是當務之急，而以史學批評為著眼點作全面和系統的研究，則是總結中國古代史學理論、反思近現代史學理論的基礎。」〔註17〕其實，作為當務之急的「義」和「意」的歸納和總結，早在民國時期就有學者完成，代表人物是茹春浦。他在《中國史學中之史意與義例》之第一部分「意識與史」中，闡述了意、義與史的關係：意是撰史的動力，即「必有此意識，方能敘述歷史」；義是作史的主旨，「即其所以引啟讀者對於歷史之心理作用也」；史學的最終目的是要形成共同意識，由史家之意志推於事之義，「由義形成為眾人之意識」。〔註18〕那麼，史學的功用及史家的旨意就達到了。史家在傳承史學時，要明聖賢書中的微言大義，方可稱為良史。

在總結「義」「意」與史的關係基礎上，茹文進一步提出了「史之因與創」的理論，闡述了因與創的辯證關係：歷史記錄客觀事實，而事實之間「陳陳相因，而又新陳代謝，變動不居，而又若有恆性，此即《易》之所謂『通變之謂事也』」，故事物自然演變的態勢，即是因的涵義所在，亦即史家研究的本體為客觀事物，歷史是客觀的，而「非全由心造」；因與創是相對的，有創必有因，無無因之創，所創非無源之水，無本之木。茹氏提倡客觀作史，不帶主觀意識，他借因創理論來批駁唯心與唯物兩種史觀，「或有言新史學者，銳意創造，一若可以置舊史之公例於不問，而一切唯新是求，一若歷史可以獨闢鴻荒，自我作故者然（雖云改造史觀，非改造史實，然有相反之史觀，則其認識史實亦相反，此今之心物兩觀，所以斷斷然也）。」茹氏因創理論來源於現代法理學，他並不否認創，但言按舊史之公例創，而非推倒舊史進行新創，可見其思想偏於保守，不敢求新。

最後，茹文「義例」說是對上世紀三四十年代「義例」研究成果〔註19〕的理論總結，闡述了「義」與「例」之涵義及其相互關係，「義」相當於今所說

〔註17〕張越：《史學批評與史學理論及史學史學科的關係》,《河南師範大學學報》2008年第6期。

〔註18〕茹春浦：《中國史學中之史意與義例》,《文化先鋒》1948年第8卷第9期。

〔註19〕上世紀三四十年代，研究「義例」的史學成果有：謝國楨：《編纂叢書子目類編義例》（《金陵學報》1934年第4卷第2期）；陳登原：《三國志義例辨錄》（《金陵學報》，1936年第6卷第2期）；甘鵬云：《湖北通志義例商榷》（《安雅》，1935年第1卷第5期）；柳詒徵：《三國志裴注義例》（《國立中央大學文史哲季刊》，1944年第2卷第1期），吳廷燮（遺著》），其弟子金毓黻整理：《國史義例》（《國史館館刊》，1948年第1卷第2期）等。

之原則、公例。「例」,「在名學上為論斷之前提,在心理為類推作用。即就某一事而推知其相同之事也。」也就是現代邏輯學上之推理法。「義」與「例」相輔相成,不可分割,「義先於例,例因義起,然例又可以生義。」兩者合於史學中,「以明示作史者,去取與運用史實之觀念與標準,某事應比於某義某例,以某義某例概括某事,猶之依法斷案,適如其分」,〔註20〕義例是史書書寫的法則,也是歷史演變、進化的原因。茹氏的義例理論,進一步說明了他因襲傳統史學,不求變通的思想。

筆者認為,茹氏「因創」與「義例」理論,適用於研討傳統史學,是古代史學理論的總結和發展,於今天的史學界亦有所啟發。但他抵制新史學的思想偏於保守。如果史學界不求創新,那麼中國史學焉有進步?且他的義例觀與他所反對的唯物史觀、唯心史觀,都是史家觀察歷史時所持有的標尺,以這樣的標尺衡量出來的歷史呈現出多種多樣的色彩,並能給我們提供更多的反思。可以說,不同的歷史學家與歷史學群體,因思維模式、受教育程度、生活環境等各方面的差異,他們所秉持的歷史觀皆會有所不同,那麼,他們對某些歷史問題的看法與爭鳴,恰恰是釐清歷史迷霧,還原歷史真實的有效途徑。

三、唯物史觀與儒家歷史觀

唯物史觀在上世紀二十年代後,幾乎成為人人都談的歷史觀,影響不可謂不大。然而,思想界一向都是百家爭鳴,除唯物史觀以外,影響較大的史觀還有唯生史觀、儒家歷史觀等。後者的表述主要呈現在《文化先鋒》中,下面分述之。

唯物史觀自傳入中國起,就沒有打上身份的標識,共產黨人可用之,國民黨人可用之,自由派學人亦可用之。其中,國民黨文人在唯物史觀的早期傳播中發揮了重要作用,有論者指出:「五四時期傳播並運用唯物史觀的,不僅有李大釗、陳獨秀、李達、瞿秋白等早期共產主義者,戴季陶、胡漢民、廖仲愷等國民黨文士也用力譯介唯物史觀,並用以解析中國社會問題。」〔註21〕甚至在 1927 年後白色恐怖的環境中,國民黨主流輿論與思想言說,「常常可見馬克思學說之運用,或社會主義之討論」〔註22〕。《文化先鋒》中即有體現。

〔註20〕茹春浦:《中國史學中之史意與義例》,《文化先鋒》1948 年第 8 卷第 9 期。
〔註21〕馮天瑜:《唯物史觀在中國的早期傳播及其遭遇》,《中國社會科學》2008 年第 1 期。
〔註22〕張太原:《二十世紀三十年代國民黨主流報刊上的馬克思學說之運用》,《中共黨史研究》2014 年第 2 期。

　　賀麟的《現代思潮批判》介紹了真正能看作是思潮的實驗主義和辯證法唯物論，而那時，三民主義哲學「尚未成為時代潮流」。全文約一萬餘字，其中有近一半的篇幅用於唯物史觀的批判，他系統地檢討了辯證法唯物論和唯物史觀的思想內容，並指出，「從哲學方面講，辯證法唯物論是有政治作用的哲學」，它在中國的貢獻在於「滿足青年情志的要求」和「政治的信仰」，缺點在於「忽略個性，忽略人格」，「忽略民族性和民族精神」，而且中國的唯物論者「沒有認清中國問題的時代背景和客觀環境，而只知抄襲外來的教條了。」〔註23〕賀氏的批評雖苛刻，但較為中肯，對新時代唯物史觀理論的進一步完善和發展具有一定的借鑒作用。

　　徐文珊在《文化先鋒》上連載了一系列《歷史教育論》的文章，其中有兩篇專談史觀，弗論教育。徐文使用大量篇幅來論述他對唯物史觀的理解，言詞中不吝讚美之意。他在「論史觀第一」中，反對唯心史觀，倡導唯物史觀，認為「行動固然受心理的指使，但心理活動又以什麼為中心？固然精神上的要求不可忽視，但究竟尋求維持生存的物質，為其根本。解決精神要求的行動究竟在物質相當滿足之後，才漸漸發展。」〔註24〕他批判英雄史觀，提倡人民史觀。他認為「講原始社會，用唯物的看法，相對的說，或者可以」，但正因他不是「馬克思論者」，他在講唯物史觀時，顯得有些矛盾，一來，覺得唯物史觀在解釋歷史方面有合理之處，另一方面，又覺得唯物史觀「唯物質論」，忽視了精神的作用。這是他對唯物史觀理解的偏頗，當然，也不能完全將責任推給他，那時唯物史觀的宣傳大抵是重物質和經濟的，大家都沒有完全理解唯物史觀的精髓。《論史觀第二》批評的是馬克思的唯物史觀，即「經濟活動才是歷史的中心」。他從唯物史觀的出發點「物質生活」進行立論，依據「歷史是活的，是有情感力量的，就因為歷史上有這些情感活動。我們看人生是高尚的，複雜的，有意義有創造的，就因為人類有這種超乎物質的生活」〔註25〕，即精神生活，故後者才是中心。但筆者認為，徐氏忽略了精神生活的來源——人的大腦和外在的世界，假如沒有後者，精神焉附？從他所求的因中，我們亦能進行反駁。他說：「人有知識能力，當對現實生活不滿，因而有一種想像中的優

〔註23〕賀麟：《現代思潮批判》，《文化先鋒》1942 年第 1 卷第 11 期。
〔註24〕徐文珊：《論史觀第一：歷史教育論之四》，《文化先鋒》1943 年第 2 卷第 9 期。
〔註25〕徐文珊：《論史觀第二：歷史教育論之四》，《文化先鋒》1943 年第 2 卷第 10 期。

美生活，高尚環境，向此理想邁進，此之謂理想。這理想時時促使著人向前進取活動，指引著人向此理想邁進，因而有許多創造，使人類文化有許多進步。」此處，他所謂理想，其根源即在「對現實生活不滿」，其動力則在追求「優美生活，高尚環境」，豈不是反證了唯物史觀「人類歷史以物質生活為起點」的立論嗎？即使是他們所提出的唯生史觀，也是從民生出發的，只不過將物質生活與精神生活囊括在其中罷了，反將唯生史觀的理論陷入了二元論中。他們認為「民生史觀補充了唯物史觀的學理」〔註26〕，將歷史的演進歸於人類不斷的「求生存」，但卻忽視了人類求生存的根源。因此，國民黨在 1928 年後所力圖構建的民生史觀與風行天下的唯物史觀，兩大史觀，誰勝誰負，便可想而知了。

　　儒家的古史系統在上世紀 20 年代初逐漸被顧頡剛為代表的古史辨派打破，然而，隨著考古發掘與古史研究的推進，古史辨派疑古過甚的弊端日益突顯。可見，儒家的史學思想也必有其可取之處。近人陳典平檢討了 20 世紀以來先秦儒家歷史觀的研究成果，在 20 世紀初至新中國成立前這段時期的成果中，僅列舉了蒙文通《中國史學史》一書「晚周各派之歷史哲學」的內容及齊思和《齊思和史學概論講義》對孔子、孟子、荀子歷史觀的分析，過顯單薄。事實上，民國論者研究儒家，成果豐碩，論文約有三百餘篇，1942年至 1948 年的相關論文數量相當於之前論文發表量的總和。這一現象的出現，與梁啟超 1902 年提倡以新史觀改造舊史和進化史觀、實用主義、唯物史觀大行其道，以及國民政府於 1942 年提倡復興傳統文化，創造新文化有關。代表作有梁啟超《儒家哲學》，專就哲學層面探討儒家道術，內容分為：「儒家哲學是什麼」；「為什麼要研究儒家哲學」；「怎樣研究儒家哲學」；「儒家哲學的成立，變遷，流別，流別概論」；「儒家哲學的重要問題」等。〔註27〕馮友蘭《儒家哲學之精神》主要講儒家的四種境界：自然境界；功利境界；道德境界；天地境界。〔註28〕而陳氏所列蒙、齊書均係 30 年代的講義，並未出版。故民國時，就儒家歷史觀作系統研究並出版的，僅燕義權一人，可見其《儒家精神》一書的價值所在。是書「雖是一種述學之作，亦非人云亦云，

〔註26〕天明：《唯物史觀與民生史觀》，《村治月刊》1929 年第 1 卷第 8 期。

〔註27〕梁任公（講演），周傳儒（筆記），最初於 1926 年、1927 年分 15 期發表在《清華週刊》上，後悉數收入《梁啟超論儒家哲學》，商務印書館 2012 年版一書中。

〔註28〕馮友蘭：《儒家哲學之精神》，徐飄萍記，《中央週刊》1943 年第 5 卷第 41 期。

實頗有獨到之處，其中尤以闡述儒家歷史觀為然，」〔註29〕共分為三部分：
儒家思想基礎——歷史觀；儒家修養理論——經典談；儒家精神表現——人
物論。其中，儒家歷史觀的論述首發在《文化先鋒》中。

　　燕氏儒家歷史觀研究分為四個部分：人為篇、禮樂篇、道德篇和民心篇。
人為篇中，燕氏談到，儒家最相信人類自身，理論本於人情，事業基於人倫，
人在宇宙中居於最高的地位，為是實際，是行動，是決定歷史人生的基礎，所
以，人為是儒家的根本觀念，也是一種歷史觀，「決定人生境遇，歷史變革的，
就是人為二字，所以儒家的人為觀念，是一種人生觀，更是一種歷史觀；而就
上述儒家的理論系統言，也足夠成立一種歷史觀的條件，即直名之為『人為史
觀』亦無不可，蓋就其學術價值言，實遠較所謂『偉人史觀』為合理，這是儒
家的第一個重大貢獻。」〔註30〕燕氏所總結的儒家歷史觀，是對英雄史觀和天
命史觀的反擊，在學術上具有重要的意義，因為歷史是記述人類活動的，而人
類的有為，是推動歷史發展的動力。禮樂篇中，燕氏認為，禮樂是儒家立身、
治國、觀政、論世的法則，也是儒家的根本觀念，其精神在序與和，序是禮的
作用，它能使社會秩然有序，人民相安相睦，和是樂的作用，它能使社會和諧，
人民無爭無怨，這也是人類理想的境界，因此，禮樂是國家治亂興亡的關鍵，
社會盛衰安危的表徵，「禮樂實有改變歷史的作用，實為推進歷史的動力」，它
「能解釋歷史的事實」，「仍為後世立國興邦之大經」。在結論中，燕氏說明了
他撰寫禮樂篇一文的意旨：「儒家禮樂歷史觀，在今日尚有其極高的價值，今
日國人注重禮樂的制定，正是具有遠識的措置，對於禮樂歷史觀的弘揚，亦正
是今日學者應有的責任，一個有價值學說的成立，不貴其有精審的理論，而是
其能表現於行事。」〔註31〕這段話對於今天弘揚國學與傳統文化的我們來說，
又豈不是鞭策？道德篇中，燕氏援引儒家經典以道德解釋歷史的範例，證明道
德的變動能引起歷史的變動，國祚的轉移，即是由無德而轉於有德。且儒家重
實際，尚人為，信性善，倡力行，故其論治道於倫理，寓法律於道德，更以倫
理道德為基礎，建立各種學術的系統。故作為儒家的根本觀念，道德史觀「在
今日仍有其崇高價值，尤其在世界大戰之今日，更足作建設未來理想世界之參
考」，「而將來人類之歷史，也只有以道德歷史觀為基礎，始能達永久和平的理

〔註29〕燕義權：《儒家精神》自序，上海：源源仁記印刷所1948年版。
〔註30〕燕義權：《儒家歷史觀第一·人為篇》，《文化先鋒》1944年第3卷第9期。
〔註31〕燕義權：《儒家歷史觀（二）：禮樂篇》，《文化先鋒》1944年第3卷第11期。

想，才能有健康光明的世界。」〔註32〕這不僅是燕氏的理想，也是全人類的理想。道德史觀不僅是戰時人們所要求的，也是戰後，尤其是進入 21 世紀以後，隨著全球化引起的各種矛盾的凸顯，人類需要從中國的傳統文化中尋找精神食糧與解決現實問題的良藥。《民心篇》中，燕氏說，儒家既承認人在宇宙中有崇高的地位，則對於民在國家的地位，自亦必會有同等的尊重，儒家既承認人為有決定一切的力量，則對於民心能影響國家一切的變革，自亦必會有同樣的評價，儒家政治哲學，實即基本於此，然儒家注重行事，學術本於致通，民心也是整個儒家學術的基本，所以儒家對於構成國家的要素，促成歷史的動因，所最重視的，「並不是某個偉大人物的作用，乃是全體人民的力量。」民心「能決定國祚的轉移」，是「造成歷史變革的因素，為推進歷史發展的動力」。〔註33〕儒家以民心來解釋歷史，形成了民心史觀。燕氏進一步衝擊了英雄史觀，將歷史的變動歸結於人民，勿論他是否運用西方的民權理論來分析儒家，亦勿論他是否對儒家有過於拔高的嫌疑，但他總結的民心史觀無疑具有進步的意義，也符合馬克思主義「人民群眾是實踐的主體，是歷史的創造者」的基本準則。燕氏系統總結的儒家人為歷史觀、禮樂歷史觀、道德歷史觀、民心歷史觀是儒家對歷史的基本看法，其核心緊緊圍繞著「人」，重視人在歷史發展中的地位，就像信奉儒家史觀的余英時所說：「真正的史學，必須是以人生中心的，裏面跳動著現實的生命。」〔註34〕因此，作為我國傳統文化的精髓，儒家對歷史的解釋於今日仍具有重大的參考價值。我們在講經濟基礎作用於歷史變動的同時，透過儒家歷史觀，能進一步認識到上層建築是推動歷史發展的重要因素，不容忽視。

由上可知，國防史觀、義例觀、唯物史觀與傳統儒家歷史觀都是並存於四十年代的史學理論面相，正好反映了那一時代學術較為包容和開放的風氣，既重視吸收外來學說，又不忘挖掘本民族優秀的傳統文化。無論學者以什麼樣的歷史觀作為前提和方法，他們創造的史學成果都能讓我們在比較中對歷史及其規律有更深切的理解與認識，亦為史學理論及對應的學科建設奠定了堅實的基礎。

〔註32〕 燕義權：《儒家歷史觀（三）：道德篇》，《文化先鋒》1944 年第 3 卷第 18 期。
〔註33〕 燕義權：《儒家歷史觀（四）：民心篇》，《文化先鋒》1944 年第 4 卷第 3 期。
〔註34〕 余英時：《史學、史家與時代》，桂林：廣西師範大學出版社 2006 年版，第 90 頁。

第二節　戰爭催逼下的史學理論反思

　　我國古代學者缺乏對歷史理論和史學理論的系統思索，即使在現代，國內依然有學人對兩者的概念理解較為模糊。他們雖僅一字之差，然內涵不一，「前者是指客觀歷史過程中的理論問題。譬如歷史發展的動力、歷史的統一性與多樣性、歷史人物的評價、歷史的創造者，以及亞細亞生產方式等等問題均屬這一類……後者則是指同歷史學有關的理論問題，」〔註35〕包括史書、史家、史學思想、史學方法、史學流派、史學與其他學科的關係等。儘管歷史理論與史學理論的發展較為成熟，但也經歷了一個艱辛的探索歷程，凝聚了很多學人的心血。就初期來說，也歷盡了波折。新文化運動促使中國學人逐漸覺醒，歐風美雨不斷侵襲，各種理論紛至沓來，學人應接不暇，生吞活剝，一片亂象。看似熱鬧的學術研究在抗日戰爭全面爆發後被迫中斷了幾年，直到四十年代，戰局相對穩定之後，學術方漸復蘇。史學理論的研究亦是如此。通過綜合考察1937 年以前的史學理論領域的成果，其特徵表現為：實用主義與唯物史觀等史觀類探討為主流，〔註36〕對「歷史是科學還是藝術」亦略有探討，〔註37〕但就「歷史本身的性質」「歷史的社會功用」、「歷史與現實」「求真與致用的關係」等探討不多。四十年代後，史學理論研究出現了明顯轉向，由史觀類探討轉向歷史的性質及功用的討論。討論的主要陣地即為《文化先鋒》，代表人物有徐文珊、劉熊祥等，本節即據他們關於史學理論的研究成果，探討其所呈現的特徵及成因。

一、歷史認識論

　　歷史認識論是歷史哲學的範疇，中國學人在西方歷史哲學的影響下，對

〔註35〕陳啟能：《史學理論與歷史研究》，北京：團結出版社1993 年版，第 53 頁。

〔註36〕實用主義的探討與實踐以胡適、顧頡剛、傅斯年等為主；唯物史觀的探討與實踐以李大釗、郭沫若、翦伯贊、范文瀾、侯外廬、呂振羽等馬克思主義史家為主。

〔註37〕歷史是科學還是藝術的爭論一直喋喋不休，從 17 世紀笛卡爾與維科發其端，18 世紀末以後，隨著自然科學的興起，科學即統治學術，史學亦被納入科學範疇，蘭克學派即為代表。20 世紀，尤其是二次世界大戰後人類的反思，科學主義受到動搖，歷史也有回歸敘事的傾向。我國歷史與科學的接觸較晚，約為五四以後，胡適一派對實驗主義的倡導，致力於史學科學化。唯物史觀派將歷史學變成了科學。張蔭麟則明確樹起歷史是科學，也是藝術的旗幟。當然，在科學主義盛行的二三十年代，張氏的觀點並未受到重視，故在學界並未引起很大的爭論。

歷史事實、歷史進程等問題進行了不斷的思考。王學典觀察到，「20 世紀中國史學前半期，明顯存在著兩種基本的史學理論研究框架和思路，李大釗的《史學要論》與翦伯贊的《歷史哲學教程》分別是這兩種框架和思路的代表。」〔註 38〕在 20 世紀前半期，王氏所探討的中國史學理論兩種研究進路的分際在三十年代表現較為明顯，至四十年代，兩種思路有合流的趨勢，表現於《文化先鋒》中，我們也能看到，學人的探討範圍較為廣泛，既有歷史事實的討論，也有歷史分期的研究，更有史學理論研究內容的外拓，如對歷史與文化、歷史與民族、歷史與現實、歷史與將來等關係的探討。

（一）歷史事實。這是一個重大的歷史知識性質判斷的理論問題，至今學界爭論依然很大。後現代主義直接解構事實，認為所謂的「事實」根本不存在，從而陷入了歷史虛無主義的泥淖。海登・懷特直接將歷史等同於文學。歷史學陷入了空前的危機，歷史學家同時感覺到了存在感的缺乏。然歷史事實究竟是否存在呢？筆者認為，這是毫無疑問的。歷史是人類生存與發展的歷程，它的存在本來就是事實，後現代主義學者所懷疑的是，我們在書本上看讀到的事實與實際所發生的事實可能根本不是一回事，因此，他們將歷史事實一股腦兒全部打倒了。因此，我們所急需的是區分與判斷歷史事實的方法。早在上世紀四十年代，徐文珊就對此作出了探討，他說：「歷史固然是實際民生的記錄，但實際真象究竟是怎麼樣？我們能知道多少？……吾人必須認清事實真像是一件事，留傳下來的歷史書，歷史觀念，又是一件事。如執現有的歷史觀念，歷史書籍完全信為事實，那就很容易上當。但當注意吾人此論並非否定全盤歷史，而是要我們把基本觀念弄清，不要含混籠統……一方面要設想，修史的人對事實所得資料是原始資料抑經人整理，甚至偽造。詳細，抑簡略？真實，抑訛誤？他所得消息與印象是直接聞見，抑由間接，或間接而又間接？一方面還要設想修史的人駕馭史料的能力，選擇的標準，鑒別的眼光，剪裁的手法，以至於動機，史德，……這些問題都值得考慮。」〔註 39〕可見，徐氏雖然接受了其師顧頡剛的疑古觀，然較其師更進一步的是，他以相信歷史事實為前提，提出對史書記載要進行辨偽、考證，並全面考察史家的才、學、識、德，通過這樣的方法，使歷史事實得到更為客觀的呈現。

〔註 38〕王學典：《從「歷史理論」到「史學理論」——新時期以來中國史學理論研究的回顧與展望》，《江西社會科學》2005 年第 6 期。

〔註 39〕徐文珊：《歷史的特性——歷史教育論之八》，《文化先鋒》1943 年第 3 卷第 3 期。

　　（二）歷史分期。這一理論是從西方借鑒和引入的。早在康有為時，就將人類歷史分為據亂世、升平世、太平世，為其變法張目。至二十世紀三十年代，隨著社會史大論戰的展開，歷史分期問題成為大家爭論的焦點，甚至馬克思主義史家的陣營也沒有統一的意見。但按唯物史觀的方法，將中國古史劃分為原始社會、奴隸社會、封建社會已無多大分歧，爭論最為激烈的主要是時間段的劃分。四十年代，雷海宗根據斯賓格勒文化形態史觀的分期理論，在《中國文化與中國的兵》中，將中國歷史分為兩大周，以公元 383 年的淝水之戰為界點，之前為純粹的華夏民族創造文化的時期，之後為北方胡族與印度佛教影響中國文化的時期。〔註40〕抗戰時期，第二周的傳統文化正在結束，第三周的嶄新文化正在建設。〔註41〕但也有學者並不贊同歷史分期分段，徐文珊即是其中之一，他說，歷史有生命和不可分割的性質，「把整個歷史一刀一刀斬成多少段，那便把這有生命的活東西支解成一塊塊的死肉，失掉歷史之所以為歷史」，「嚴格講，歷史這東西，不但時間上前後一氣，不能斬斷，即空間上也彼此聯繫，不能截然劃分，使各個獨立。至於門類上也不能剖析得清楚。現在史書的斷代撰寫，史事的分期，各種專史之分類，都是相對的，不得已的辦法，按理講，是不合適的。」〔註42〕我們從徐氏的話語中看出了種種的無奈，儘管他認為分期不合適，歷史不應被斬斷，但無論是西方還是中國，歷史分門分類，分期分段已是史學界浪潮，在科學話語的主導下已是難以阻遏。然客觀而論，徐氏的見解值得我們當下深思，過分強調分門治學，使治古史者不知當下，治現代史者不懂古史，治文化史者不懂經濟史，治政治史者不懂社會史，專家越專，通才愈乏，如此發展的結果是，割裂了歷史的整體性，導致了歷史研究的不斷碎片化。

　　（三）史學理論研究內容的外拓。徐文珊試圖在歷史與文化、歷史與民族、歷史與現實、歷史與未來的關係探討中來深化歷史認識。就文化與歷史而論，他說：「歷史是人類活動的記錄，而人類活動各循著一種方式，各朝著一個方向向前進行。由於自然條件的不同，把人類造成許多不同的生活方式和不同的理想，因而形成許多不同的民族。這生活方式，生活理想，以及為生活而產生

〔註40〕雷海宗：《中國文化與中國的兵》，北京：商務印書館 2001 年版，第 141 頁。
〔註41〕雷海宗：《中國文化與中國的兵》，第 178 頁。
〔註42〕徐文珊：《歷史的特性——歷史教育論之八》，《文化先鋒》1943 年第 3 卷第 3 期。

的精神的物質的事物，在社會學上講，就是所謂文化。」人類不同的活動方式與方法，產生了不同的文化。歷史與文化相輔相成，互為因果，「歷史既是文化所創造，那也就可以說歷史是文化的實驗報告」，「歷史對文化也有促進，改造的功能。歷史的現象，或趨勢，往往清楚地表現其某種亂象是由於文化的某一部門不健全所造成，某種病是由於文化上某一部門有了缺陷所表現。」「現在中國文化是怎樣構成的？要看他的演進。演進就是歷史。」他創造性地提出了中國文化發展的演進階段：進步—創造—吸收—融化—分泌—變質—畸形發展—頓蕩。〔註43〕

關於歷史與民族的關係，徐氏認為，歷史是「有生命的，有情感的」，它是民族形成與區分的標誌，能「喚起民族精神，增強民族自信心，發揮民族潛力」。徐氏通過總結歷史事實，認為「國家民族非要不可，非強不可。要強國強種，非團結、犧牲不可，非自立自強不可」，並將此定義為民族主義，即「本國歷史便是民族主義。」〔註44〕在抗戰時期將本國史等同於民族主義，以有助於抗戰。

關於歷史與現實，徐氏認為，「認識現實必明其所謂『自來』，以及其『勢』之所趨。要達到這個目的，只有乞靈於歷史。」「由歷史可以認識現實，由現實亦可認識歷史。」「得到認識之後，便要把歷史與現實融合在一起，用歷史領導現實，充實人生。『為學問而學問』的口號我們雖不願公然反對，但究竟我們主張學問——特別是歷史———一定要合現實生活配合融化到一起，必使它對現實生活有益處有功用，這學術才不落空，也才有意義。不然就是無的放矢，虛耗精力，對自己，對人群，皆無貢獻。因此我們主張要運用歷史到現實生活上，現實要歷史化，歷史也要現實化。」〔註45〕這實際上就提出了一個命題，即學術與現實的關係問題。歷史學有益，能為現實提供借鑒，但如職官、宗譜、禮俗、律令、災異等，用途便不大。〔註46〕因此，學術現實化，現實學術化，兩者要找到勾通關聯的路徑。

〔註43〕徐文珊：《歷史與文化演進——歷史教育論之五》，《文化先鋒》1943 年第 2 卷第 19 期。

〔註44〕徐文珊：《歷史與民族——歷史教育論之一》，《文化先鋒》1943 年第 1 卷第 19 期。

〔註45〕徐文珊：《歷史與現實——歷史教育論之二》，《文化先鋒》1943 年第 1 卷第 22 期。

〔註46〕孫思白：《試論歷史與現實的聯繫與區別》，《歷史研究》1982 年第 6 期。

關於歷史與將來的關係，徐氏論道，「歷史是民族生命延續的軌跡，生命是活的，所以歷史也是活的，生命是動的，所以歷史也是動的，民族生命是永續的，所以歷史也是無終無極的。」〔註47〕因此，歷史孕育了將來。徐氏所闡述的是歷史的綿延性特徵，意在歷史是在不斷向前演進的，遭遇戰火的我們無須消極，而是在歷史所創造的力量源泉中，立足現在，展望未來。

二、歷史是科學，更是藝術

歷史是科學還是藝術的話題史學界一直爭論，它實質上涉及到歷史的客觀與主觀之爭，這場爭論曠日持久，被一些學者稱為「一個世紀的論爭」〔註48〕，「跨世紀之爭」〔註49〕。在自然科學興起以前，歷史在西方一直被認為是藝術的，故事的，片斷的，是典型的敘事史學。但 18 世紀末以後，科學改變了西方的神學觀，它逐漸滲透到社會的方方面面，每一門學問都以科學自鳴。歷史亦不例外。19 世紀 20 年代，蘭克提倡讓史料說話，如實直書歷史，給史學打上了科學的烙印。很多歷史學家，包括鮑威爾（Frederick York Powell）和比瑞（J.B.Bury）贊成，甚至斷言歷史是科學，業已形成風尚。〔註50〕然科學史學一開始便遭到了質疑，叔本華，尼采，蒙森等均將歷史視為藝術，不承認它的「可信」。與以上兩種極端觀點相較，西方也有一些學者持折衷的理性看法。如羅素即斥責以上爭論是「毫無意義」的，歷史「既是科學又是藝術，這應該是十分清楚的。」〔註51〕卡爾「確信歷史學不是科學」，但又「反對否認歷史學是科學」，這似乎有些矛盾，但卡爾要為「兩種文化之間的裂縫作辯護」，他「提出的一個補救辦法，就是改善我們史著的標準，使它更為科學，使我們對於從事歷史研究的那些人要求更為嚴格。另一種彌補這道裂縫的方法，乃是更深刻地瞭解，科學家與歷史學家之間有一致的目標。這就是最近對『科學史』與『科學哲學』之興趣增加的主要價值。……歷史學家與自然科學家在尋求解釋的基本目的及問答的基本程序上是一致

〔註47〕徐文珊：《歷史與將來——歷史教育論之二》，《文化先鋒》1943 年第 2 卷第 2 期。

〔註48〕王少卿：《歷史是科學，還是藝術》，《許昌學院學報》2006 年第 4 期。

〔註49〕李劍鳴：《歷史學家的修養和技藝》，上海：三聯書店 2007 年版，第 75 頁。

〔註50〕杜維運：《歷史研究的客觀方法與藝術想像》，《北大史學》第 12 輯，北京：北京大學出版社 2007 年版，第 471 頁。

〔註51〕羅素：《歷史學作為一門藝術》，收入何兆武主編：《歷史理論與史學理論——近現代西方史學著作選》，上海：商務印書館 1999 年版，第 546 頁。

的。」〔註52〕亦即說，歷史是藝術，但需要採取科學家的態度和科學的方法，從而使我們的歷史研究更為科學。

在中國，史學從傳統到現代轉型起，就已跟科學結上了不解之緣。梁啟超率先將斯賓塞的社會進化論引入了傳統史學的改造。新史學與進化史觀成為了史學界的一面旗幟。五四後，胡適從其師杜威處引入的實驗主義，宣揚以科學方法治史，李大釗等從日本引入了馬克思主義唯物史觀，注重探索歷史的科學發展規律。實驗主義又稱實證主義，與唯物史觀是新中國成立以前的兩大史學主潮，均屬科學史學的範疇。據筆者考察，除了張蔭麟受美國史家甲斯丁斯密士（Justin II.Smith）〔註53〕影響而提倡「藝術化的歷史」〔註54〕以外，歷史的科學與藝術之爭似未在中國掀起太大的波瀾。〔註55〕正如徐文珊所說：

近年學術界幾乎一致地把歷史看作科學，但有的劃入社會科學，有的劃入人文科學，『社會科學』是大家習見已久的老名詞，『人文科學』的名詞則好像是後起的。這名詞雖不一定是專為歷史而起，至少也以歷史為主。由此我們可得一消息，即把歷史列入社會科學，與社會學政治學經濟學……等等同樣看待，用同樣方法研究，終覺有些勉強。因命以「人文科學」的名詞。科學而冠以「人文」字樣其不同於社會科學與自然科學明甚。換言之，歷史之為科學，極其勉強，亦明甚。「人文」究竟與靜止的科學不同。自然科學……終循著一定的規律或理則活動。（歷史固然也有理則，但人的活動並不能精密而準確的循此理則進展，科學家不能完全操縱之。）人文科學則不同了，它以人的活動為研究對象，而人是有生命的，有意志，有理智和情感的。人的活動是依著這些抽象的精神方面事物主使和推動的。……用生命力創造的歷

〔註52〕 愛德華·卡爾（Edward.H.Carr）：《何謂歷史》，江政寬譯，臺灣：五南圖書出版股份有限公司 2009 年 2 月初版一刷，2014 年 1 月二版一刷，第 188～190頁。

〔註53〕 甲斯丁斯密士（Justin II.Smith），文學士兼法學博士。舊為美國達特茅斯大學近世史教授。著作頗富。其《美墨戰史》獲普利策歷史獎。張蔭麟將其論文《論作史之藝術》（On the art of Writing History）譯出，發表在《國聞週報》第六卷第四十二期。

〔註54〕 素癡：《歷史之美學價值》，《大公報·文學副刊》第 238 期，1932 年 7 月 25日，後收入（美）陳潤成、李欣榮編：《張蔭麟全集　中卷》，北京：清華大學出版社 2013 年版，第 1238 頁。

〔註55〕 四十年代，持歷史相對論者還有呂思勉，他說：「真正客觀的事實，是世界上所沒有的。」見其《史學四種》，上海人民出版社 1981 年版，第 30 頁。姜蘊剛更有《歷史藝術論》一書由商務印書館 1944 年出版。

史，時時在變動，日日在演進。所造成的現象不像靜的事物那樣準確，那樣有固定理則可尋，有尺度權衡可以計及錙銖。按進化的理則講，歷史是時時在演進中，同是一件事，在昨天，今天或明天發生，都有所不同。……按辯證法講，無論任何有生無生之物無時不在變化中。歷史雖不是純科學，但並非不可以用科學方法去研究。……我們無論研究什麼學問，無不當有科學精神，可能範圍內部都要用科學方法。分析，比較，統計……等，（歷史要有科學的頭腦）只是對它的看法必須是靈活的，生動的，藝術的，情感的，而不能把它看成顯微鏡下的事物。〔註56〕

徐氏偏向將歷史劃入人文科學，因為將歷史稱為科學，極為勉強，但加上人文二字，則不同了，歷史以人的活動為中心，是有生命、有情感的，無法像科學那樣有規律可循，但歷史可以用科學方法來研究，使自身更像科學。這一觀點與二十年後，美國卡爾在其所著《何謂歷史》中的觀點一致，可謂不同時地的兩位學者的暗合。徐氏所論不同於極端的科學主義者，亦不同於藝術主義者，應該說，他是基於兩者的省思，極具理性與預見。且徐氏在此基礎上提出他的「超機理論」，徐氏借鑒自然科學中的無機物、有機物等術語，提出歷史的發展是由無機到有機，由有機到超機的理論觀點。有機理論為西方主張科學主義的學者所提倡，而超機理論則為徐氏本人提出。他認為，歷史是「有生命的，有性靈的」，「超機的歷史當用兩種研究態度：一是入而察之，一是出而觀之。察其事實以明其真象，得到教訓；觀其氣勢，以見其來龍去脈，演進中心。前者重在史料之審訂與考據，貴乎精；後者重在歷史演進之中心，與氣勢之升降和趨向，貴乎大。前者是近科學的，後者是近於哲學的，藝術的。」〔註57〕亦即是說，超機歷史，是歷史上的最高演進形式。其理論核心在於，不反對歷史是科學，但更願意承認歷史是藝術，是一門有生命、有情感的藝術。同時代的劉熊祥持同一觀點：「研究歷史應採用科學的方法，這是一般歷史學家的共同意見。然而歷史終究不是一種純粹科學，因為歷史是有情感，有意義，有生命的，與其說是一種純粹科學，不如說是一種藝術，尚足以表示其現實性。」他批判把歷史看作科學的人「認為歷史是一種理智的創作，而不承認其情感的

〔註56〕徐文珊：《歷史的特性——歷史教育論之八》，《文化先鋒》1943年第3卷第3期。

〔註57〕徐文珊：《再論史學風氣之改革——歷史教育論之十一》，《文化先鋒》1944年第4卷第13期。

價值。所以他們寫歷史時只注意搜集史料，整理史料和編輯史料。而不注意啟發其內在意義。結果歷史就變成一種枯燥無味的科學。」〔註58〕

徐、劉二氏的史論產生於二十世紀四十年代，是史學界對民國前三十年的頗為清醒的理論反思。儘管這一反思被歷史進程所中斷，但改革開放後，史學理論界就新中國成立後，支配史壇三十餘年的科學的唯物史觀進行省思，在歷史學性質的認識等方面，取得了一系列的理論成果。何兆武將歷史學當成人文知識，而非自然科學性質之科學。〔註59〕李洪岩認為歷史學首先是一門科學，它「像自然科學、社會科學那樣突出理性，構建抽象體系和一般規律，從多樣性和特殊性走向統一性、一致性、簡單性和必然，」也是藝術，它「像文學那樣突出想像和情感；突出獨特性、意外性、複雜性和創造性，突出主體意識以及價值判斷與取向的特徵，體現審美精神。」〔註60〕王學典在兩者之間建立了溝通的橋樑，將其綜合為：「歷史學實際上是一門帶有科學〔實證〕屬性的解釋學。」〔註61〕以上學者的討論都是對歷史的科學認識，是一種理性的回歸，他們普遍都贊同歷史既是一門科學，但更是一門藝術。用何炳棣的話講，社會科學「是治史的重要工具，也是做學問的方法。」〔註62〕因此，歷史的「人文說」已無多大爭議。

三、「重新估定一切價值」——歷史的社會功能

王東以為「有必要從根本上來反思史學的現實功用性和目的性。」〔註63〕筆者此節將回到民國期刊《文化先鋒》的現場，通過觀察徐文珊等學人對歷史社會功能的討論，來闡發個人的一點淺見。

歷史能激發人們的愛國熱情與民族自尊心。歷史承載的是時間與空間，它是民族界分的標識，是民族血脈的延續。徐文珊說：「歷史是人類活動的記錄，而人類活動各循著一種方式，各朝著一個方向向前進行。由於自然條件的不同，把人類造成許多不同的生活方式，和不同的理想，因而形成許多不同的民

〔註58〕劉熊祥：《歷史教育的現實性》，《文化先鋒》1942年第1卷第17期。

〔註59〕何兆武：《對歷史學的若干反思》，《史學理論研究》1996年第2期。

〔註60〕李洪岩：《史學的詩性與客觀性》，《學術研究》1996年第1期。

〔註61〕王學典：《從「歷史理論」到「史學理論」——新時期以來中國史學理論研究的回顧與展望》，《江西社會科學》2005年第6期。

〔註62〕忻平：《治史須重考據　科學人文並重——南加利福尼亞州何炳棣教授訪問記》，《史學理論研究》1997年第1期。

〔註63〕王東：《為歷史學辯護——漫談歷史智慧》，《天津社會科學》1997年第1期。

族。」〔註64〕這些民族在家族、宗族的基礎上結成血緣與地緣，形成共同生存、武力自衛的國族。這「國」字，對內是團體，在這團體裏大家討共同生活，對外是防線，外侮來時便團結起來一致對外，這就是形成國家的原始意義。」〔註65〕因此，歷史是聯結民族與國家的，歷史滅，則國滅，族亡。我中華兒女將此牢記於心，在抗戰的大時代裏，他們「抗戰建國，致力民族復興事業」，否則「貽誤國家民族，斷送億萬世子孫的命運，這罪過是擔當不起的！」〔註66〕我中華文明一直能長存幾千年，綿延不衰的原因即在於歷朝歷代都非常重視修史與保存文化典籍，使後代不斷傳承祖先創下的基業，並將其發揚光大。

　　歷史能豐富人生，培養人樂觀向上的情懷。歷史與實際人生密不可分。在歷史的大起大落面前，個人的榮辱根本算不了什麼。歷史最富有吸引人的魔力，在於使「枯燥的心靈可以得到潤澤，空虛的生活，可以得到充實；煩悶的情緒可以得到解脫；搖動疑慮的念頭，可以得到指引。」甚至可以改變人冷酷的性格，使其「變成仁慈熱烈，孤寂的生活亦可得到溫暖與慰藉。」總之，「凡古人的嘉言懿行，成敗得失，氣魄涵養，均足以感發興起，培養人格，鼓舞志氣。一個小故事，可以影響人的一生，一個古人的片言隻字，可以確定一個人的終生志向。」〔註67〕徐氏所論歷史，範圍更為廣闊，除了史書的記載外，還有典故、傳聞等，亦即凡是人類生活留下的痕跡，都能成為歷史。這些痕跡恰恰能成為感奮我們人生的力量。徐文珊提倡治史宜由古典與發掘，到宣傳推廣，與「當前的現實」、與廣大民眾「發生關係」〔註68〕。他在另一篇文章中亦提出相似觀點：「至撰著新史，發揚史教，則當以新觀點推展史學領域，必使不偏廢，不狹隘，使更能與大眾相接近，必如此，史學本身方稱完備，而對民族所發生之影響亦始能大而且廣。」〔註69〕徐氏說，

〔註64〕徐文珊：《歷史與文化演進——歷史教育論之五》，《文化先鋒》1943 年第 2 卷第 19 期。

〔註65〕徐文珊：《歷史與民族——歷史教育論之一》，《文化先鋒》1943 年第 1 卷第 19 期。

〔註66〕徐文珊：《論大時代——歷史教育論之十一》，《文化先鋒》1944 年第 3 卷第 4 期。

〔註67〕徐文珊：《歷史與現實——歷史教育論之二》，《文化先鋒》1943 年第 1 卷第 22 期。

〔註68〕徐文珊：《再論史學風氣之改革——歷史教育論之十一》，《文化先鋒》1944 年第 4 卷第 13 期。

〔註69〕徐文珊：《史學風氣之改革——歷史教育論之十二》，《文化先鋒》1944 年第 3 卷第 14 期。

「本來歷史就是藝術，最適合用藝術方法表現。假如我們用歷史的材料作成生動的藝術」「用美化的方法使人樂於接受」「把歷史藝術化，借藝術的方式來表現」。〔註70〕藝術形式可以是小說、戲劇，更可以是當今流行的影視，它們使歷史知識得到了更廣泛的傳播。面對戲劇過於誇張或歪曲歷史事實的缺點，徐氏提出「戲劇家非有歷史修養不可」，戲劇與歷史相得益彰，「合之則兩美，離之則兩傷」，戲劇家與史家只有聯起手來，才能對國家、民族做出更大的貢獻。〔註71〕

小結：理論特徵及成因分析

縱觀《文化先鋒》上的史學理論成果，與前期的科學史學相比，它呈現出一些鮮明的特徵：首先，與史學追求科學化相比，這一時期，史學理論除了保留科學的特質以外，更注重歷史的情感性、生命力，從而使歷史學者對歷史事實、歷史分期及歷史是科學還是藝術等問題有了更新的認識；其次，更關注歷史與民族、文化、現實及將來的不可分割的關係；最後，更注重歷史的社會功能研究。我們會深思：為什麼史學理論研究會呈現以上特徵呢？筆者以為，這是時代返照的結果。在民族危機出現之前，學者可以在自己的象牙塔裏，「為學術而學術」，因此，他們大都沉浸於科學方法的運用，沉浸於史料的考證與整理，沉浸於中國的社會規律討論中。但日本軍國主義勢力的侵略，使學人紛紛走出書齋，「開眼看世界」，為了國家、民族，為了盡書生的一點綿薄之力，他們在堅守科學治史的同時，也開始關注現實問題，自覺地將學術與現實結合起來，尋求史學的經世致用，力爭將現實學術化，學術現實化，真正實現兩者之間的勾聯。這一時期的史學理論研究告訴我們，歷史不分期分段，證明我們中華民族血脈的延續性；歷史是科學，但更是藝術，以激勵國民情感，保家衛國；歷史是民族、文化、現實與未來的根基，我們要立足現在，著眼未來，中華民族充滿了希望，未來的民族復興也必將到來。

總的來說，上世紀四十年代的史學理論研究呈現出一種多元化取向，因為「歷史本身具有無窮的複雜性，歷史主體與歷史客體的組合方式是多種多樣的。這從根本上決定了歷史研究的多元性。」王學典憧憬說：「在未來的歲月

〔註70〕徐文珊：《史學風氣之改革——歷史教育論之十二》，《文化先鋒》1944年第3卷第14期。

〔註71〕徐文珊：《歷史與戲劇——歷史教育論之十一》，《文化先鋒》1944年第3卷第18期。

裏，馬克思主義的、新儒學的、文化的、心理的等各種各樣的歷史觀及史學理論將會爭長競短，爭奇鬥豔。」〔註72〕其實這樣的局面在民國時業已出現，只是被一些歷史原因所阻隔。不過，隨著新時代對學術的開放與包容，筆者相信，無論在史觀與史學方法等方面，多元化史學必將結出累累碩果。

第三節　國防史觀的形成及影響

　　《文化先鋒》中使用國防史觀來論述中國近代歷史主流，貢獻最大的當屬劉熊祥（1919～1994），他是湖南衡山人，1940 年畢業於西南聯大。繼入浙江大學史地研究所攻讀研究生，導師鄭天挺和張其昀，1942 年畢業，獲碩士學位。曾任浙江大學史地研究室編輯、湖南國立師範學院副教授等職，解放前曾參加中共地下工作。新中國成立後，劉熊祥入華北人民革命大學政治研究院。1951 年正式調任西北師範學院教授。〔註73〕歷任中國民主同盟甘肅省委員會副主任委員，甘肅省政協委員，甘肅省志編纂委員會委員，甘肅省史學會理事。

　　抗日戰爭期間他連續在《史學雜誌》上發表《甲午戰前清朝的海防建設》《甲午戰後李鴻章的聯俄政策》等文章，並著有《清季四十年外交與海防》（1943 年，重慶三友書店）《現代中國建設史》（1944 年，史學書局）、60 萬字的《中國近代史》（1992 年，陝西人民出版社）《中國近代史研究》（1993 年，蘭州人學出版社），其生平事績載入北京中外名人研究中心編的《中國當代名人錄》與美國人物傳記研究所編的《世界名人錄》。英國劍橋傳記研究中心亦欲授予「當代世界知識界名人」稱號，被去函謝絕。〔註74〕他在《文化先鋒》雜誌上發表的三篇「論中國近代歷史主流」的論文是他國防歷史觀的重要體現，也是他撰寫以上論著的指導思想。本文需要討論的問題是，劉熊祥國防史觀是在什麼背景下產生的？中國近代史是不是國防史？四十年代，在國防史觀的影響下，史學界有哪些史學成果？

〔註72〕王學典：《從「歷史理論」到「史學理論」——新時期以來中國史學理論研究的回顧與展望》，《江西社會科學》2005 年第 6 期。

〔註73〕據劉熊祥《中國民主同盟入盟申請表》手稿，1954 年 5 月 14 日，上有中國民主同盟甘肅省支部委員會大印。

〔註74〕董耀會主編，《北大人》編輯部編：《北大人　2》，北京：華夏出版社 1994 年版，第 338 頁。

一、國防史觀的思想來源

首先，國防史觀形成於內憂外患的社會環境。筆者從文獻中發現的「國防」二字最早出現於一八四五年九月，馬禮遜學堂舉辦學生成績展覽會時，展示了一篇題為《知識就是力量》的習作。其中寫道：「知識是幸福和快樂的源泉，它是驅除一個國家無知迷霧的亮光，它能博得榮譽，它可增進民族的財富，而且歸根到底，它是一個國家最強有力的國防。」晚清與北洋政府時期，主要通過譯介西方國家的國防舉措，作為本國的國防參考。1899 年由日本譯介而入，見於由日本乙未會主辦，山根之助（立庵）主編的《亞東時報》，內刊由日本晴獵雨讀園主人翻譯、德國參將窩克涅爾撰的《中國海防編》，此文在客觀分析中國形勢的情況下，提醒中國如想保全社稷，需加強海防和京師防衛。〔註75〕國內最早的《外交報》（1901～1911）是由蔡元培和張元濟在上海創辦的，它於 1908 年開始注意譯載外國報刊上發表的國防論文，如《論俄國國防》，譯自日本明治四十一年六月十日《外交時報》，其內容主要圍繞是否在黑龍江修築鐵路，以加強俄國的遠東邊防和殖民事務，以及如何通過鐵路運輸，以解決陸軍所需的軍費問題。其中提到「凡日本人之移住滿洲及其屯駐之軍隊，隨處可謀破壞。」〔註76〕再就是所譯之英國國防、美國國防等，其意在於借鑒他國國防，加強本國國防。至國民政府時期，世界和平岌岌可危，意大利法西斯勢力上臺，德國國社黨得勢，它們磨刀霍霍、擴充軍備，戰爭隨時可能發生。「試觀歐戰告終，凡爾賽和約結成，迄今十有餘年之間，各列強利害糾紛，並未或息。就中如意大利法西斯蒂運動之勃興，德意志國社運動之興隆，以及東鄰倭國之軍閥專權，均屬犖犖大端，在在足以破壞世界之和平。值是之故，舉世各國無不深慮他國之侵凌，遂致竭本國之人力財力，增軍備械，以圖自身之安全。而從事侵略之國家，目睹他國軍力充實，必勝之目的未能得達，乃實行更進一步之擴充軍備。諸列強彼此猜忌，於是釀成目前戰雲彌布之局勢。當此之際，所謂國防問題，遂為各國人士所矚目，且更進而有所謂國防學之探討也矣。夫國防學之內容，至為廣泛，舉凡一國之自然環境以及國民之思想行動，均得網羅無遺。」〔註77〕二十年代，

〔註75〕 （德）窩克涅爾：《中國海防編》，（日）晴獵雨讀主人譯，《亞東時報》1899 年第 10 期。

〔註76〕 《論俄國國防》，《外交報》，1908 年第 8 卷第 16 期，第 19 頁。譯自日本明治四十一年六月十日《外交時報》，未注撰者。

〔註77〕 畢露：《國防學之要義》，《民鳴週刊》1934 年第 1 卷第 25 期。

「有一個共同的趨勢，就是民族國防體的加強」〔註78〕，許多國家都意識到加強國防的重要。正如房功利所說，「有國必有防，立國當思防，既是人類歷史發展的真實寫照，又是悠悠千載風雲變幻給後人留下的千古名訓。」〔註79〕加強國防的呼聲成為時代潮流。尤其是 1929～1933 年的世界性經濟危機，更使戰爭一觸即發。日本入侵我國東北，國聯失去了調解國家糾紛、維護和平的功能。因此，最先受到侵略的中國，最需要加強國防。

　　其次，國防史觀的形成受益於國防運動的興起。中國的知識分子於 1930年，就已經預測到了第二次世界大戰的即將爆發，代表人物是陳世鴻，他說：「就各國現有國防準備的觀測，歐戰告終，本可專事修養，查各國武備，仍事積極籌備，不稍鬆懈，余如武器之改良，毒氣之研究，空軍之擴張，攻戰之講求，以及軍備之機械化等，報章雜誌，數見不鮮，咸足為各國對於第二次大戰已有相當覺悟之表證，就是以觀，第二次大戰，不獨不能幸免，戰爭之烈，殺傷之慘，或將較第一次歐戰損害結果而竟倍之。嗚呼！國人安可惑於世界和平之假說，而置國防於不顧也。」〔註80〕從後面的二戰發生與結果來看，果不出陳氏所料，可見其極具精確推斷之才華。這時，國民也感受到了戰爭的危機，報刊雜誌都是加強國防的呼聲，從國防軍事到國防政治、國防教育、國防經濟、國防文學、國防哲學、國防地理、國防電影、國防新聞等，國防已滲透到各個領域，成為學術思想文化界的主潮。但最初國防為何物，國人可能不是很清楚。因此有必要對這一概念進行界定。陳世鴻在 1930 年的《國防芻議》一文中認為，「國防者，國家為圖生存，對於侵略可能之假想敵國，應施軍事上最要限度內之一切準備也。」〔註81〕陳氏所論國防，即是國家為了生存，而進行的軍事準備。公任（筆者按：疑為梅公任）對國防的定義為：「國防者何，泛言之，凡以保存國家為中心之一切設施與實力，舉可謂之國防。」〔註82〕他認為，無論從挽救我國現在的危亡還是發展未來的國運，都有積極計劃國防與實施國防的必要。救國有政治救國、經濟救國、武力救國、人格救國、教育救國，實

〔註78〕劉熊祥：《讀〈中國之命運〉——再論中國近代歷史的主流》，《文化先鋒》1943年第 2 卷第 7 期。
〔註79〕房功利：《新中國鞏固國防的理論與實踐》，北京：社會科學文獻出版社 2014年版，第 1 頁。
〔註80〕陳世鴻：《國防芻議》，《軍事雜誌（南京）》1930 年第 27 期。
〔註81〕陳世鴻：《國防芻議》，《軍事雜誌（南京）》1930 年第 27 期。
〔註82〕公任：《國防與教育》，《行健月刊》1933 年第 2 卷第 1 期。

際還有文化救國。公任主張教育救國是各項救國的中心，幾種救國工具應相輔相成，不可偏廢。由此，我們可看出，國防運動是在上世紀三十年代國家遭受日本侵略後逐漸興起的。

再次，國防史觀的形成，是知識分子國防自覺的體現。公任認為孫中山「自奔走革命以來，其中心之工作，最大之使命，即在剷除國賊，驅逐國敵，以樹立國防，挽救國亡而已。」他呼籲，「我輩後死者無論是否為孫總理之信徒，站在國家和民族之立場，應如何努力設法挽救中華民國與中華民族，以完成孫總理國民革命之使命，而保全我列祖列宗所遺傳之歷史，先聖先賢所創造之文化，子子孫孫所生存之土地乎？」〔註83〕不僅認為孫中山進行的革命是一部國防史，而且強調國人面對國家危亡時，應站在國家和民族立場，考慮如何努力設法挽救中華民國和中華民族，而不受黨派意識形態影響，拳拳愛國之心溢於言表。1935 年底，「國防文學」口號率先由周立波在《關於「國防文學」》一文中提出，1936 年，周揚再次提出，倡導作家聯合抗日。張玄認為，近來上海文人造口號是必要的，「中國正在萬分危急的時候，國民中的任一個人全該拼命為國家爭生存……講國防，講民族革命固然是國人通責，」〔註84〕晏陽初見日軍侵吞中國的野心日趨暴露，認為無論朝野上下哪一個人，都必須站在國難的立場上來思想，來行動，必須全國一致來促成國防建設的偉大工程。他從培育四萬萬民眾的角度，提出「國防建設，除掉人人所注意的軍事準備而外，更須立刻推動國防上最基本最扼要的工作，那便是表面看不出的、無形的武備——民眾力量的造成。」〔註85〕國防史學也順潮而動，鄭鶴聲早在 1929 年就將國防與歷史事件聯繫起來，他因雲南西北的江心坡一地被英所佔之事，提出「重國防而固邊疆」並需「賴政府之主持於前，國民之努力於後。」〔註86〕傅斯年在 1931 年「九‧一八」事變後撰寫的《東北史綱》（第一卷）以及 1935 年《中華民族是整個的》一文在當時產生了很大的影響，顧頡剛後來從歷史角度所論證的「中華民族是一個」，也是傅斯年在寫給他的信中最先提出的。〔註87〕他們的目的在於，促進中華民族

〔註83〕公任：《國防與教育》，《行健月刊》1933 年第 2 卷第 1 期。

〔註84〕張玄：《國防文學與西北》，《西北論衡》1936 年第 4 卷第 6 期。

〔註85〕熊賢君：《晏陽初畫傳》，濟南：山東教育出版社 2015 年版，第 176 頁。

〔註86〕鄭鶴聲：《江心坡與國防》，《史學雜誌（南京）》1929 年第 1 卷第 3 期。

〔註87〕周文玖、張錦鵬：《關於「中華民族是一個」學術論辯的考察》，《民族研究》2007 年第 3 期。

「共同抵禦野心國家的侵略」〔註88〕。總之，「國防」已然是這一時代的主潮，深深影響了一代人的史觀。

二、中國近代歷史的主流是「國防」而不是「近代化」

近代化是在政治、經濟、文化等各方面變革傳統的過程。那麼，史學的中心在由帝王轉向民眾生活時，也是近代化的需要，因為「鴉片戰爭改變了我們民族數千年來傳統的生活。」〔註89〕致平認為，「為要持續民族的生存，近百年來的中國社會，就不得不活躍起來，要由古代的階段，走進近代的階段。社會之演進，分為經濟的，政治的，文化的諸方面。這諸方面，是互相聯繫的。古代政治之存在，是經濟近代化和文化近代化的障礙。換句話說，要樹立了近代政治，才能促進經濟近代化和文化近代化。滿清之維新，是使政治近代化的一個努力。」〔註90〕他所說的近代化，是政治的近代化，是君治到民治的近代化，是民有、民治、民享的政治民主化。他指出，國民黨實行的並非黨治，而是軍治，與古代政治無異。「中國現在的政治，距離近代化還遠。」與他觀點類似的還有中共黨史專家史遠芹，她認為，「中國近代化發展到1919年，已經在器物層——制度層——文化層次出現並發展深入，在經濟、政治、文化領域全面啟動，初步展開。這一階段是中國人民對近代化奮力追求的關鍵時期。此後的30年，雖然近代化的程度有所深化，但發展速度緩慢，成效不大，近代化最終沒能實現。」〔註91〕以上學者關於「近代化」的論述告訴我們，中國的近代化是由農業社會向工業社會轉型過程中，政治、經濟、文化、思想、教育、軍事等各方面的變化。

何謂國防？它是指民族求生存的過程。劉熊祥認為，近代化在中國是未完成的一種表現形態，不能說明中國歷史的「內在意義，更不是中國近百年歷史演進的動力」，近代化的動力是「發自爭求民族的生存」〔註92〕。我比較贊同劉氏的觀點，從整個近代史看，也的確如此，中國人民的近代化努力是被動的，而求民族生存才是主動的。「從鴉片戰爭中廣東三元里平英團義軍開始，經過

〔註88〕《益世報·邊疆週刊》發刊詞，1938年12月19日。
〔註89〕中和：《中國近代史的輪廓》，《自學（桂林）》1943年第5期。
〔註90〕致平：《政治近代化及其途徑》，《南華評論》1933年第4卷第5期。
〔註91〕史遠芹：《中國近代化的歷程》，北京：中共中央黨校出版社1999年版，緒論，第1頁。
〔註92〕劉熊祥：《論中國近代歷史的主流》，《文化先鋒》1943年第2卷第2期。

太平天國，義和團，辛亥革命，五四運動，五卅運動，國民革命軍北伐，以至一二八開始的抗日局部戰，七七開始的抗日大戰，雖然形式有種種變化，始終是一個解除外力束縛，自求獨立的革命運動。」〔註93〕這些革命運動與洋務運動、維新運動，都是從求民族生存「這一個思想出發的，中國如尚未完全獲得真正的自由和平等，恐怕這一個思想還是維繫國人的中心力量，這一點是和歐美近百年歷史不同的，他們的中心思想盡可經過幾度的改變，而我們的中心思想還是這一件事。從這一點來看中國近代史，可以說就是一部國防運動發展史。」〔註94〕自鴉片戰爭後，中華民族歷經磨難，只差亡國滅種。因此，中國近代史也是一部抵禦外侮、追求民族自強的歷史。劉氏以國防為中心，將中國一百年歷史的演變分為七個階段：一是自道光二十年鴉片戰爭至咸豐十年英法聯軍之役（1840～1859），前後二十年，國人的對外觀念由處理夷務的夷夏之防轉變為國防，軍隊也由注重人力配備轉向重視槍炮等武裝，是中國國防問題開端時期。二是自咸豐十一年至光緒二十年（1860～1893），前後三十餘年，這一時期以自強、求富為中心的洋務運動，如設江南造船廠、馬尾船政局，購買槍炮，派遣留學生，修鐵路，鋪設電線，建築船塢等，都是從海防著眼，以海防為中心的，是中國海防建設時期。三是由光緒二十一年至光緒二十六年（1894～1899），前後五年，康有為、梁啟超領導的戊戌變法運動，儘管幻想單純依靠皇帝改革內政、變法圖強的計劃在頑固派的攻勢下破產了，但體現了他們引入西方君主立憲，拯救民族危機的決心和勇氣，是國防政治建設時期。四是自光緒二十六年至民國五年袁世凱洪憲帝制破產（1899～1916），為時十七年，在李鴻章的聯俄運動與康梁的變法運動失敗後，以滿清為中心的國防政治運動從此斷絕，而以漢族為中心的國防政治運動起來代替了，是民國建立時期。五自民國四年至民國十一年（1915～1922），陳獨秀創辦《新青年》到停版，思想界發生了重大變化，陳獨秀、胡適等發起新文化運動，提倡民主和科學，反對專制，反對愚昧落後，倡導文學革命，求個人解放，是思想建設時期。六自民國十一年至民國十七年（1922～1928），護法政府成立後，孫中山即任大總統，出師北伐，不幸因陳炯明叛變而中止。1924 年國民黨一大召開，組建國民政府，二次北伐，剷除軍閥，直至 1928 年全國統一，是北伐統一時期。七自民國二十年至民國三十四年（1931～1945），九一八事變後，日本入侵中

〔註93〕中和：《中國近代史的輪廓》，《自學（桂林）》1943 年第 5 期。
〔註94〕劉熊祥：《論中國近代歷史的主流》，《文化先鋒》1943 年第 2 卷第 2 期。

國，國防成為民族的中心問題，無論軍事、經濟、政治、外交，任一方面都以加強國防為中心，是國防加強時期。〔註95〕所謂「近代化」不過是充實國防的一種力量，是國防發展的一種形態，而不是近代歷史的意志，更不是歷史的動力。他認識到民治主義與社會主義是世界的潮流，中國不能不採用，但從過去一百年的歷史看來，顯然與歐美歷史的演變不同，我們這一時期始終以民族主義為中心，國防的發展與民族主義的發展相表裏。簡而言之，以民族主義為中心的國防運動史是中國近百年歷史主流的觀點，具有一定的合理性。

為了進一步證明「中國近代歷史的主流是國防」的論點，劉熊祥於 1943 年和 1944 年在《文化先鋒》上發表《讀〈中國之命運〉——再論中國近代歷史的主流》和《三論中國近代歷史的主流》兩篇論文，進行論證，體現他對中國近代歷史發展趨勢的思考。劉氏認為，我們可以從歷史的演進，可以從思潮和政策上得出「中國近代歷史的主流是國防」的結論。如 1860 年後洋務派所開展的國防建設，即是因為國人有禦侮圖強的思想。甲午戰敗後，這一思想就更為迫切，國防的基礎進一步轉移到整個民族安全上，而非穩固滿清政權。北伐以後，國人追求一種理想，即在使政府能成為國民的政府，軍隊能成為國民的軍隊。抗戰後，全國一致擁護抗戰，更證明我們的國防基礎是建立在整個民族上。政府與民族的安全息息相關，不容分割，全國出現如何加強民族國防體的組織的思潮。〔註96〕其表現在，以全民族為對象，以民族獨立自由平等為目的，以整個民族利害超出於一切個人和團體。民族主義高於個人主義、家族主義。在外力壓迫下，個人主義思潮漸趨沒落，民族主義成為時代的思潮。劉氏提出，我們要建設一個全民族國防體，不僅要不分宗族輕重，而且要不分階級或職業間的歧異。只有全民族、各宗族、各階級團結起來，才能成為一個堅固的國防體。這一提法是順應抗戰大潮的。

另一方面，從國家政策上觀察歷史，也可以看出國防不斷加強的趨勢。1924 年，孫中山北上時，就提出召開國民會議以廢除不平等條約和解決內政問題的主張。1926 年北伐宣言中說：「革命戰爭之日的，在造成獨立自由之國家，以擁護國家及人民之利益，故必集中革命之勢力於三民主義之下，推倒軍閥，與軍閥所賴以生存之帝國主義。」因此，國民革命軍所到之處，民族主義

〔註95〕劉熊祥：《論中國近代歷史的主流》，《文化先鋒》1943 年第 2 卷第 2 期。
〔註96〕劉熊祥：《讀〈中國之命運〉——再論中國近代歷史的主流》，《文化先鋒》1943 年第 2 卷第 7 期。

運動也就隨之而起。北伐完成後，國民政府即展開了頗見成效的行動，一是關稅自主運動，一是收回法權運動。1928 年與各國簽訂關稅新約。1938 年的《抗戰建國綱領》，更是典型的國防政策。抗戰時期，內政與外交的中心均是國防。劉氏從思潮與政策上來證明中國近代歷史的主流為國防化的觀點，「確有見地」〔註97〕。

關於近代化與國防的關係。在《三論中國近代歷史的主流》中，劉熊祥認為，「中國近百年來歷史的趨勢，無疑的是向著近代化的路上走，」但「我們要求近代化的第一動機是要建設我們的國防。」也就是說，近代化是國防的基礎，近代化首先要為國防服務，國防是近代化的動力和目標，堅固的國防能保障近代化的順利開展。例如，曾國藩、李鴻章、康有為、梁啟超、孫中山等，他們有一個中心思想，就是「富國強兵，在近代國際的環境中，中國要想富國強兵，自不能不採取近代的方法和近代的精神。」然解決中國近代化的問題，還是需要以國防的需要為抉擇。

那麼如何建設國防？劉氏提出要在文化的基礎上，「從學術思想上入手」，積極開展學術研究，以學術立國。「我們歷史的趨勢必然的會要超越技術和實科而進入另一種純學術的研究領域，不然，若長期停留在實用的階段，則中國必不能迎頭趕上西洋。」因此，劉氏得出結論，一個國防組織體的建立，必須「發揮科學研究的精神，中華民族才有所為。」〔註98〕

三、國防史觀影響下的史學成果

自鴉片戰爭發生以後，在國防史觀的影響下，史學界出現了一大批相關的史學研究成果。這些成果均具有共同的特徵：緊跟時代步伐，以民族復興為職志，心繫國家安危、由以考據為主轉向經世致用，注重研究實際問題。從史學史的發展脈落來看，最初史學界的主潮是對邊疆史地的研究，產生的成果主要有：張穆的《蒙古游牧記》、何秋濤的《朔方備乘》、姚瑩的《康輶紀行》等。同時，為了讓國人睜眼看世界，一些知識分子也率先展開外國史地的研究，代表作品有：魏源的《海國圖志》、徐繼畬的《瀛環志略》，他們的工作開闢了新的研究領域，形成了新的研究風氣。甲午海戰後，章太炎成為國防史學的領軍。1906 年，他在《東京留學生歡迎會演說辭》中明確提出「用國粹激動種姓，增

〔註97〕編者：《文化先鋒》編後記，1943 年第 2 卷第 7 期。
〔註98〕劉熊祥：《三論中國近代歷史的主流》，《文化先鋒》1944 年第 3 卷第 6 期。

進愛國的熱腸」的主張。在《答鐵錚》中，他認為民族主義「如稼穡然」，依存於「史籍」，能起灌溉作用。只要中國人懂得本國歷史，「就是全無心肝的人，那愛國愛種的心，必定風發泉湧，不可遏抑」。直到晚年，他在《論今日切要之學》，還反覆強調研究歷史的重要和讀史的益處，認為只有提倡讀史，才能「使閱者得知國家強弱的原因，戰爭勝敗之遠因近因，民族盛衰的變遷」。在《與鄧之誠論史書》中，他「提倡讀史之志，本為憂患而作」。章氏之言實道出了史學與國防的關係：史學為國防而作，國防刺激史學的發展，兩者相輔相成，不可分割。

二十年代，學界頗具影響的是胡適領導的整理國故運動，其中包括顧頡剛發起的古史辨運動及傅斯年領導史語所做的史料整理及考古發掘。盧毅在《整理國故運動與中國現代學術轉型》一書中分析「整理國故運動」盛極一時的原因時強調，「在主觀心態方面，『整理國故運動』的興盛與受到國外漢學的刺激有關。」〔註99〕比其分析更為直接、透徹的是逯耀東，他說：「『整理國故』……這面旗幟顯然是在民族情緒鼓舞下掀起的。中國近現代學術問題的討論和研究，如果缺少民族運動與民族情緒的激發，就無動力可言。」〔註100〕因此，國防是學術研究的動力，學術研究亦能加固國防。

三十年代，史學界關於討論中國社會性質的論著，起初的立意較為明顯，即明確中國革命的鬥爭目標。如郭沫若《中國古代社會研究》、呂振羽《史前期中國社會研究》、何乾之《中國社會性質問題論戰》《中國社會史問題論戰》、鄧拓《論中國歷史上的奴隸社會》《論中國封建社會「長期停滯」的問題》等。此外，李鼎聲的《中國近代史》，更表現出強烈的反對外國侵略的意識。

至抗戰後，學者面臨國土淪喪、民族將亡的沉痛局面，更是矢志發憤著書與撰文，以保存國家文化，激勵民族精神及國民的抗戰意志。陳垣的《明季滇黔佛教考》和《通鑑胡注表微》即是在這一背景下著就的。

小結

與其他學科不同的是，抗戰時期，史學界雖未公然祭出國防史學的旗幟，但從這時的史學活動和史學成果來看，並未超出國防史學的內涵，而且緊緊圍

〔註99〕盧毅：《整理國故運動與中國現代學術轉型》，博士論文，第 125 頁。

〔註100〕逯耀東：《序》，陳以愛：《中國現代學術研究機構的興起——以北京大學研究所國學門為中心的探討（1922～1927）》，第 5 頁。

繞這一中心，發揚史學的經世致用精神，以愛國主義為旗幟，通過史學凝聚抗戰力量，激勵國民精神，為抗戰的勝利提供保障。在當時民族危機深重的背景下，劉熊祥對國防史學的研究及對中國近代歷史主流的闡釋，具有一定的合理性，他的主張與民族本位文化史學一派具有異曲同工之處。尹達將劉氏提出的要抵抗外侮，「就要打破個人的自由」，批評為「反動歷史哲學的鼓譟」〔註101〕，未免過於苛刻。正如胡逢祥所說，史學界出現的各種主張，「無論是得是失，都凝聚了前人的心血經驗，都可為當下中國史學建設的再出發提供有益的參考。」〔註102〕國防史學的產生，亦有其時代背景，對這一成果的研究與闡發，有助於促進史學多樣化的繁榮。

〔註101〕 尹達編：《中國史學發展史》，鄭州：中州古籍出版社1985年版，第569～570頁。

〔註102〕 胡逢祥：《論抗戰時期的民族本位文化史學》，《史學月刊》2016年第4期。

第五章　其他學術研究

　　史地學以外，《文化先鋒》學人亦從事政治學、經濟學、文化學、社會學、諸子學等學科領域的學術研究。這些學科與史學相依相成，關係密切。它們或為史學補充和積累素材，或直接是歷史的一部分，如政治學中之政治史、政治學史，經濟學中之經濟史、經濟學史，文化學中之文化史、文化學史，社會學中之社會史、社會學史，諸子學中之諸子史、諸子學史等。本文限於篇幅，無法照顧到期刊所含各學科領域的學術論文，僅就筆者能力所及的諸子學和二十世紀四十年代的中西文化討論二個部分進行探討，以揭露學術與政治、社會之間的互動關係。所擇主題看似分散，互不關聯，實則囿於一統。它們在《文化先鋒》中地位凸顯，發表的論文既數量多、質量高，又能緊緊圍繞現實需求。同時，它們是民國學術史的重要組成部分，相關研究成果可補充歷史學與史學史研究之不足。

第一節　「通子致用」：《文化先鋒》之諸子學研究

一、諸子〔註1〕研究的時代背景

　　晚清民國，社會危機四伏，西學影響日深，傳統經學沒落，並「逐漸趨於

〔註1〕據林軍考察，「諸子」作為一個概念有廣義和狹義上的區別。從廣義而言，「諸子」指的是「經」、「史」、「子」、「集」四部中的「子部」。在中國古代最早出現對典籍進行四部分類的《隋書・經籍志》中，「子部」所囊括的內容包括了儒、道、法、名、墨、縱橫、雜、小說、兵、天文、曆數、醫等家。《四庫全書》中，子部的內容進一步擴大，共分為儒家類、兵家類、法家類、醫家類、天文算法類、術數類、藝術類、譜錄類、雜家類、類書類、小說家類、道家類、釋家類等門類，不僅包括了先秦諸子，而且也涵蓋了秦漢以後的諸家著作。從狹義而言，「諸子」指的是先秦諸子。這一限制性的定義是隨著近代諸子學的興起而出現的。狹義上的先秦諸子，又有九流十家的說法。這九流十家中，對後世影響較大的為儒、道、墨、法、名、陰陽等六家學說。見林軍：《清代考據學的興起與諸子學歷史地位的升降》，《福建師範大學學報》2004 年第 2 期。此處，筆者於諸子取「廣義」。

消亡」〔註2〕，而與「近代西學相通或相似」〔註3〕的諸子學，開始受到學者們的重視。鄧實、黃節、章太炎等國粹派倡導「古學（先秦諸子學）復興」，來對抗漢以後的經學，大力抨擊兩千年來的經術與儒學。〔註4〕在儒學逐漸解體的過程中，湧現出一大批諸子學研究名家，如梁啟超、胡適、錢穆、羅根澤、馮友蘭等。在他們那裡，孔子不再是聖人，而是與諸子處於平等地位，共同作為文、史、哲的研究對象。千年後的諸子學躍然成為「當代學術史的重要學門之一」〔註5〕，倍受人們重視。

　　1919 年梁啟超歐遊回國後，將歐戰後的滿目瘡痍寫進了他的《歐遊心影錄》，歐洲文化不再神聖，人文主義一時蓋過了科學主義。學者們紛紛把目光轉向中國的傳統文化資源，想從中尋找出救世良藥，因此，與現代人文精神頗為契合的諸子學一時成為首選。此後的民國，更是命運多舛，歷經北伐戰爭、第一次國共內戰、日本的入侵、第二次國共內戰等各種人禍，使學術研究成為學者擺脫外部困擾的港灣。有沉迷於象牙塔的，絕然於世外；有積極入世的，努力嘗試將學術運用於現實。與外界環境形成鮮明對比的是，此時的學術領域反而呈現出一片百花齊放、百家爭鳴的盛景。諸子學研究亦是如此。楊世文以儒學研究為例，認為在這一時期，學者運用現代方法，從各自的角度解釋儒家經典，考證其成書，使儒學呈現多元發展的新格局。〔註6〕諸子學的研究，也大體遵循著這樣的學術理路。〔註7〕

　　由上可知，諸子學的復興「既是學術內在驅動的結果，也是外部社會急劇變動刺激的產物。」〔註8〕抗戰時期的諸子學研究更是明顯地體現了這一特徵。

〔註2〕左玉河：《現代學科體系觀照下之經學定位》），《江海學刊》2007 年第 3 期。

〔註3〕林軍：《清代考據學的興起與諸子學歷史地位的升降》，《福建師範大學學報》2004 年第 2 期。

〔註4〕楊世文：《近百年儒學文獻研究史》，福州：福建人民出版社 2015 年版，第 15 頁。

〔註5〕路新生、楊華：《「新」、「老」之爭與諸子學研究的現代轉型——以章太炎、胡適的諸子學研究為例》，《華東師範大學學報》2009 年第 6 期。

〔註6〕楊世文：《近百年儒學文獻研究史》，福州：福建人民出版社 2015 年版，第 27 頁。

〔註7〕據路新生、楊華考察，在西學影響下，諸子學掙脫經學的附庸地位，改變過去那種因解經的需要而側重於考據、音韻訓詁的做法，一變而為向重義理，重條貫的敘述方式轉移。這裡所說的義理不同於傳統，而是參照西方哲學對於本體論、宇宙觀、知識論、人生觀等概念的界定，將類似的內容從中國傳統學術中提煉出來。（路新生、楊華：《「新」、「老」之爭與諸子學研究的現代轉型——以章太炎、胡適的諸子學研究為例》，《華東師範大學學報》2009 年第 6 期。）

〔註8〕李孝遷：《劉師培與近代諸子學研究》，《福建論壇》2001 年第 4 期。

一方面，諸子學研究更為成熟，方法更為多樣。另一方面，戰爭與戰後重建，促使學者更多地發掘諸子學的內在價值，發揚先秦諸子「匡時救世」的精神。本文以《文化先鋒》為例，探討抗戰時期諸子學研究的成果。

二、引入西方科學方法，突破清儒考據範疇

抗戰時期的諸子學研究熱潮起步約在 1940 年以後，較二三十年代明顯有所冷卻。以墨學研究而論，據筆者查閱各種期刊上的文章，二三十年代約 360 篇，戰時約 73 篇，相差甚大。追其根源，當然與戰爭環境有關。粗略看來，諸子學研究的成果多登載於《文化先鋒》《東方雜誌》《學海》和《國學通訊》等刊物上。但這一時期的研究也呈現出傳統考據與西方的實用主義方法日趨耦合的特點。然考證與「通子致用」存在什麼樣的聯繫？錢穆的一段話，或許能供我們參考。錢穆說：「至於今則開有史未遇之奇變，科舉廢，王朝絕，家學復興，斯其會矣。而時局艱虞，民生無日，有甚於戰國。人標新解，家擅獨詣，紛紛藉藉，往者家學蓬勃之風，亦郁郁乎其若將復起。而傍徨瞻顧，求其巨識深心，摯誠毅魄，若往昔儒墨開宗孔丘、墨翟其人者何在乎？斯乃關心中國民族文化前途者所共有之概想。而知人論世，撫今追古，一時學者均熱心為先秦諸子之探討，夫豈無故而然哉。則此編之集，正足透露是間之消息。雖文字大體不越乎考據，而意趣之所灌注，潮流之所奔赴，必有不局於考據而已者。」〔註9〕《文化先鋒》中結合考據法與西方科學方法治諸子，貢獻最大的莫過於羅根澤、張默生、徐文珊等人，他們的研究範圍主要集中在老子、墨子、晏子等幾家。

1. 張默生與羅根澤的《老子》研究

老子的生卒年及老子一書的問題一直是學術界的一個疑案。胡適曾認為「老子比孔子至多不過大二十歲，老子當生於周靈王初年，當西曆前 570 年左右。」〔註10〕梁啟超對此觀點提出了質疑，他於《論老子書作於戰國之末》批評胡適「對於這位『老太爺』的年代竟自不發生問題！」〔註11〕張默生《老子

〔註9〕 羅根澤編著：《古史辨第四冊‧錢序》，海口：海南出版社 2005 年版，第 18 頁。

〔註10〕 胡適：《中國哲學史大綱》，中華書局 2015 年版，第 38 頁。亦見於羅根澤編著：《古史辨》第四冊，海口：海南出版社 2005 年版，第 205 頁。

〔註11〕 梁啟超：《論老子書作於戰國之末》，《哲學》第七期。梁啟超《評胡適之中國哲學史大綱》。亦見於羅根澤編著：《古史辨》第四冊，海口：海南出版社 2005 年版，第 208 頁。

傳及老子書的問題》一文標題與羅根澤三十年代所著《老子及老子書的問題》看似相似，然內容絕不相同，他未再糾結於老子生於何時，而是將古今學界關於老子及其書的研究成果做了一個系統總結，讓我們看到民國老子研究的主流是贊同梁說：老子為戰國時人，《老子》一書為戰國時代的作品。馮友蘭等在梁說基礎上，提供了許多新的證據。張氏亦贊同梁說。﹝註12﹞此已為考古發現所證明。﹝註13﹞羅根澤在抗戰時期，運用顧頡剛「層累地造成古史」的方法，進一步研究老子。他在《老子故事的演變與辯證》一文中，認為老子「非長生神變，莫知所終」的說法，早已由清梁玉繩《史記志疑》和馬驌《繹史》所證。「本來老子雖是『博大真人』，並不能『長生神變』，這是毫無問題的。但因為他的徒弟徒孫的設法抬高本宗，壓抑他家，使他的年齡扯長幾千年，使他的魂靈托佛再生，後人不察，遂驚為『長生神變』了。」為了進一步證明「長生神變」並非出自《史記》所載，羅氏援引王念孫《史記雜誌》和《博考群書》中的觀點，「斷定『字伯陽』乃列仙傳文，非史記文。」最後，以《莊子》一書為本證，參與前所列諸書，證明老子「長生神變」的原因都是其徒子徒孫所偽託，從而徹底拔去了人們心中的迷霧。他將老子故事的三次演變概括為：「儒家盛興的時候，他是儒家始祖的孔子的老師；神仙家盛興的時候，他是上起唐虞，中歷西周，下訖春秋的神仙；佛教盛興的時候，他又是佛的前身或教主：這樣，你還能不訝為『長生神變』嗎？」﹝註14﹞羅氏認為，《史記・老子傳》的史料，來源於《莊子》，「司馬遷明知莊子『著書十餘萬言，大抵率寓言也』，但偏要據以作傳！大概因他作史記的時候，黃老正在盛行，他本人亦頗受道家浸溉，對道家始祖的老子，樂為渲染，故甘以寓言作史料，否則對於這位『博大真人』何以衍述呢？」羅氏再通過「本之關尹子和老子譜牒或老子後人的兩種史料，也都與舊史符合，與莊子遠異」，來證明《莊子》不可信。「此外由老子的是『楚苦縣』人，也可以知不能前於孔子」，且「既是楚國人，便在孔子之後了。」進一步證明老子不可能為孔子師。羅氏再通過辨析《史記・孔子世家》所涉《周禮》《禮記》與曾子的聞禮，證明「老子告孔子的話，也當然不能信了。」羅氏的所有考證，最後的落腳點在於剝去老子「神的外衣，看到人

﹝註12﹞張默生：《老子傳及老子書的問題》，《文化先鋒》1943年第2卷第20期。
﹝註13﹞1993年，竹簡本《老子》在湖北荊門郭店楚墓出土，墓葬時間測定為公元前四世紀中期至三世紀初，為「老子及老子書出於戰國」提供了一重證據。
﹝註14﹞羅根澤：《老子故事的演變與辯證》，《文化先鋒》1943年第3卷第1期。

的老子。」〔註15〕進一步證明他於 30 年代提出的觀點：老子生卒年當在「孔墨之後，孟莊之前」。〔註16〕羅氏給出了詳細的證據證明孔子不可能如道家故事所說，為老子弟子。此其學術貢獻之一。

筆者認為，老子其人難考，概因可憑藉材料甚少。《史記》僅有片言，《莊子》及神仙書記述或豐，然多荒誕。神仙書自不必論。《莊子》一書亦可視為文學書，其可信度讓人質疑，難以視為史料。因此，據其書來考老子，定會出現訛誤。

2. 徐文珊與張默生的《墨子》研究

徐文珊以劄記體的形式開展對墨學的研究。他寫劄記「一以備忘，且以志疑」，並求他日學問有進後，「董而理之」，以求披沙之獲。〔註17〕儘管徐氏很謙虛，「非敢躋於著述之林」，但卻有「輒裁片簡，用以補白」的學術抱負。《文化先鋒》所登載劄記，即是其「董理」後的補白之作，於學術必有明顯推進。其《學不厭齋劄記——讀墨子》一文，就《墨子》研究史，述之甚詳：宋人集刻《道藏》，收《墨子》，傳本中以此為最善。因墨子遭到過孟子貶斥，故二千年來較少有讀者關注。《墨子》的校本至清代才有，初為盧文弨、孫星衍、畢沅等相繼所校。至孫詒讓方光大其業，其所著《墨子閒詁》，博洽詳審，稱頌於士林，洵為墨氏功臣。今人治墨學，捨此無善本也。清儒治學，以經為主，其兼及諸子者，上舉諸儒外，王念孫、汪中、錢大昕、張惠言、江瑔、俞樾等均曾致力。降及晚清，以至民國，其業乃大昌。梁啟超、胡適、欒調甫等均在墨學研究領域做出了貢獻。〔註18〕

其實，在《墨子》研究史中，除徐氏所列以上諸家外，他本人也在墨學研究方面，多所創獲。

首先，為孫詒讓所考證的「墨子生卒年」補充證據。孫詒讓考墨子生年當在周定王初年，卒年在周安王之季世，蓋八九十歲。上距孔子之卒歲及百年，

〔註15〕羅根澤：《老子故事的演變與辯證》（續三卷‧ 期），《文化先鋒》1943 年第 3 卷第 2 期。

〔註16〕羅根澤：《老子及老子書的問題》，羅根澤編著：《古史辨》第四冊，海口：海南出版社 2005 年版，第 308 頁。

〔註17〕徐文珊：《學不厭齋箚記——讀鹽鐵論》，《文化先鋒》1943 年第 1 卷第 21 期。

〔註18〕徐文珊：《學不厭齋箚記——讀墨子》，《文化先鋒》1944 年第 3 卷第 12 期。是文於徐氏赴臺後收入其所著《先秦諸子導讀》，臺北：幼獅文化事業公司，1995 年第 4 版，第 5 刷。經筆者仔細查檢，後收文未見有刪改，與原文同貌。

與子思同時，而生年尚在其後。其仕宋，當在昭公之世。徐氏認為，之所以孫說可信，是因為孟子早年墨學已大行，事與《孟子》一書合。誠然，以《孟子》所載補正，具有一定的合理性。雖然晚清至民國，不斷有學者如汪中、梁啟超、胡適等，進行過考證，但徐氏至晚年始終堅信「孫說」，在他多次再版的著作《先秦諸子導讀》中，「墨子生卒年」未見修改，可見其觀點不曾改變。但畢竟缺乏出土物等更為有力的證據，墨子的生卒年至今仍屬懸案。

其次，為錢穆的「墨翟非姓墨」增添新史料。墨子姓氏，向來難考。孫詒讓據《元和姓氏纂》墨子姓氏說法，即謂「墨子孤竹君之後，本墨臺氏後改為墨氏。」江瑔《讀子巵言》謂「墨」非姓，乃墨刑，以駁孫說。錢穆贊同江說，並詳細考證了「墨翟非姓墨，墨為刑徒之稱。」〔註19〕徐氏認為此說頗近理。他以中國的姓氏制度「得姓之道，種種不一」為證據，來說明「墨子則以其刑為姓耳。又案人之姓非必自謂，多由人稱以得之也，『墨』初本非姓，人稱之熟，遂成為姓耳。」但筆者認為此證據並不充分，很難有以所受刑罰為姓的道理。故墨子姓氏問題依舊爭論很大，待考。

復次，新解「摩頂放踵，利天下為之」。徐氏認為以前的學者解讀「摩頂放踵，利天下為之」，往往隔靴搔癢，不能中其肯綮。他取義於錢穆《孟子墨子摩頂放踵利天下為之解》〔註20〕，認為：「欲解摩頂放踵，必先知當時衣冠制度以及生活習慣。蓋古時高冠厚履，寬袍大袖，拱而立，揖而升，習於禮之文，忽於生之事。墨子以其不便，脫高冠，所謂摩頂者也；除厚履，所謂放踵者也。」因之，摩頂放踵是墨子想盡力矯正當時習俗，改革儒家作風。

再次，認為墨家「僅以宗教始，而不以宗教終。」徐氏針對墨家因「尊天事鬼」而被認為是宗教的論調，通過對比孔子、墨子和耶穌三家後認為，墨家「僅以宗教始，而不以宗教終。」他說，言論上，孔子不言性與天道，墨子言天志明鬼，耶穌言上帝造物；態度上，孔子敬鬼神而遠之，墨子尊天事鬼，耶穌秉上帝意旨；行動上，孔子以人倫始，以人倫終；墨子以宗教始，以人倫終；耶穌以宗教始，以宗教終。墨家講天志明鬼，但並不追慕未來世界，而是以現實為依歸，它不以宗教終，即是不獎勵人捨棄現實生活而向宗教中追求。

最後，認同基於功利主義的《墨子》「非命」思想。徐氏說：「蓋如認有命，足以阻人力行進取。人類文化之進展，亦受其影響。故余堅主非命之說，不如

〔註19〕錢穆：《先秦諸子繫年》，北京：商務印書館2015年版，第105頁。
〔註20〕錢穆：《先秦諸子繫年》，第105頁。

此，不足以勉人力行也。」他駁馮友蘭《新原人》主張「才力命」三者同為成功條件之說，認為其弊有二：使人存僥倖心或灰頹心，才屬於天，不可強而致，命屬於外來，可遇不可求；不力行，易造成惰夫。西哲有言「才就是不斷的努力」。是才可以力學而得。換言之，即努力不懈，不放過「今日」，機會便不會失去。準此而論，「才」、「力」、「命」三者可一歸之於「力」。「吾於此服膺於墨子，而不滿於馮氏也。」然徐氏不認同墨子「非樂非人情」的思想。他說：「馬固不能駕而不稅；弓固不能張而不弛；人亦不能勞而不息也。樂者所以息人者也；可以調劑生活，煥發精神，只就此有形之生活而論，已不可無樂，又其無形之功用，何得以其靡財耗時而廢之？墨子服務犧牲，以自苦為極之精神固極可欽敬，但人類究為高等動物，有精神生活，無論體力精神，均不能勞而不休，自苦亦究有相當限度，必欲張之，終難持久，此蓋人情也。」

此外，認為《墨經》六編為墨子所作，其餘出自弟子之手。早在 1926 年，黃建中即提出：「墨經者，翟所自著而無子墨子及墨者之稱者也。經上下，經說上下，既無子墨子及墨者之稱，而又以經名，其為翟所自著，殆無疑義。」〔註21〕徐氏認為，無「子墨子曰」即為墨子自著僅為一消極證據，他提出了新證據。他認為，墨經文字風格有類周初作品，字句簡短古奧，不相連屬，似易封爻辭，似《莊子·天下篇》載惠施語，亦似《尚書》《論語》。與前後各篇之技巧完美，有篇章之組織者大異，顯然為較早之作品。此為積極證據。至其質而不文，以及文中多科學理論，亦均合於墨子精神，以是知文出翟手頗有可能。〔註22〕此與胡適墨經不是墨子所作，而是出於「《莊子·天下篇》所說的『別墨』」〔註23〕的意見正好相反。〔註24〕

張默生《墨子傳略》一文考證了漢以後墨子之學被人遺忘的原因：一是墨子只講博愛，不言愛有差等。愛父母如愛路人，愛路人亦當如愛父母，不合中國的社會人情，被孟子斥為眼中沒有父母，是禽獸。後人信孟說，便不信墨言

〔註21〕黃建中：《述學：墨子書分經辯論三部考辨》，《學衡》1926 年第 54 期。後收入羅根澤編著：《古史辨》第六冊，海口：海南出版社 2005 年版，第 108 頁。
〔註22〕徐文珊：《學不厭齋箚記——讀墨子》（續上期），《文化先鋒》1944 年第 3 卷第 13 期。
〔註23〕胡適：《中國哲學史大綱》，北京：中華書局 2015 年版，第 130 頁。
〔註24〕當胡適提出墨經為別墨所作的觀點後，遭到學界一致的辯駁，他們普遍認為，墨經為墨翟所作。如張煊《墨子經說作者考》、唐鉞《論先秦無所謂別墨》、梁啟超《讀墨經餘記》等。見羅根澤編著：《古史辨》第四冊，海口：海南出版社 2005 年版，第 161～177 頁。

了。二是，侵犯了專制社會中王公大人的權益，被視為異端邪說。抗戰時墨學之所以倍受重視，是因為很多人認為墨子是大思想家、大踐行家，不應被埋沒，他們把墨子當成人類的大救星，「今後的世界，非有這樣的人物出世不可。」墨子生活在互相攻伐的列國時代，他想從下層做起，來拯救這混亂不堪的世界，制定了尚賢、尚同、節用、節葬、非樂、非命、尊天、立鬼、兼愛、非攻等診治當時各國病症的十大教條。針對不同類型的國家，開具不同的藥方，以求對症下藥。墨子率領弟子「到處宣揚他愛的福音，來喚醒人類的覺悟，到處斥責侵略的野心，使惡魔們不敢放肆。」

論及墨子的籍貫，張氏以可靠證據推倒「宋國說」、「楚國說」、「齊國說」、「印度說」，確證為魯國，理由如下：魯國史角門徒，曾學孔子道，《墨子》書中記載他居魯地方最多；《墨子》書多記載魯人魯事；《呂氏春秋》記載墨子自魯往見荊王。從而解決了墨子的籍貫問題，「墨子是魯國人無疑了。」

關於墨子身世與生卒年月問題，張氏認為墨子身世不可考，生卒年月亦不明。後代學者只能依據其他古人年月和與墨子有關的事件進行推斷。他先列舉影響很大的六說：「畢沅說」、「汪中說」、「孫詒讓說」、「胡適說」、「梁啟超說」、「張純一說」，然後考辨，提出自己的推斷：墨子大概後於孔子，而先於孟子。生年或在孔子卒前二十年，或在孔子卒後十餘年；卒年或在孟子生前四十年，或在孟子生前十餘年。壽約八九十歲。此觀點除「畢說」以外，與其他各說差別不是很大。〔註25〕

筆者認為，抗戰時期墨學研究取得了很大的成績。現代學者因未獲得令人信服的證據，所以新時代的墨學研究不再將大量筆墨花在墨子籍貫、身世、生卒年月、墨子文本等考證上，而是更加注重發揮墨子中的兼愛、尚賢、節儉等與現代價值密切相關的思想。〔註26〕

3. 徐文珊的《晏子春秋》研究

戰時《晏子春秋》一書的研究取得了很大的進展。徐文珊《學不厭齋劄記

〔註25〕張默生：《墨子傳略》《文化先鋒》1943 年第 2 卷第 9 期。
〔註26〕見夏偉東：《墨子的節儉思想及現代價值》，《鄭州大學學報》1999 年第 3 期；杜丹陽：《論無形文化遺產的保護與開發——以墨子和墨學為例》，《山東社會科學》2005 年第 9 期；黃勃：《論墨子的「兼愛」》，《湖北大學學報》1995 年第 4 期；李新、范召全：《墨子的倫理思想及其當代功用》，《西南師範大學學報》2004 年第 2 期；李賢中：《墨家『尚賢』思想探析》，《周易研究》2014 年第 1 期等。

——讀晏子春秋》一文羅列三條證據證明《晏子春秋》的作者係後人偽託。「一，晏子為尊稱，只可稱人而不可自稱，此書既以『晏子』名全書，文中對嬰亦悉以『晏子』稱之，非出己手明甚。二，晏子事齊景公，而死在景公前，由本書末三章已可見。『景公』為卒後所加之謚號，晏子生時不及知，不可得而稱之。今全書對景公皆稱謚，可證書非晏子自作。三，書中載晏子死以後事。」徐氏使用本證法，證明書非晏子自作無疑，從而為民國時期學界多數認可的「非晏子自著」的觀點〔註27〕提供了新的證據。他進一步通過書中內容多與《墨子》合，以兩書互證，考此書「或即為與墨子同時或稍後之墨者」，或「乃墨者徒」所作。又書中所載事多類似或雷同，「似為一事而分別由眾人撰寫合編而成者」。通過以上考證，徐氏認為：《晏子春秋》非晏嬰所撰，乃是出自眾人；又因書中《封弟辯》一節有戰國策士風，故疑出戰國縱橫游說之士；根據此書文字簡短生動，疑其成書於戰國。故徐氏感歎：吾以此益感孟子「盡信書不如無書」之旨，而深佩崔東壁考信之精神焉。他再據《晏子》一書「君民者，社稷是主，臣君者，豈為其口實，社稷是養」一語，「深感其認識之正確，忠之對象為國家而非君子之個人，孰謂古人之忠限於一姓？孟子民貴君輕，以及誅一夫紂之思想，其濫觴於此乎？然若綜觀全書，極似成於戰國。如此假設不誤，則民貴君輕一說，仍出於戰國。不能謂出於春秋也。」徐氏對《晏子春秋》的作者及成書時間，作出了較為詳細的考證，於學界有莫大的貢獻。

對於《晏子春秋》歸屬儒或墨，學術界並無確論。《漢書·藝文志》將其列入儒家類，晁公武《郡齋讀書志》將其列入墨家。劉師培《晏子非墨家辨》宗儒，尹桐陽《晏子之宜入墨家》歸墨。徐氏認為，《晏子》書中「備斥儒家之缺，不當列入儒家類」，然「縱近墨家思想，亦只能謂為墨家之所由出，而不能謂為墨者徒。」因此，晏子既非儒亦非墨，晏子就是晏子。〔註28〕他的結論也已由 1972 年銀雀山出土的 102 枚漢簡《晏子》所證實，得到目前學界的普遍認同。

三、注重經典新詮釋

抗戰時期，諸子學研究不再拘泥於人物年代和經典的考證，而是經典價值

〔註27〕持此觀點的有蛤笑：《晏子春秋學案》、嚴挺：《晏子春秋辯證》、梁啟超：《晏子考釋》等。見劉文斌：《20世紀〈晏子春秋〉研究綜述》，《東北師大學報》2005 年第 1 期。
〔註28〕徐文珊：《學不厭齋箚記——讀晏子春秋》，《文化先鋒》1943 年第 2 卷第 5 期。

的發揚與諸子義理的闡發，即從思想史角度，運用現代的理論對經典做出新的詮釋。此時的諸子學成為救世良藥，地位凸顯，儒學亦併入其中。儒家與諸子經典的研究，也不再拘於真偽之辨，而只論其價值與功用。

《孔子家語》是否真偽，並不重要，關鍵在其價值是否能得到發掘。正如《文化先鋒》編者所言，燕義權的《孔子家語中的修養觀念》一文「重在就書論書，原無關係，要在能『通經致用』。《家語》仍「可代表一部分儒家思想，儒家不重天命，但信人為，對於修養，最為注意。」「修養問題，亦實為其核心。」可見，此書以探討人的修養為核心內容。燕氏認為《孔子家語‧五儀解》將人分為五等：「人有五儀，有庸人，有士人，有君子，有賢人，有聖人。」這是《孔子家語》做人標準的五重境界，此種分類，較早期儒家典籍和荀子書為勝。那麼，人應該有何修養呢？《孔子家語‧儒行》給出的答案是自立、剛毅、寬裕、特立獨行、持滿、屈節。當然，燕氏所解釋的屈節並非任意妄行，乃是一種「知己達度」。修養的條件即是反己與慎處。〔註29〕《孔子家語》中的修養觀念教給我們做人與立身處事的道理，至今仍可參考。

「太一」也是教人修養的方法。陶希聖《荀子與禮記所說的「太一」》一文比較了荀子與大小戴《禮記》所說的「太一」，認為荀子中「一」的含義有三層：道之理，道之致，道之方。道之理即「人情物理皆有其同一的道理，所以古今一度。」道之致「就是一，絕對的一，就是太一。」道之方，即學一的方法，「心如不滯於一事之理，就可以一。」「人心道心，皆以一為修養工夫。」荀子以為「禮的根本意義是以一持萬」，「禮的最高原理是一。」《小戴禮記‧禮器篇》也說：「經禮三百，曲禮三千，其致一也。三代之禮，一也。」《樂記篇》也說：「禮樂刑政，其極一也。」《大戴禮記》亦有「太一」出於《荀子‧禮論篇》。〔註30〕因此，陶氏認為，禮記中的「太一」出於荀子，與荀子中的「太一」之義是一致的。

孟子的分工理論、租稅政策、天下一家的思想頗具前瞻性。周漢夫《孟子之經濟思想》一文對《孟子》所提出的戰國時經濟方案表示高度讚揚，將其等同於英國亞當‧斯密的自由貿易政策。同時，他將現代經濟理論與當時的社會實際情況相結合，對孟子思想進行了批判，認為其租稅政策「疏忽了實際需要與開源之道，空談減稅，當然得不到當時統治者的同情。」孟子重農思想中對

〔註29〕燕義權：《孔子家語中的修養觀念》，《文化先鋒》1943 年第 2 卷第 9 期。
〔註30〕陶希聖：《荀子與禮記所說的「太一」》，《文化先鋒》1942 年第 1 卷第 11 期。

於農事主張「消極的不干涉主義」也為周氏所不贊同，認為其「忽略農業本身的生產技術問題，和當時社會經濟轉變的事實」。〔註31〕孟子的經濟思想很前衛，但不符合社會現實，難以推行。周文暗示了國家經濟政策必須切合實際，否則流於形式，得不償失。

發揚老子學說中犧牲小我、完成大我的愛國主義精神。張默生《老子的學說》一文，從思想史的視角，立足於文本分析，提出老子五千言，「出於《易經》」。老子所謂道，「是用理智及言語不能解說的，是恍惚抽象而又真實具體的，是無為而又無不為的，那麼便知道老子之所謂道，就是宇宙的實體，也是大自然的現象。」老子的功用論，「就是用『無為』的方法以達到『無不為』的目的。就是他本體論的自然的推演，必至的趨勢。」張氏從政治、處世和個人修養上來闡述他關於道和老子功用論的理解。〔註32〕他的另一篇文章《老子學說的教育價值》，則進一步從老子學說的本體論、功用論、名相論來說明老子學說的教育價值及在其教育思想上的貢獻。老子的本體論，可以讓我們「建立教育上的最高理想」，由『小我』作起，慢慢發展為『大我』，「聖人亦人也，人能為聖人，我又為何不能呢？」老子的功用論，可以讓我們「達到教育上的應用目的」，完成「大我」。老子的名相論，可以讓我們「獲得教育上的啟發效果。」老子從人生的反而立論，「使後世人類對於宇宙萬有，作一種洞澈觀察，對於社會人事作一種反映互照。」如「大直若屈，大巧若拙，大辯若訥」。〔註33〕可以說，本體是目標，功用和名相都是到達本體的方法和途徑。老子的教育思想與抗戰時期犧牲小我，完成大我的愛國主義精神極為合拍，因此張文的立論是有本旨的。

當然，抗戰時期，墨子兼愛、非攻、尚同的思想更是得到人們的重視。張默生《教育家的墨子》一文將墨子的教育思想總結為默則思、言則誨、動則事，三位一體。並將墨子在教育哲學上的兩大貢獻總結為：知行合一與材（知識的本能）、慮（思慮著一個方向去發動）、接（將意識本能與外界事物相接觸）、明（比較審量，得一明確觀念）的立言準則。張氏研究墨子是希望將墨子博愛的福音傳佈人間；發揚光大他精深的學術思想，來健全我們的身心，豐富我們的文化。他認為現在全世界烽火彌漫，正是一大戰國。侵略者

〔註31〕周漢夫：《孟子之經濟思想》，《文化先鋒》1945年第5卷第10期。

〔註32〕張默生：《老子的學說》，《文化先鋒》1943年第3卷第1期。

〔註33〕張默生：《老子學說的教育價值》，《文化先鋒》1943年第3卷第3期。

不可一世的氣焰，正需要墨子「非攻」的精神去澆滅它。全世界混亂的思想，正需要墨子「尚同」的主張去統一它。漫漫戰氛止息了，思想統一了，再以墨子「默則思、言則誨、動則事」的完人教育，來訓練「愛的工作者」，以求「大同世界」的實現。〔註34〕

以上是就孔、孟、老、墨現實功用所作的研究，另一些學者則就諸子理論進行了新釋。

唐君毅《孟子性善論新釋》一文認為，孟子論人性的著眼點有二：「一是由顯之隱，一是察人之所以為人之特色。」孟子性善論的根據在於人之四端——仁、義、禮、智同於人心。他所說的人性係我們「自己內部發出」、「自己主宰」之性。唐氏從佛理和整體論的角度將孟子的性善論解釋為：「從整個的人性來看人性是善的，從整個人性的眼光去看人自身體之耳目之官發出的之感覺之性的活動也是善的。一切不善，只是人之感覺性活動與仁義禮智之性分離，身體耳目之官與心之官分離，小體與大體分離，以致人只求由身體耳目之官之發出之感覺性的活動之滿足，為外在之欲以致所蔽，及使心之功能仁義禮智之性無由顯發。」因此，唐氏認為，「從整個的人性中去看其中部分感覺性活動亦是善。這是孟子主張人性善人無有不善的最深義。」〔註35〕唐氏立足孟子文本，詳細闡發了性善論的含義，分析了性善與性不善之由，並從佛學和整體論的角度探討了孟子「人性善人無有不善」的真義。題中所說「新釋」，大概係以人性之視角不同而論。

張鐵君《名家學說的新認識》一文的側重點即在解釋莊子《天下》篇「二十一條辯論」，並說明「二十一條辯論」與惠施「歷物十事」的一貫性與關聯性。如張氏文中所說，研究名家學說的困難在於，除《公孫龍子》外，其餘多是偽書，無資料可以憑籍。名家的思想，散見於各家的專集中，一鱗半爪，且「只是些殘缺不完的文句，並沒有什麼解釋」，且引語「必經過了裁剪與刪改。」作為名家主將的惠施，著書號稱五車，現「只剩下莊子《天下》篇的歷物十事，此外在荀子及列子中僅僅有幾句引語可資參考而已。故研究非常困難，歷來一般學者，不免對名家學說發生許多誤會」，常稱其為「詭辯派」。張氏不贊同詭辯一說，他認為名家之所以被誤會，一是因前所述資料太少，二是難以被學者們解釋。如李石岑即認為「二十一條辯論」，「紛歧錯雜，不可究詰」；顧實、

〔註34〕張默生：《教育家的墨子》，《文化先鋒》1943 年第 2 卷第 17 期。
〔註35〕唐君毅：《孟子性善論新釋》，《文化先鋒》1945 年第 5 卷第 4 期。

陳元德則認為，「有某幾條似乎合理，有某幾條則為詭辯」；秦毓鎏針對名家中不能解釋的話句「就帶以近代的科學的原理來加以附會」，以致鬧出很多的笑話。

過去有些學者，如胡適等，不承認名家的獨立地位，以為他們是祖述墨學各派中的一派。章士釗在其《名墨訾應論》一文中，已有詳細的翻案文字，掃除了名出於墨的傳統誤解，但其「對於名墨之分，仍然尚有一些混亂的解釋。」他與章太炎均主張名墨兩家的特點為，名家主分，故惠有萬世不竭之義，以物質驗之；墨家主不可分，故墨有不動之旨，此乃墨氏實驗之學，有勝於惠。張氏認為，「這樣一來，依行炎、太炎兩先生意見，名家之『立』在於『分』，墨家之『破』反而在於『不可分』了。墨家既不可分而有不動之旨，那麼名家主『分』，便應該主『動』了。」他認為這是對名家特質的誤解。事實上，名墨兩家的特質在於「墨家是科學家精神，他們是主『分』的，名家是哲學家態度，他們主不可分，換句話說，他們是『主一』的。墨家固有不動之旨，同時也未嘗不主張『動』，若說名家主動，同時也未嘗不主張貼『靜』，在我看來，墨家不過是主張動靜有『別』，名家卻主張動靜合『一』罷了。」這樣，名、墨兩家的學說在張氏的筆下便得到了徹底的界分。

為了進一步確立名家在諸子中的獨立地位，張氏證明了名家學說的真正本質為動靜合一，天地一體。惠施從大小、動靜、生滅、同異、時空甚至於認識論上的主客各方面來立論，一方面說明天地萬物之不能分割，一方面說明一切對立的事物皆本來合而為一。張氏認為，歷物十事與二十一條是關聯的，一貫的，他們都在說明他們這「天地一體」的中心命題，過去的學者將他們一貫的學說，謂某條可通，某條詭辯，那都是一種破碎支離的解釋，未足為訓。〔註36〕這種力求通貫的研究方法，破解了名家學說幾千年的啞謎，是張氏為學術界做出的最大貢獻。

小結

《文化先鋒》所登載的諸子學研究論文不多，僅20餘篇，且範圍主要限定在儒、道、墨、名等少數幾家，但在戰爭年代，作為非專業刊物來說，能登載如此多的較高質量的研究成果，已是難能可貴了。

就學術價值來說，《文化先鋒》諸子學研究不再附會西學，解決了很多前

〔註36〕張鐵君：《名家學說的新認識》，《文化先鋒》1945 年第 5 卷第 9 期。

人未能解決的學術問題。如羅根澤《老子故事的演變與辯證》一文，運用「層累地造成古史」的方法，詳細證明孔子不可能如道家故事所說，為老子弟子，並證實了老子生卒年當在「孔墨之後，孟莊之前」。徐文珊對比孔子、墨子和耶穌三家，認為墨家並非宗教，而是以宗教始，以人倫終。墨家講天志明鬼，但並不追慕未來世界，而是以現實為依歸。張默生用大量證據推倒宋國說、楚國說、齊國說、印度說，證明魯國說更為可靠。張鐵君力駁名家詭辯之說，並為名家正名，從哲學原理上區分名、墨兩家，認為名家主「動靜合一」，其本質在於動靜合一、天地一體，為名家取得了與諸子並立的地位。

總體來看，《文化先鋒》諸子學研究體現了傳統考證學與新時代義理闡發並重、傳統與現代整合的特點。正如羅檢秋所說，「無論子書的研究，還是諸子學史的梳理，理當進行校注整理，發揚考據學優長，而更應重視思想闡發和精神傳承。唯其如此，諸子之學才能真正融入現代社會，出現創造性轉化。」〔註37〕《文化先鋒》的諸子學研究更注重後者，羅根澤、張默生、張鐵君、唐君毅、陶希聖、徐文珊等一批學人既有傳統國學根底，又通曉西學，能更好地將清儒的考據學傳統與西方的實驗主義方法有效地融通起來，使諸子之學融入當時社會，實現其現實功用的轉化。

第二節　中西文化融通與新文化再造

一、中國文化的西化歷程

中國文化的優勢地位自鴉片戰爭後被打破，尤其是不平等條約的簽訂，破壞了固有的文化，「使我們的政治的統體，為之分裂；法律的觀念，為之敗壞；經濟的血液，為之枯竭；社會的組織，為之解體；國民的思想，為之紛歧；國民的道德，為之腐化；民族的自信，為之喪失。」〔註38〕自此以後，國人對於五千年的文化，不僅不能發揚光大，而且不能繼承，不敢繼承。對外來的文化遂由拒絕而變為屈服，「道德力日漸陵夷」〔註39〕。太虛在他生前最後一篇討論文化的文章《中國急需的文化》中對國人西化趨向進行了精到的總結，他認為，五口通商，我們學習西方的兵艦船炮，中日甲午戰爭後，我們模仿西方的

〔註37〕羅檢秋：《清代思想史上的諸子學》，《安徽史學》2015 年第 3 期。
〔註38〕胡一貫：《文化與民生》，《文化先鋒》1946 年第 6 卷第 9、10 合期。
〔註39〕賀耀組：《如何建設武力的文化》，《文化先鋒》1943 年第 1 卷第 18 期。

法政農工，1900 年八國聯軍進犯北京（庚子之變）後，我們本有的政教的重心喪失殆盡，辛亥革命後，國內出現軍閥割據的局面，新文化運動後，俄國式之共產革命的思想的流傳，社會發生劇變。〔註40〕對這一點，梁啟超亦有概括〔註41〕，他分三期來說明國人對西方文化緩慢、漸進和被迫接受的過程。最終，一些決絕者想將中國固有文化連根拔起，徹底改造，「他們老實不客氣地要將中國的經典傳統退出原有的中心地位，由西方的新觀念取而代之，」〔註42〕宣稱「若欲毅然自立於五洲之間，使敦盤之會以平等待我，則必改正朔，易服色，一切制度，悉從泰西，」〔註43〕更激烈者如錢玄同，提出要廢除漢字。那些堅守傳統文化者，如辜鴻銘、杜亞泉、梁漱溟、劉師培等也不再阻止歐化。可見，國人要求學習西方文化，徹底變革中國社會的迫切心理。

　　到了 30 年代，西化浪潮更為激進，以陳序經為代表的一批學人直接提倡「全盤西化」。據陳序經後來自稱：「到了民國二十年間，我開始用了『全盤西化』這個名詞。」〔註44〕這一年，他撰寫完成《中國文化的出路》一書，第五章標題即「全盤西化的理由」，1934 年由商務印書館出版。在 1931 年，「全盤西化」四字還很少為世人所知。1934 年 1 月 15、16 日廣州《民國日報》「現代青年欄」上發表了陳序經在中山大學做的「中國文化之出路」的演講辭，正式提出「徹底全盤西化」的口號，引起了一場中西文化問題的大論戰。1935 年1 月，王新命等十教授的《中國本位的文化建設宣言》提出要注重文化的民族性的問題。它針對在國內出現的完全模仿西方文化的潮流，指出「在文化的領

〔註40〕太虛：《中國急需的文化》，《文化先鋒》1943 年第 1 卷第 18 期。
〔註41〕梁啟超曾從進化的角度將國人西化分為三期：「第一期，先從器物上感覺不足。這種感覺，從鴉片戰爭後漸漸發動，到同治年間借了外國兵來平內亂，於是曾國藩、李鴻章一班人，很覺得外國的船堅炮利，確是我們所不及，對於這方面的事項，覺得有捨己從人的必要，於是福建船政學堂、上海製造局等等漸次設立起來……第二期，是從制度上感覺不足。自從和日本打了一個敗仗下來，國內有心人，真像睡夢中著了一個霹靂，因想道，堂堂中國為什麼衰敗到這田地，都為的是政制不良，所以拿起『變法維新』做一面大旗，在社會上開始運動，那急先鋒就是康有為、梁啟超一班人……第三期，便是從文化根本上感覺不足……覺得社會文化是整套的，要拿舊心理運用新制度，決計不可能，漸漸要求全人格的覺悟。見梁啟超：《五十年中國進化論》，見李華興、吳嘉勳編《梁啟超選集》，上海：上海人民出版社 1984 年版，第833、834 頁。
〔註42〕余英時：《中國知識分子論》，鄭州：河南人民出版社 1997 年版，第 171 頁。
〔註43〕易鼎：《中國宜以弱為強說》，《湘報》第 20 號第 77 頁。
〔註44〕陳序經手稿《東西文化觀》第六部第一編「名詞的說明」。

域中,我們看不見現在的中國了」,故強調要進行「本位文化建設」。由此而引發的全國範圍的中西文化論戰之後,「『全盤西化』這個曇花一現的口號在中國思想界幾乎無人再提起了」。〔註45〕然 1941 年 1 月,在西南大後方又出現了一場小範圍的中西文化論戰。〔註46〕論戰還是由陳序經挑起的,主要針對抗戰中張申府的《文化教育哲學》小冊子、馮友蘭的《新事論》和賀麟的《文化的體與用》中文化走向的觀點。由於《今日評論》後來對討論失去了興趣,在 3 月上旬基本收場。以上的三次文化論戰顯然不是陳序經所樂觀估計的那樣,各種折衷論失勢,全盤西化論得勢。事實恰恰相反,五四以來的激進西化論已然退去往日的光彩,調和中西文化已然成為歷史的主音符。圍繞什麼是文化、中西文化何者為體、怎樣建設新文化等問題的討論在《文化先鋒》上展開了。

二、融通與再造:《文化先鋒》學人對文化的思考與討論

抗日戰爭關係著中華民族的生死存亡,逼迫著那一時期的愛國知識分子「對許多問題尋找答覆,不能迴避」〔註47〕,他們「已逐漸注意到文化的重要,這是一種應有的趨勢」〔註48〕,他們認為:「國土淪喪,可以收復,文化淪喪,民族就會滅亡。他們非常清楚自己的職責是傳承、捍衛、光大中華民族的文化,為戰後國家與民族的復興貢獻力量。」〔註49〕因此,對中西文化重新估價,尤其是「將吾人之文化重新檢討,因而尋出其意義」〔註50〕,便是他們的主要任務。《文化先鋒》學人承擔起了這一重任,他們發表文章,比較討論中西文化,欲尋出一條建設新文化的路子。發文的學者有李長之、郭銀田、華仲麐、李絜非、李安宅、謝幼偉、陳恭祿、張清津、陳定閎、丁伯騮、張金鑒、單演義、張契渠、王夢鷗、陳瘦竹、楊玉清、簡貫三、羅根澤、劉士篤、蔣星煜、孫克寬、夏炎德、趙友培、關履權、胡一貫、鄒雲亭、張道藩、太虛、馬星野、李樹青等,他們多為二十世紀初出生並成長起來的一代人,在中西學激烈碰撞的時代,既有中學根底,又熟悉西學,對中西文化瞭解都很深。因此,他們的研究具有非常重要的意義。

〔註45〕羅榮渠:《現代化新論》,北京:北京大學出版社 1993 年版,第 362 頁。
〔註46〕劉集林:《抗戰時期一次西化問題的討論》,《社會科學研究》2000 年第 1 期。
〔註47〕馬星野:《新報業與新文化》,《文化先鋒》1942 年第 1 卷第 3 期。
〔註48〕太虛:《中國急需的文化》,《文化先鋒》1943 年第 1 卷第 18 期。
〔註49〕閻守誠:《閻宗臨傳》,太原:三晉出版社 2014 年版,第 159 頁。
〔註50〕葉法無:《文化與目前中國文化運動的任務》,《文化先鋒》1942 年第 1 卷第 5 期。

　　李樹青認為文化來源於社會力與制度力。李氏係美籍社會學家，1935 年畢業於清華大學社會學系，師從潘光旦、李景漢、吳景超等學術領域的權威，1936 年官費至美國威斯康星州立大學留學，〔註51〕受到美國早期著名社會學家威廉·孫默楠（William G.Summer）的影響。孫氏在其 1906 年撰著的《民俗論》中已提出民俗是一種社會力（the folkways are a social force）的觀點。李氏將社會力進一步闡釋為制度力，這種民俗（folkways），後來愈經演變，漸漸就成為具體化與標準化，也就是制度化，起初這種力量還不過是團體的成規與人群的習俗，後來逐漸發展成為龐大的制度，例如家族、宗教、經濟與政治組織等。每種制度都是出於一種概念（思想、觀念、學說、興趣）與一種結構結合而成。「概念支配著結構，結構承托著概念。概念是一個制度的理想與精神，結構則是這個制度的組織或機構，在這兩種中間，還有一些縱橫交錯的維繫物，便是傳統，慣例，道德（孫氏謂 moral，在家族則稱為倫理）與法律、制度力的表現與發揮，便是通過這些唯繫物，」〔註52〕形成文化。

　　胡一貫從文化的本質立論來反思文化。他的思想一方面來源於其文化哲學觀，另一方面也受戴季陶的影響。在其《文化與民生》一文中即引用戴氏《三民主義之哲學基礎》中觀點：「文化決不是奇怪的東西，也決不在虛無飄渺的空想上面。人類具備兩足兩手和靈敏的頭腦，用發明和工作的能力，利用自然界的事體，供給人類衣食住行育樂六樣享受，這就叫做文化。」即文化不能離開文明，也不能離開工作。工作有關民生，「民生為文化之本質，文化為民生之手段。必民生與文化合而為一，而後社會繁榮；如文化離開民生，則社會必趨於衰敗。」〔註53〕馬星野是著名的新聞學者，他認為「文化只是某一民族生活方式的總和，這裡包括一切風俗，習慣，知識，宗教，藝術，道德，法律以及衣食住行的方式。」意即任何民族都是有文化的民族，但這種文化因環境、創造力和時間等因素的不同而在本民族內或不同民族間呈現出一定的差異性。他將這一「文化的複雜體」分為三大類：物質文化，即人類要生存，先決條件是身體的存在和種族的綿延，故衣食住行是任何民族都要滿足的方式；精

〔註51〕風笑天：《李樹青》，載中國大百科全書出版社編輯部：《中國大百科全書》，北京：中國大百科全書出版社 1991 年版，第 157 頁。

〔註52〕李樹青：《創造文化的兩種力》，《文化先鋒》1943 年第 2 卷第 18 期。由於此文的影響力很大，《文化先鋒》於 1946 年第 6 卷第 9、10 合期再次進行了刊登。

〔註53〕胡一貫：《文化與民生》，《文化先鋒》1946 年第 6 卷第 9、10 合期。

神文化，即人類為滿足對真理、正義、美感、知識、道德、藝術等方面的追求而形成的觀念、意識和信念；社會文化，即人類因共同生存而建立家庭、社會、國家，並在此基礎上形成一定的組織、結構、政治方式和運行制度等。對於三者的關係，馬氏並不同意唯物史觀「物質決定意識」、「經濟基礎決定上層建築」的基本理論，而是片面地認為：「精神方面的文化，在文明進步的人群中，可以支配物質的文化，只要他們把一個時代一個民族的精神條件改變過來，革新過來，一切社會制度與物質方式，自然跟著過來改變。」〔註54〕從而陷入了唯心論的泥淖。

就文化的概念作系統界說的，當推葉法無。他從考古學、歷史學、社會學、人類學等角度詮釋文化，即「文化一方面是工具，技術，物質文明；另一方面是語言，文字，風俗，習慣，宗教，法律，政治、經濟的制度，科學、哲學，藝術，文學的思想，民族社會的團結力，國際關係，崇高的，向上的理性的發展，精神生活，文化是精神的全體，它是精神的現象。」〔註55〕葉氏將文化定義為人類征服自然的現象，是社會文明與精神文明的綜合，更加全面地展示了文化的基本內核，使文化概念的研究更具系統性。

其他學者，如郭銀田、張道藩等，多從文化與文明的關係著手，來認識文化的內核。他們認為文明偏物質，文化重精神。郭銀田說：「文化與文明不同，文明是重物質的，外在的，功用的，而文化是精神的，內心的，價值的。前者是人類求生存的工具和實現在生存目的的方法。後者是人類心靈的表現與人生目的之批判。」〔註56〕張道藩認為「文化是體，文明是用」〔註57〕，論述內容大體與郭銀田相似，此處不具引。

著名佛學家太虛認為中西文化各有其價值。他批判那些「與古為徒」的人，「主張中國固有文化是如何如何的萬能全民似的，而抹殺數千年先哲心力血汗所培養的文化基礎。」〔註58〕文化本是人類對自然與社會的意識的反映，自然會因人、因時、因地而有差異，各種文化都有它在時間、空間上的相當的價值，不應拿古今中外來作區分，如中國文化有「倫理思想的精華，

〔註54〕馬星野：《新報業與新文化》，《文化先鋒》1942 年第 1 卷第 3 期。
〔註55〕葉法無：《文化與目前中國文化運動的任務》，《文化先鋒》1942 年第 1 卷第 5 期。
〔註56〕郭銀田：《中西文化精神的新估價》，《文化先鋒》1943 年第 2 卷第 13 期。
〔註57〕張道藩：《文化本質的探討》，《文化先鋒》1947 年第 6 卷第 17 期。
〔註58〕太虛：《中國急需的文化》，《文化先鋒》1943 年第 1 卷第 18 期。

並不在『孝』的本身，而在由孝推演出來的『五常』——仁義禮智信」〔註 59〕，西方文化有科學思想和先進的政治制度。葉法無提出科學是融通中西文化的新路。他並不固守「中學為體，西學為用」的舊有觀念，而是根據自己在法國留學的經歷、對人類思想演進的主要趨向的觀察以及由科學所構建起來的世界所有強大民族的例證和科學對強國的重要性，提出「何以西學，而特別是科學，不能為吾民族思想之體？因為科學思想不僅有無限的功用，實人類思想之精華，科學精神之特質為實證精神，自由精神，決定論之信念，批判精神，非功利精神，愛真理精神。」〔註 60〕張道藩在比較中西文化的本質和差異後，指明了對待中西文化的正確方式，即「保持吾民族獨立地位，發揚我固有文化，吸收世界文化」〔註 61〕，融會貫通而光大之。因此，「我們對於古今中外的文化既不應絕對拒絕，也不能全盤接受，（而應）留瑜去瑕，把中外古今的文化成品作詳晰的研究，融會貫通，才能創造也嶄新的文化。」〔註 62〕梁氏之觀點給我們提供了一個正確對待中西文化的態度與路徑，中西文化各有其價值，不應區分中西，而應研究中西文化，將其融會貫通，推動文化的繁榮與發展。

既然文化的全盤西化行不通，舊有傳統文化又有其陋弊，那麼，中國需要怎樣的文化，如何構建新文化，便成為擺在四十年代知識分子面前急待解決的主要議題。太虛認為，「民族生命的歷程是取決於民族文化的歷程，一個民族的生存，除了「土地」「主權」「人民」以外差不多以「文化」為主要因素，所以一個民族生命的開展，依靠某個民族文化的創造力，民族文化有了重心，民族生命就不會衰亂。」〔註 63〕《文化先鋒》學人即致力於如何建設民族文化的重心，他們通過研究，尋找出各式各樣的辦法，希望能為新文化建設提供參考。賀耀組將他的「武力文化」的理論建設歸結為兩個因素：「一為精神的武力文化，一為物質的武力的文化。」〔註 64〕葉法無在其《文

〔註 59〕鄒雲亭：《中國文化與農業社會——中國文化問題評述之一》，《文化先鋒》1943年第 1 卷第 18 期。

〔註 60〕葉法無：《文化與目前中國文化運動的任務》，《文化先鋒》1942 年第 1 卷第 5期。

〔註 61〕張道藩：《文化本質的探討》，《文化先鋒》1947 年第 6 卷第 17 期。

〔註 62〕梁寒操：《總理之革命學與中西文化（上）》，《文化先鋒》1943 年第 2 卷第 4期。

〔註 63〕太虛：《中國急需的文化》，《文化先鋒》1943 年第 1 卷第 18 期。

〔註 64〕賀耀組：《如何建設武力的文化》，《文化先鋒》1943 年第 1 卷第 18 期。

化與目前中國文化運動的任務》一文中，通過系統研究，提出在中國欲造新文化，必須推行文化建設運動。他認為，首先，中國政治文化運動，應當是一個政治制度化的運動，因為「抗戰是以完成民族建國為其理想，而所謂建國，即將中國民族的政治觀念，成為適應中國民族生活的政治制度是也。」〔註65〕人類文化演進的趨勢必致大同。其次，文化運動的任務在於推動工業文明的發展。是時現狀是，「在廣闊的中國土地上，大部分是手工業的農業生產方式占絕對的優勢。工業革命沒有完成，民族國防必需的重工業建設異常幼稚。不足與帝國主義爭生存。此次抗戰尤其顯出吾民族工業文明的落後的嚴重性，因工業落後所形成的目前戰局不易克服的形勢與困難」〔註66〕。最後，應推廣文化研究的運動。因為文化的特徵繁雜多樣，「自從交通發達，各種不同的民族互相接觸以後，新的表象即孕育而生，此種表象雖仍是民族的，但其生命似乎是超民族的。」因此，他提出，「必須對於一切人類文化的創作以研究瞭解，從而充實吾民族之文化，更進而創造無窮的文化價值。」〔註67〕可見，《文化先鋒》學人並未大力提倡復興傳統文化，而是走吸收中西優秀文化、建設本國新文化的道路。

由上可知，《文化先鋒》學人就成因、本質、概念、內核等方面來認識和理解文化。他們的觀點有些是照搬西方的文化理論，也有些是自己的創新。也許從今天看來，他們對文化的理解有點膚淺，但在文化學並未建立的當時來說，已屬不易。他們的努力，有益於中國新文化的再造。

中西文化融通的過程是漫長的。自鴉片戰爭以來，從「中體西用論」到移用西方的制度，從「整理國故運動」到陳序經30年代提出的「全盤西化」論，從「中國本土文化論」到40年代理性認識中西文化，中國學人所做的抉擇，所走的每一步都充滿著艱辛、糾結與痛苦，在彷徨中努力學習西學，並將之與中學對比，在比較中不斷走向成熟，從不知如何偏向，到兩者的不斷融通。

〔註65〕 葉法無：《文化與目前中國文化運動的任務》，《文化先鋒》1942年第1卷第5期。

〔註66〕 葉法無：《文化與目前中國文化運動的任務》，《文化先鋒》1942年第1卷第5期。

〔註67〕 葉法無：《文化與目前中國文化運動的任務》，《文化先鋒》1942年第1卷第5期。

小結

　　在 1941 年抗戰大後方小範圍的中西文化論戰後，全盤西化論在學術界已然沒有了地位，文化人開始了理性地、辯證地看待中西文化，既不妄自菲薄、盲目崇西，也不固守舊有的傳統文化，而是以開放的胸懷、包容的氣度致力於中西文化的融通與世界性的新文化的再造。

　　《文化先鋒》作為四十年代文化學術研究的重鎮，集中了一大批諳熟中西文化、具有世界眼光的學者，他們的研究成果，代表了當時學術界「中西文化融通」的主流。「思想的觀念決定了行動，大多數人的共同思想形成了時代思潮；大多數人的共同行動形成了社會運動。這種運動，會撲滅一種舊制度，創造一種新制度，推倒一種舊文化，產生一種新文化。」〔註68〕在中華民族全民抗戰的年代裏，文化人無力扛槍，戰鬥在前線，但他們以「筆」為武器，共同對抗日本軍國主義的侵略文化，同時，他們不再學習新文化運動時期「凡古的一切打倒」的一刀切辦法，而是反思西方文化與戰爭的關係和中國的傳統文化對和平的提倡，剔除西方文化中「好戰」的因素，發揚其先進的政治制度文化與科學精神，去中國傳統文化中「愚忠」、「愚孝」之糟粕，取「和」、「義」之精華，致力於抗戰時期新文化的再造。就如王汎森所說，當知識分子「受到時代震盪、西方勢力的覆壓而無法自持時，總是會不斷地重整、重塑、吸納或排除各種力量，將中西、古今，甚至是互相矛盾的思想結合成一個『複合體』。這些不同程度或是不同性質的想法、理念甚至是行動，都被整合在一起」〔註69〕，形成他們的文化觀。他們關於文化的認識，並沒有絕然遵循國民黨官方的那一套三民主義文化建設話語，而是有自己相對自由的選擇維度和空間，以表達獨立的學術主張。因此，正如我們文中所述，四十年代的知識分子在國家危難之際，充分運用自己的學識和對「文化」本身性質的理解，審慎去取，力圖得出更為科學的論斷，而少受政治的影響。他們也有學術追求與現實關懷，即通過學術研究，改造舊有文化，創建新文化，為中華民族文化的持續發展貢獻自己的一份力量。

　　回望歷史，飲水思源，儘管上世紀四十年代的學人為中國文化付出的努力沒有結出碩果，他們的文化理想也未付諸實施，但他們對文化學與文化史的學

〔註68〕馬星野：《新報業與新文化》，《文化先鋒》1942 年第 1 卷第 3 期。

〔註69〕王汎森：《種瓜得豆：清末民初的閱讀文化與接受政治》序，北京：社會科學文獻出版社 2016 年 11 月版。

科建設做出了重要貢獻，也成為上世紀八十年代興起的文化學與文化史研究的思想來源。況且我們今天對中西文化的討論並沒有完全越出那一時期學人討論的範圍，他們的研究成果值得我們借鑒。

第三節　農民型塑與社會改造：瞿菊農鄉村建設理論旨歸

在《文化先鋒》中，有一位學者特別活躍，他就是我國著名教育家，鄉村建設理論家、實踐家瞿菊農。

一、瞿菊農生平

瞿菊農（1901～1976），名世英，以字行，江蘇常州人，著名教育家、哲學家和翻譯家，民國鄉村建設運動的重要推動者，中華平民教育促進會（以下簡稱平教會）的主要領導人之一。他是中國學生獲哈佛大學教育學博士的第一人，留學前任職於上海國立自治學院〔註70〕，是教授兼教務長，對現代教育學頗有研究〔註71〕，在民國教育理論界少有的幾個人物中，除孟憲承、劉佛年外，就有瞿氏〔註72〕，梁漱溟還曾寫信，與他討論「教育與自由」等學術問題〔註73〕。回國後，他獻身祖國的鄉村建設事業，與晏陽初、高踐四等同為鄉村建設研究會的著名領袖〔註74〕。侯外廬憶及瞿菊農，說他是「無黨派教育家，政治態度開明，一派學者風度，為人也極誠懇。」〔註75〕新中國建立後，他未

〔註70〕常州市地方志編纂委員會編：《常州市志》第三冊，北京：中國社會科學出版社 1995 年 10 月版，第 1030 頁。

〔註71〕吳星云：《鄉村建設思潮與民國社會改造》，天津：南開大學出版社 2013 年版，第 112～114 頁。

〔註72〕陳桂生：《一位真正的老師──記教育學家蕭承慎先生》，收入吳鐸主編：《師魂──華東師範大學老一輩名師》，上海：華東師範大學出版社 2011 年版，第 553 頁。

〔註73〕見《晨報副鐫》64 期 1514 號，1927 年 1 月 29 日。收入中國文化書院學術委員會編：《梁漱溟全集》第 4 卷，山東人民出版社 2005 年版，第 810～815 頁。書信中，梁漱溟提到五六年前常聽到朱謙之、林宰平道及瞿菊農，並常於各處讀得瞿作，可見，瞿氏當時已小有名氣。

〔註74〕吳星云：《鄉村建設思潮與民國社會改造》，天津：南開大學出版社 2013 年版，第 83 頁。

〔註75〕侯外廬：《韌的追求》，北京：生活・讀書・新知三聯書店 1985 年版，第 110 頁。

再撰寫專著，僅留下幾部譯作，聲名不張，以致人們熟知梁、晏，而對他不甚關注。推其原因，一方面，其個人資料比較零散，獲取困難；另一方面，晏陽初研究目前雖已成系統〔註76〕，但尚不成熟，屢有學者將平教會的集體成果歸於晏氏名下，從而淹沒了其他成員的學術貢獻，瞿氏即是其中一位。然晏氏本人並未忘記瞿氏，他1985年至祖國大陸考察時，對瞿氏子女說：「我之所以在事業上有所成功，主要依靠兩位助手，一位是陳築山，一位是你們父親瞿菊農博士，他同我合作得很好，而且時間最長。」〔註77〕

就筆者所見，學界僅有《鄉村建設實驗家瞿菊農》《瞿菊農在北碚》〔註78〕《教育思想史就是人類自由的發展史——瞿菊農及其〈西洋教育思想史〉》等三篇專門研究瞿菊農的學術論文，這與他的學術地位極不相稱。因此，梳理瞿氏論文等相關資料，系統研究瞿氏及其鄉村建設理論，不僅具有重要的學術史意義，而且於今亦具參考價值。

瞿菊農的一生可分為三個階段：1926年前，傾向於較為激進的社會改造；1926年至1949年，將寶貴的青春獻給了社會改良性質的鄉村建設運動；1949年後，從事教育與翻譯工作。他的鄉村實驗代表作是《鄉村教育文錄》和《鄉村建設與教育》。其他重要著作有《西洋教育思想史》《現代哲學》《教育哲學》《中國古代教育史》《中國教育史》等。

二、瞿菊農及其鄉村建設實踐

晚清民國時期，新舊更替，思想雜陳，然衝破「封建舊羅網」、尋求救國救民的新道路，是那時先進知識分子的共識。瞿菊農緊跟時代浪潮，以「新民」和改造社會為己任，在燕京大學哲學系就讀時，他就與同在社會學系選課的冰

〔註76〕國內有關晏陽初的研究論文主要有田成剛：《晏陽初農民問題的理論與實踐》；張穎夫：《晏陽初平民教育理論與實踐研究》；李文珊：《晏陽初梁漱溟鄉村建設思想比較研究》；陳敏：《晏陽初平民教育思想及其實踐的當代啟示》；薛偉強：《晏陽初研究八十年》等。研究論著主要有：晏陽初著，宋恩榮主編：《晏陽初全集》；晏陽初著，馬秋帆、熊明安主編：《晏陽初教育論著選》；宋恩榮編：《晏陽初畫傳》；李志會編著：《晏陽初在定縣的足跡》；扈遠仁，唐志成主編：《固本與開新　晏陽初的平民教育思想研究》；宋恩榮編：《晏陽初文集》；晏鴻國編著：《晏陽初傳略》；吳相湘：《晏陽初傳》；宋恩榮，熊賢君著：《晏陽初教育思想研究》等。

〔註77〕轉引自譚重威：《鄉村建設實驗家瞿菊農》，《炎黃春秋》1998年第8期。

〔註78〕兩文分別發表於《炎黃春秋》1998年第8期和《紅岩春秋》2003年第6期，但內容多所重複。

心參與甘博（Sidney D.Gamble）主持的「北京社會調查」，並將調查結果結集發表。〔註79〕後又與瞿秋白、鄭振鐸、耿濟之、許地山等人，創辦影響一時的《新社會》旬刊，「向著德莫克拉西一方面以改造中國的舊社會」、「創造德莫克拉西的新社會──自由平等，沒有一切階級一切戰爭的和平幸福的新社會。」〔註80〕體現了他與《新社會》同人的共同志向。他在《新社會》雜誌發文近30篇，其中《貧底研究》一文較早地關注到農民的貧困問題。早期的社會改造活動與學術研究為他參與和領導鄉村教育運動奠定了基礎。1926年，他從美國學成回國後，放棄北京各高校的高薪聘請，毅然加入將「終身獻給勞苦大眾」〔註81〕的晏陽初所領導的中華平民教育促進會（以下簡稱平教會），並擔任工作「極繁重」〔註82〕的總務處主任，致力於農民型塑的鄉村教育和建設事業。

然1929年後，民國農村經濟衰落程度進一步加深。瞿菊農等人清醒地認識到「非都市中人所能想像」〔註83〕的鄉村問題──愚、窮、弱、私。他們認為欲救中國，必先救鄉村，欲救鄉村，不能僅靠教育，而要進行建設，切實解決農民的生計、衛生及組織訓練等現實問題。鄉村建設運動應時而起。各地紛紛成立鄉村建設工作機構與團體600餘個，實驗區2000餘處，工作內容除繼續興辦教育外，還普遍著手「改良農業、流通金融、提倡合作事業，辦理地方自治與自衛，建立公共衛生保健制度以及移風易俗等項目。」〔註84〕這些鄉建隊伍中，以晏陽初、瞿菊農領導的河北定縣實驗和梁漱溟領導的山東鄒平實驗「最具影響力」〔註85〕。

瞿菊農認為，鄉村建設運動的興起並非偶然，而是「感於現代需要的迫切，環境刺激的不安、文化變動後感到失卻平衡，是應乎心理上的期待與事實逼迫

〔註79〕 謝婉瑩、瞿世英輯：《北京社會的調查》，《燕大季刊》1920年第1卷第3期。

〔註80〕 發刊詞，《新社會》1919年第1期。

〔註81〕 晏陽初：《九十自述》，《晏陽初全集》（二），長沙：湖南教育出版社1992年版，第542頁。

〔註82〕 晏陽初：《在全體職工會議上的講話》，《晏陽初全集》（一），長沙：湖南教育出版社1989版，第207頁。

〔註83〕 梁漱溟：《請辦鄉治講習所建議書》，《梁漱溟全集》第4卷，濟南：山東人民出版社1991年版，第831頁。

〔註84〕 鄭大華：《民國鄉村建設運動》，北京：社會科學文獻出版社2000年版，第462頁。

〔註85〕 李文珊：《晏梁鄉村建設思想比較研究》，《學術論壇》2004年第3期。

出來的自覺發生的產物。」〔註86〕是「社會、人間關係和制度失調的結果」，「復加以少數人之提醒與倡導而發動」〔註87〕。作為這場運動的領導人之一，他主持制訂平教會「六年計劃大綱」〔註88〕，擔任行政會議召集人和檢委會主任等要職〔註89〕，與平教會同人〔註90〕一起，為農民「辦點實事，使其受益」〔註91〕，他們編寫《千字課本》《掃盲教材》《民間文藝研究》等書刊，教農民讀書識字；編《定縣社會概況調查》，為農村工作制定具體方案；安裝無線電廣播，普及社會教育；訓練農民劇團，遊行公演話劇，抒發農民情感；改進農作物生產，改良豬種、雞種，為農民增產、增收；創建農村醫藥衛生制度，幫助農民解決看病難、看病貴的問題；建立導生傳習制，使人人得以受教育。這些都是給農民帶去的實實在在的實惠。定縣實驗成績得到海內外人士的一致認可，被譽為「定縣模式」。吳相湘贊許為「國內第一流人才、創制的第一等計劃、做出來的第一等工作」〔註92〕。

　　儘管定縣的鄉村建設運動為日寇入侵所打斷，但瞿菊農仍在為鄉建工作和祖國的教育事業不懈努力著。他在抗戰後方領導和參與四川新都實驗，並歷任貴州惠永鄉村學院院長，重慶北碚鄉村建設研究所所長、鄉村建設育才院教授、鄉村建設學院院長等職，為國家培養鄉建人才。抗戰勝利後，他多次出席聯合國有關會議，到倫敦、巴黎、墨西哥等地考察，並一度在太平洋地區鄉村

〔註86〕瞿菊農：《鄉村建設運動之過去與將來（一）》，《文化先鋒》1944 年第 3 卷第 6 期。

〔註87〕瞿菊農：《鄉村建設與兒童福利》，《兒童福利通訊》1947 年第 7 期。

〔註88〕晏陽初：《在全體職員會議上的講話》，《晏陽初全集》（一），長沙：湖南教育出版社 1989 版，第 216 頁。

〔註89〕晏陽初：《在二十三學年第九次行政會議上的講話》，《晏陽初全集》（一），長沙：湖南教育出版社 1989 版，第 360 頁。

〔註90〕平教會團隊主要成員有：秘書長兼公民教育部主任陳築山、總務主任瞿菊農、秘書主任謝扶雅、社會調查部主任李景漢、學校式教育部主任湯茂如、社會式教育委員會主任兼第一任定縣實驗縣縣長霍六丁、副主任汪德亮、生計教育部主任馮銳、繼任主任姚石庵、鄉村教育部主任傅葆琛、衛生部主任陳志潛、平民文學部主任兼《農民報》主編孫伏園、藝術教育部主任鄭錦、戲劇教育部主任兼民間社社長熊佛西、戲劇教育委員會副主任陳治策、鄉村工藝部主任劉拓等，皆有留學歐美的教育經歷，亦係某領域專家，既有傳統文化根底，又熟知中西文化。

〔註91〕晏陽初：《中國的新民》，《晏陽初全集》（一），長沙：湖南教育出版社 1989 版，第 169 頁。

〔註92〕吳相湘：《晏陽初傳》，長沙：嶽麓書社 2001 年版，第 128 頁。

教育討論會工作，將我國的鄉村建設經驗推廣到國外。新中國成立後，任北京師範大學教育系教授，擔任外國教育史等課程，直至離世。〔註93〕

三、瞿菊農的鄉村建設理論來源與體系

瞿菊農的鄉村建設理論除來源於前述「實踐」外，還吸收了國內外教育思想界的研究成果。

1. 費希特、黑格爾的國家主義和霍金的實際生活觀。費希特看重國家的權威，認為國家應該有一種注重道德陶冶與理智訓練的教育制度。國家必須自認為一教育的機關，然後才能造成理性的國家。〔註94〕黑格爾偏重「絕對的國家」，他竭力抬高民族國家的人格和國民的理性的國家自覺。〔註95〕由此而觀，兩人都非常重視國民教育和訓練。瞿氏《有機的國家與國民自覺——紀念黑格爾百年誕辰》即結合費希特和黑格爾的思想，提出以教育的力量，使中國人實現圓滿人格，提高民族自尊心與自信力，創造新的中國文化。他說：「國難當前，需要黑格爾的思想，需要國民的自覺。由自覺生自信，由自信生自尊，由自尊心生自強心，準備工具，發揮能力，然後才能創造理性的自由的國家，理性的自由的個人。實現這種目的的唯一答案是教育，要用教育的方法使中國人成為完全的中國人，有國民自覺的中國人。」〔註96〕此外，瞿氏在哈佛大學攻讀教育哲學博士時，師從美國新黑格爾學派代表人物霍金。他說：「霍金教授是美國一位很重要的唯心論者，他的哲學是一種注重實際生活的唯心論。」〔註97〕受霍金注重實際生活的思想影響，他1926年回國後即提倡教育與實際生活相結合的平民教育運動與鄉村建設。

2. 杜威的文化實用主義。杜威曾說，「社會的民主之意義為一共同的傳統，共同的工作，與一共同的運命，如其以為有在不同的階層之上的兩種生活

〔註93〕常州市地方志編纂委員會編：《常州市志》第三冊，北京：中國社會科學出版社1995年版，第1030頁。

〔註94〕瞿菊農：《有機的國家與國民自覺——紀念黑格爾百年誕辰》。文章收入葉青編：《黑格爾：其生平其哲學及其影響　附費爾巴哈》，上海：辛墾書店1935年版，第320頁。

〔註95〕瞿菊農：《有機的國家與國民自覺——紀念黑格爾百年誕辰》。文章收入葉青編：《黑格爾：其生平其哲學及其影響　附費爾巴哈》，第320～321頁。

〔註96〕瞿菊農：《有機的國家與國民自覺——紀念黑格爾百年誕辰》。文章收入葉青編：《黑格爾：其生平其哲學及其影響　附費爾巴哈》，第322～323頁。

〔註97〕瞿菊農：《霍金〈現代法律哲學〉評介》，《哲學評論》1927年第1卷第5期。

的目的，則是與近代生活之道德相反的。一方面受教育的少數在一種排他的，隔絕的文化水平上生活，另一方面大多數人在下面勞作注重物質的生產，近代生活的問題正是要排除此種分裂的障礙。」〔註98〕受杜氏影響，瞿氏在其《文化建設之教育基礎》一文中，結合中國國情，認為階層的差別源於城市與鄉村的過分分離。他提出，要打破城鄉之間的這種隔閡，須密切注意鄉村的文化建設與活動，向農民普及科學文化知識。反之，城里人需要出去勞動，用文化指導實際工作。〔註99〕他的「文化與實際工作融合為一、相互滲透」的思想，是對杜氏文化實用主義理論的進一步闡發，有助於豐富鄉村精神文化生活及構建和諧的城鄉關係。

3. 基督教的普世觀。基督教中的普世精神即是要將上帝的恩惠普及到每一個人。瞿菊農在教會學校燕京大學讀的本科和碩士，哈佛大學念的教育學博士，儘管目前沒有資料證明他受過洗禮，但他的求學經歷可能使他接受基督教價值觀的影響。他倡導的大眾教育、平民教育及最大多數的農民教育即是這一思想的體現。瞿氏呼籲文化建設應普及到廣大的民眾中去，但又理智地認為，普及並非將粗俗的、淺薄的、低劣的、刺激感情的、放縱的一切普及出去，而要以「人性」的價值為標準，從「人」出發，以人化的知識和文學藝術等培養全民的是非之心和為人類、國家與社會服務的熱情。〔註100〕他是這樣說的，也是這樣做的，二十餘年如一日，將他的教育理念付諸鄉村建設的實踐，用先進的思想文化哺育廣大的農民大眾。

4. 其他鄉村實驗家的鄉建思想。受梁漱溟、晏陽初、高踐四等鄉村實驗家的影響，瞿氏在其《鄉村建設運動之過去與將來（一）》「由鄉村作起」部分，系統地回答了鄉村建設是什麼，為什麼和怎麼做的問題，提出國家建設工作要從鄉村做起，通過改進鄉村社會組織，建立新的生活秩序，進而改造社會。

國家主義、實際生活觀、實用主義、普世精神及其他鄉村實驗家的思想，共同匯聚成一股源流，在瞿菊農的身體裏流淌，造就了他獨特的鄉村建設理論，使之成為民國學術思想史上的一朵奇葩。

瞿菊農在長期的鄉村建設實踐中，總結出一套至今看來仍行之有效的理

〔註98〕轉引自瞿菊農：《文化建設之教育基礎》，《文化先鋒》1943年第1卷第18期。
〔註99〕瞿菊農：《文化建設之教育基礎》，《文化先鋒》1943年第1卷第18期。
〔註100〕瞿菊農：《文化建設之教育基礎》，《文化先鋒》1943年第1卷第18期。

論。包括：

（一）鄉村建設的立場

堅持民眾本位與社會本位。瞿菊農認為，中國人口 85%是農民，而社會結構的基礎是鄉村基層組織，因此，鄉村建設應持兩種立場：一為民眾本位的，著眼在民眾全體；一為社會本位的，著眼在基層社會組織。〔註 101〕兩者的融合在教育〔註 102〕，要對農民實行社會化教育。他的這一理論是「現實的社會環境中，實際的經驗，與自覺的實驗的產物」〔註 103〕。關於鄉村建設的立場，梁漱溟亦有論述，他認為：「社會本位的教育系統是適合中國國情的唯一的一副良藥。」〔註 104〕此說略顯片面。因兩者所本立場不同，解決鄉村問題的具體教育舉措也各異。梁氏主張創辦村學、鄉學。瞿氏倡導民眾教育（青年與成人的補習教育等）與義務教育集中實施、毋須分立〔註 105〕，辦承載著推動農民教育和鄉村建設重任的鄉鎮學校即可。

鄉村建設須自力更生。瞿菊農認為，自力更生是對近百年來中國歷史慘痛教訓的反思，對內要在基礎上謀建設，對外要求獨立自主，中華民族的力量之源在鄉村，自力更生的培育對象即是廣大的農民群眾〔註 106〕，由此興起的鄉村建設運動便是自力更生的具體表現〔註 107〕。梁漱溟也有類似觀點，他說：「孔子的教訓總是指點人回頭看自己，在自家本身上用力，喚起人的自省與自求。」〔註 108〕但雙方有關「自力更生」的理論著眼點不同，前者思考的是如何激發民眾自身的力量來解決農民的生計問題，明顯更注重農民的現實需要。

〔註 101〕 瞿菊農：《鄉村建設與兒童福利》，《兒童福利通訊》1947 年第 7 期。

〔註 102〕 瞿菊農：《國民教育教師之任務與訓練》，《國民教育指導月刊（重慶）》1941 年第 1 卷第 2 期。

〔註 103〕 瞿菊農：《從定縣教育實驗中得到的教育看法：附表》，《中華教育界》1937 年第 24 卷第 8 期。

〔註 104〕 中國文化書院學術委員會編：《梁漱溟全集》第五卷，濟南：山東人民出版社 2005 年版，第 395 頁。

〔註 105〕 瞿菊農：《國民教育教師之任務與訓練》，《國民教育指導月刊（重慶）》1941 年第 1 卷第 2 期。

〔註 106〕 瞿菊農：《鄉村建設運動之過去與將來（一）》，《文化先鋒》1944 年第 3 卷第 6 期。

〔註 107〕 瞿菊農：《新縣制與鄉村建設》，收入程育書編：《新縣制之理論與實際》，重慶：正中書局 1940 年版，第 331 頁。

〔註 108〕 中國文化書院學術委員會編：《梁漱溟全集》第五卷，濟南：山東人民出版社 2005 年版，第 79 頁。

後者思考的是如何從中國倫理文化的角度來解決中國沒有宗教的問題，用「道德易宗教」，呈現出「形而上」的特徵。

（二）鄉村建設的路徑和方法

文化與工業、農業相依並進，連鎖推行。瞿氏認為文化建設能促進全民精神與社會力量的整合與統一，為生產者提供精神食糧，經濟是各種工作的物質基礎，兩者需相互配合，相互聯繫，相依並進，連鎖推行，共同發展。〔註109〕在工業與農業的關係方面，他堅決否認陳序經關於鄉村建設要以工業為前提的觀點，認為陳氏僅從方法上立論，沿襲的是西方的經驗與做法，但東西方國情不一，中國絕大部分是農村，很少有像樣的城市，中國的建設依然得從鄉村開始，但鄉村的建設和管理可借鑒城市的做法，從而實現鄉村與城市的互動。城市和工業為鄉村建設輸入資本、人才、機器，鄉村為城市提供原材料和勞動力，一舉兩得，工業與農業應該配合，兩者並不矛盾，而且可相依並進。〔註110〕這在當時，是何等的遠見！

文化建設與實際工作有機結合，不應相互對立與隔離。瞿菊農認為，文化並非專屬有閒階級和城里人，勞動者也應享有文化，也需要文化生活，文化應滲透在他們的日常生產工作中，鄉村應開展各種文化建設與活動，讓農民接觸多姿多彩的文化，〔註111〕提高他們的文化水平，推動文化的傳播與發展。這一理論與梁漱溟重視農民的文化建設和晏陽初偏重實際工作均有不同，是兩者理論的綜合與提升。

教育與鄉村建設相互推動。瞿氏認為「教育是建設的做法，建設是教育的內容，在行動上更是教育與建設一致，就是教育即建設。」〔註112〕他將教育與建設有機結合起來，以教育促建設，以建設推動教育的發展，實現你中有我，我中有你。關於教育與建設的關係，晏陽初也曾有所探討，他指出，人民是改革計劃推行的主體，鄉村建設是改革的偉大部分，只有引導人民不斷更新思想，形成新習慣，學習新技能，這項計劃才能得到有效的推進。〔註113〕他反

〔註109〕 瞿菊農：《文化建設之教育基礎》，《文化先鋒》1943 年第 1 卷第 18 期。
〔註110〕 瞿菊農：《鄉村建設運動之過去與將來（二）》，《文化先鋒》1944 年第 3 卷第 9 期。
〔註111〕 瞿菊農：《文化建設之教育基礎》，《文化先鋒》1943 年第 1 卷第 18 期。
〔註112〕 瞿菊農：《鄉村建設與兒童福利》，《兒童福利通訊》1947 年第 7 期。
〔註113〕 晏陽初著，宋恩榮主編：《晏陽初全集》第 1 卷，長沙：湖南教育出版社 1989 年版，第 259 頁。

覆強調「教育即為引起建設事業中種種活動之動力。」〔註114〕很明顯，晏氏的理論更強調教育的功能與作用，而忽視了鄉村建設的反向推動力。從這點來說，瞿氏「教育即建設」的理論更具辯證色彩。

（三）鄉村建設的落腳點

「三農」問題的根本在「人」。瞿氏與晏氏均認為中國的病症「根本上是人的問題」〔註115〕，「非從四萬萬民眾身上去求不可。」〔註116〕他們經過研究，將病因總結為「愚、窮、弱、私」。但具體闡釋稍有不同。瞿氏認為，愚，並非農民本身愚，而是缺乏受教育機會；窮，是指農民吃白薯和榆樹葉，連雞籠上的鐵絲都買不起；弱，是指農民身體差，平均壽命僅30歲；私，是指農民自私自利，沒有組織。〔註117〕晏氏認為，愚，是指農民目不識丁，有80%是文盲；窮，是指農民掙扎在生與死的邊緣；弱，是指農民是無庸諱辯的病夫；私，是指農民缺乏團結、合作精神。〔註118〕為此，他們開出的藥方是對農民進行「文藝」「生計」「衛生」「公民」四大教育，並為之不懈努力。顯然，瞿氏有關農民「四大問題」的分析更詳細、更具體，是他本人鄉村實踐經驗的總結，也是他將自己農民化後的成果。與瞿氏將鄉村建設的落腳點歸結為「人」有所不同，梁漱溟將近代以來鄉村破產的原因歸結為「文化失調——極嚴重的文化失調。」〔註119〕他認為，欲救鄉村，就是要復興衰落的儒家文化，「從中國舊文化裏轉變出一個新文化來。」〔註120〕與梁氏相較，瞿氏理論更符合現代的民本觀念。

小結

瞿菊農在近20年的鄉村建設實踐中摸索出來的經驗和形成的系統理論，對於今天農村的社會主義現代化建設仍具有一定的參考價值。首先，農民的文

〔註114〕晏陽初著，宋恩榮主編：《晏陽初全集》第1卷，第219頁。

〔註115〕瞿菊農：《「人」的基礎》，《民間》（半月刊），1934年第1卷第17期。

〔註116〕晏陽初：《平民教育的宗旨目的和最後的使命》，《晏陽初全集》（一），湖南教育出版社1989年版，第115頁。

〔註117〕瞿菊農講演，蕭讓之，張延翕筆錄：《平民教育》，《海王》1934年第6卷第24期。

〔註118〕晏陽初著，宋恩榮主編：《晏陽初全集》（一），長沙：湖南教育出版社1989年版，第247頁。

〔註119〕梁漱溟：《鄉村建設理論》，《梁漱溟全集》（二），濟南：山東人民出版社1989年版，第164頁。

〔註120〕梁漱溟：《鄉村建設大意》，《梁漱溟全集》（一），濟南：山東人民出版社1989年版，第611頁。

化水平依然沒有得到根本改善，文化生活較為單調。因此，解決「三農」問題的著眼點在農民文化素質的提高，讓文化與農民的實際生活緊密結合，讓農民在鄉村的文化建設中接受教育，自我發展，自主提高。這些均是瞿菊農的鄉村建設思想精髓。其次，當今中國也因社會轉型，出現了各種各樣的問題，其中最重要的，即是經濟與社會建設的失衡。「一方面是農村人口大量湧入城市，農村勞動力日漸減少；另一方面，城市人口密集，失業、貧困、疾病、住房等種種社會問題日趨嚴重。」〔註 121〕因此，我們可以從瞿菊農連鎖推行、相依並進、共同發展的鄉建理論中獲得解決這一問題的良藥。

　　總的來說，儘管瞿菊農參與領導的鄉村建設運動最終失敗了，但失敗中亦孕育著成功的因素，且成敗的判斷不能僅僅依靠簡單的階級分析法，還須使用其他方法加以綜合考量。用瞿菊農自己的話說：「總是戴著有色眼鏡看事情，錯誤亦就從此發生。同時，鄉村教育的研究實驗，最要緊的是要顧到政治的，經濟的，社會制度與習慣的乃至於人事的條件，要顧到經費的，行政的，農村生活的，乃至於人事的準備。這些問題在實施上比教育本身還重要。否則，無論你有多麼好的方法技術，你只是用不上去。即使在一村裏勉強應付著辦成功，是難以普遍推行的。」〔註 122〕因此，知識分子應該走向田間地頭，走到農民中間，「從實際困難中求問題，在實際行動中求瞭解」〔註 123〕，給農民帶去新技術、新觀念、新文化，在「新民」的基礎上切實推進社會主義新農村建設。

〔註 121〕宣朝慶、王鉑輝：《一九四 0 年代中國社會建設思想的形成》，《中國社會科學》2009 年第 6 期。

〔註 122〕瞿菊農：《教育者與青年》，《世紀評論》1947 年第 2 卷第 2 期。

〔註 123〕瞿菊農：《鄉村教育文錄》前言，重慶：農村建設協進會鄉政學院 1940 年版，第 2 頁。

結　論

　　抗戰時期是中國史學發展的關鍵時期，馬克思主義史學的建立，戰國策派的形成，新考證主義學派的崛起，民族本位文化史學的新生，可謂異彩紛呈。各大學派爭相推出精品，名著不斷湧現。翦伯贊的《歷史哲學教程》，范文瀾的《中國通史簡編》，陳寅恪的《隋唐制度淵源略論稿》《唐代政治史述論稿》，金毓黻的《中國史學史》，錢穆的《國史大綱》，雷海宗的《中國文化與中國的兵》，至今仍有影響。儘管時勢艱難，但學人堅持辦刊，為史學論文提供可發表的園地。既有以《國立中央研究院歷史語言研究所集刊》為代表的史學專刊，又有綜合性學術刊物《文化先鋒》，還有影響頗大的邊疆研究期刊《邊政公論》，可謂百花齊放。史學著作因有系統，自有優勢。史學論文短小精悍，觀點鮮明。它們不斷充實著史學的內容，為史學的發展輸送新鮮血液。從史學載體著作與期刊來看，後者是進入現代的產物，是史學研究的新風尚，因成果發表速度快、傳播範圍廣而頗受學者歡迎。抗戰時期的期刊種類繁多，然辦刊時間較長、影響較大的，要數前文所述的幾種綜合性刊物。其中，《文化先鋒》刊載的史學論文，數量較多、史家陣容較大，理應得到學界的重視。筆者以此刊為研究對象，通過所刊論文的一個側面，來評判其歷史地位與價值，揭示抗戰時期學人、學術與社會現實的關係，以求為豐富史界成果，貢獻一點綿薄之力。

　　《文化先鋒》雖名「要做文化的先鋒」，但卻不是「口號性」的刊物，而是符合現代學術規範的綜合性期刊，對所刊論文的選題、質量和字數都有嚴格要求。它雖由官方發行，但卻不是「機關報」，而是各領域的專家自由發表見解的「理論的薈萃所」，為學術發展提供平臺。它雖以三民主義為宗旨，但卻

不是政論性刊物，而是想集中全社會的智力，為國難時期的文化重建服務。因之，此刊所涉門類眾多，舉凡文化所能範圍的政治學、法學、經濟學、社會學、歷史學、地理學、文學、哲學等，均囊括其中。論著是刊物發表學術論文的重要欄目，與其他學科相比，史地類論文篇數最多，占比最高。現代史話、抗戰史話、書評、講座、讀書雜記、遊記等欄目中的史學內容，更是加重了史學在《文化先鋒》中的分量。再與抗戰時期載有史學論文的其他刊物相較，它也毫不遜色。因此筆者結論認為，《文化先鋒》既是抗戰時期有一定影響的綜合性學術期刊，又是學術論文發表的重要載體，對史學和其他學科的發展做出了貢獻，在學術史與期刊史上留下了濃墨重彩的一筆。

《文化先鋒》論文學術價值顯著，至今仍為各領域學者爭相援引。撰寫這些論文的學者陣容強大，有些更是學界權威。因文中已有「學者群」分析，此處恕不贅述。他們的研究為現代學科的建立與轉型奠定了基礎，篳路藍縷之功，不可埋沒。他們發表的成果解決了許多學術難題，部分更是填補了學術空白。他們多留學海外，文中已能熟練運用各種西方現代理論來解釋本土現象。他們又從小打下了牢固的國學根底，傳統文化早已在心中扎下了根，同時受到西方文化的浸潤，他們在中西文化對比的問題上便牢牢地掌握了話語權，不再盲目崇西，而是取兩種文化之憂，融合創新，構建新文化。受此影響，他們在史料選擇和治史方法上也較前人有更大的進步。史料不再拘泥於中土文獻，而是大量翻譯和引用西方文獻及各種出土物。治史方法也能結合運用傳統考據與西方流行的科學方法。

《文化先鋒》體現了抗戰背景下學術與政治、社會的良性互動。學術論文是《文化先鋒》學人們在抗戰進入相持階段的大背景下寫成的，這一時期，他們既要抗戰，為國家安危和民族復興積極奔走，又要利用業餘時間從事學術研究，積極思考戰後的文化建設問題，以使民族文化之火不滅。因此，選題也是緊緊圍繞這些社會現實，一方面繼續發揚傳統，激勵民族精神；另一方面從事歷史學研究，激發民眾愛國心與民族自豪感，為當下提供經驗和教訓。其中，《文化先鋒》中的史學理論成果，與前期的科學史學相比，它呈現出一些鮮明的特徵：首先，與史學追求科學化相比，這一時期，史學理論除了保留科學的特質以外，更注重歷史的情感性、生命力，從而使歷史學者對歷史事實、歷史分期及歷史是科學還是藝術等問題有了更新的認識；其次，更關注歷史與民族、文化、現實及將來的不可分割的關係；最後，更注重歷史的社會功能研究。

我們會深思：為什麼史學理論研究會呈現以上特徵呢？筆者以為，這是時代返照的結果。在民族危機出現之前，學者可以在自己的象牙塔裏，「為學術而學術」，因此，他們大都沉浸於科學方法的運用，沉浸於史料的考證與整理，沉浸於中國的社會規律討論中。但日本軍國主義的侵略，迫使學人紛紛走出書齋，「開眼看世界」，為了國家、民族，為了盡「書生」的一點責任，他們在堅守科學治史的同時，也開始關注現實問題，自覺地將學術與現實結合起來，尋求史學的經世致用，力爭將現實學術化，學術現實化，努力實現兩者之間的勾聯。

總之，這一時期的史學研究無非在告訴我們，歷史與社會現實密不可分，它時刻關照現實，與現實互動，不斷從現實中吸取營養。它不分期分段，以此印證我們中華民族血脈的延續性。它是科學，但更是藝術，以激勵國民情感，保家衛國。它是民族、文化、現實與未來的根基，我們要立足現在，著眼未來，中華民族充滿了希望，未來的民族復興也必將到來。

再進一步推及《文化先鋒》中的其他學術研究，我們更能看清學術與社會現實的密切關係。儘管諸子學是傳統學術，但進入抗戰時期，它也不斷融入當時社會，實現現實功用的轉化。如周漢夫從孟子的經濟思想中尋找制定國家經濟政策的方案。張默生以墨子的教育思想來訓練「愛的工作者」，以尋求大同世界的實現。此外，他以老子的學說來闡發犧牲小我、完成大我的愛國主義精神。在中西文化研究中，《文化先鋒》學人反思西方文化與戰爭的關係和中國的傳統文化對和平的提倡，剔除西方文化中「好戰」的因素，發揚其先進的政治制度文化與科學精神，去中國傳統文化中「愚忠」、「愚孝」之糟粕，取「和」、「義」之精華，致力於抗戰時期新文化的再造。

因此，史學與其他各科學術都離不開現實，中國共產黨提出的「學術中國化」，《文化先鋒》提出的「學術現實化」，實際上都是提倡將學術與當時的「抗戰建國」結合起來研究，號召學術為社會服務。或許看似功利，但只要學者能把握尺度，做到不虛美，不隱惡，不歪曲事實，秉筆直書，客觀治學，不因一味追求致用，而忽略了求真，一定能做到學術既服務於社會現實，又不失其科學性與嚴謹性。反觀抗戰時期學人的學術實踐，筆者不僅看到了學術與社會現實的鮮活互動，而且感受到了他們心中強烈的愛國主義精神，正是這種精神，激勵著他們在異常艱苦的環境中，將個人所學貢獻於社會。他們心中所想的，也不是個人的安危，而是為抗戰、為新國家建設、為文化的傳承盡一點綿薄之力。

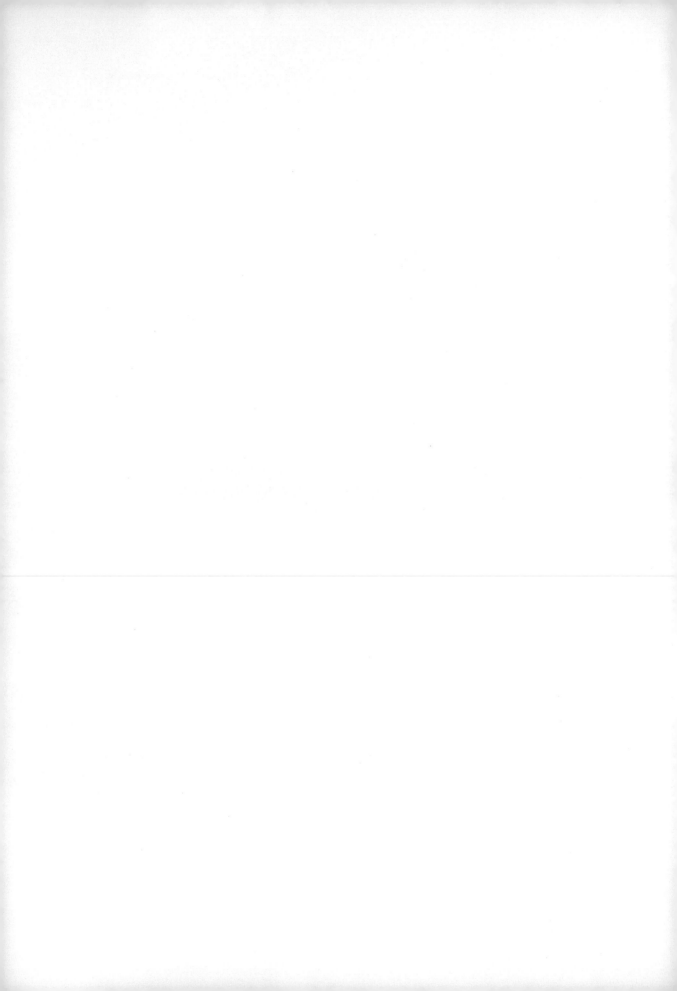

參考文獻

一、著作

1. 中國中古史研究編委會編，中國中古史研究（第五卷）〔M〕，上海：中西書局，2015：183。

2. 曾資生，中國政治制度史第四冊〔M〕，重慶：南方印書館，1944：47～49。

3. 陳啟能，史學理論與歷史研究〔M〕，北京：團結出版社，1993：53。

4. 陳潤成、李欣榮編，張蔭麟全集中卷〔M〕，北京：清華大學出版社，2013：1238。

5. 陳寅恪，馮友蘭〈中國哲學史〉下冊審查報告，陳美延編，陳寅恪集·金明館叢稿二編〔M〕，上海：生活·讀書·新知三聯書店，2001：284～285。

6. 崔萬秋，通鑒研究〔M〕，上海：商務印書館，1934：24～87。

7. 鄧慶佑，紅學人物志〔M〕，北京：文化藝術出版社，2011：372～375。

8. 董耀會主編，北大人編輯部編，北大人2〔M〕，北京：華夏出版社，1994：338。

9. 房功利，新中國鞏固國防的理論與實踐〔M〕，北京：社會科學文獻出版社，2014：1。

10. 顧頡剛，當代中國史學〔M〕，上海：上海古籍出版社，2006：94。

11. 顧頡剛，論今文尚書著作時代書，古史辨第一冊下編〔M〕，北平：樸社，1926：200～206。

12. 顧長聲，從馬禮遜到司徒雷登──來華新教傳教士評傳〔M〕，上海：上海人民出版社，1985：98。

13. 國家自然科學基金委員會，地理科學〔M〕，北京：科學出版社，1995：83。

何愛國，中國現代化思想史論1912～1949〔M〕，廣州：世界圖書出版廣東有限公司，2014：136。

14. 侯外廬，韌的追求〔M〕，北京：生活·讀書·新知三聯書店，1985：110。

15. 侯雲灝，20世紀中國史學思潮與變革〔M〕，北京：北京師範大學出版社，2007：190。

16. 胡逢祥、張文建，中國近代史學思潮與流派〔M〕，上海：華東師範大學出版社，1991：目錄。

17. 胡適，胡適全集第二十二卷〔M〕，合肥：安徽教育出版社，2003：225。

18. 胡適，先秦名學史〔M〕，上海：學林出版社，1983：53。

19. 胡適，中國哲學史大綱〔M〕，北京：中華書局，2015：130。

20. 賈春光等編，民族古籍研究〔M〕，北京：民族出版社，1987：173。

21. 簡又文，太平軍廣西首義史〔M〕，上海：商務印書館，1944：18，7。

22. 翦伯贊，歷史哲學教程〔M〕，石家莊：河北教育出版社，2000：前言。

23. 解璽璋，五味書〔M〕，合肥：安徽教育出版社，2013：132。

24. 雷海宗，中國文化與中國的兵〔M〕，北京：商務印書館，2001：141。

25. 李華興、吳嘉勳編，梁啟超選集〔M〕，上海：上海人民出版社，1984：833～834。

26. 李劍鳴，歷史學家的修養和技藝〔M〕，上海：三聯書店，2007：75。

27. 李立明，中國現代六百作家小傳〔M〕，香港：波文書局，1977：111。

28. 李士厚，新發現的〈鄭和家譜首序〉，文獻第十七輯〔M〕，北京：書目文獻出版社，1983：96。

29. 梁啟超，墨子學案〔M〕，上海：中華書局，1936：1。

30. 梁啟超，中國歷史研究法〔M〕，上海：上海古籍出版社，1998：15。

31. 梁啟超，子墨子學說〔M〕，上海：中華書局，1937：1。

32. 梁漱溟，請辦鄉治講習所建議書，梁漱溟全集第4卷〔M〕，濟南：山東人民出版社，1991：831。

33. 梁漱溟，鄉村建設大意，梁漱溟全集（一）〔M〕，濟南：山東人民出版社，1989：611。

34. 劉紹唐主編，民國人物小傳第七冊〔M〕，上海：生活·讀書·新知三聯

書店，2015：106～107。

35. 劉志鵬、別敦榮、張笛梅主編，20世紀的中國高等教育教學卷下〔M〕，北京：高等教育出版社，2006：128。

36. 羅根澤編著，古史辨第四冊、第六冊〔M〕，海口：海南出版社，2005：18，161～177，108，308。

37. 羅榮渠，現代化新論〔M〕，北京：北京大學出版社，1993：362。

38. 羅榮渠主編，從「西化」到現代化（下冊）〔M〕，黃山：黃山書社，2008：883。

39. 羅志田主編，20世紀的中國：學術與社會史學卷（上）〔M〕，濟南：山東人民出版社，2001：148～149。

40. 呂思勉：史學四種〔M〕，上海：上海人民出版社，1981：30。

41. 呂振羽，中國原始社會史〔M〕，桂林：耕耘出版社，1943：原版自序。

42. 馬乘風，中國經濟史〔M〕，北京：中國經濟研究會，1935：馮友蘭序。

43. 南京鄭和研究會編，走向海洋的中國人——鄭和下西洋590週年國際學術研討會論文集〔C〕，北京：海潮出版社，1996：139。

44. 歐陽哲生編，胡適文集第6卷〔M〕，北京：北京大學出版社，1998：53。

45. 齊思和，中國史探研〔M〕，石家莊：河北教育出版社，2000：戴逸總序。

46. 錢穆，國史大綱‧引論〔M〕，北京：商務印書館，1940：3。

47. 錢穆，先秦諸子繫年〔M〕，北京：商務印書館，2015：105。

48. 喬治忠，中國史學史〔M〕，北京：中國人民大學出版社，2011：330，365。

49. 瞿林東，中國史學散論〔M〕，長沙：湖南教育出版社，1992：350～351。

50. 瞿林東主編，20世紀中國史學發展分析〔M〕，北京：北京師範大學出版社，2009：86。

51. 史遠芹，中國近代化的歷程〔M〕，北京：中共中央黨校出版社，1999：1。

52. 孫本文等，中國戰時學術，中央文化運動委員會文化運動叢書第八種〔M〕，重慶：正中書局，1946：序。

53. 王愛民，地理學思想史〔M〕，北京：科學出版社，2010：172。

54. 王慧，中國古代科學〔M〕，合肥：黃山書社，2014：25。

55. 王庸，中國地理學史‧弁言〔M〕，上海：商務印書館，1938：1。

56. 吳鐸主編，師魂——華東師範大學老一輩名師〔M〕，上海：華東師範大

學出版社，2011：553。

57. 吳相湘，晏陽初傳〔M〕，長沙：嶽麓書社，2001：128。

58. 吳星雲，鄉村建設思潮與民國社會改造〔M〕，天津：南開大學出版社，2013：112～114。

59. 吳岩、李曉濤，古史辨派〔M〕，長春：長春出版社，2013：192。

60. 吳澤，中國歷史簡編〔M〕，大連：峨嵋出版社，1947：11。

61. 蕭子顯，南齊書〔M〕，北京：中華書局，1972：序。

62. 熊賢君，晏陽初畫傳〔M〕，濟南：山東教育出版社，2015：176。

63. 閻守誠，閻宗臨傳〔M〕，太原：三晉出版社，2014：159。

64. 晏陽初，九十自述，晏陽初全集（二）〔M〕，長沙：湖南教育出版社，1992：542。

65. 晏陽初，在二十三學年第九次行政會議上的講話，晏陽初全集（一）〔M〕，長沙：湖南教育出版社，1989：360。

66. 燕義權，儒家精神〔M〕，上海：源源仁記印刷所，1948：自序。

67. 楊世文，近百年儒學文獻研究史〔M〕，福州：福建人民出版社，2015：15。

68. 姚薇元，鴉片戰爭史事考〔M〕，貴陽：文通書局，1942：124。

69. 尹達編，中國史學發展史〔M〕，鄭州：中州古籍出版社，1985：569～570。

70. 余英時，史學、史家與時代〔M〕，桂林：廣西師範大學出版社，2006：90。

71. 余英時，中國知識分子論〔M〕，鄭州：河南人民出版社，1997：171。

72. 袁行霈、趙仁珪主編，詩壯國魂中國抗日戰爭詩鈔詩詞下〔M〕，北京：中國青年出版社，2015：453。

73. 張建華、薄音湖總主編，內蒙古文史研究通覽文化卷〔M〕，呼和浩特：內蒙古大學出版社，2013：262。

74. 張書學，中國現代史學思潮研究〔M〕，長沙：湖南教育出版社，1998：目錄。

75. 張蔭麟，中國史綱（上冊），張蔭麟文集〔M〕，臺北：臺北中華叢書委員會，1956：445。

76. 張枬、王忍之，辛亥革命前十年間時論選集第二卷上冊〔C〕，北京：生活·讀書·新知三聯書店，1978：56。

77. 張之洞，奏定學堂章程，沈雲龍主編，近代中國史料叢刊，第七十三輯，臺灣：文海出版社，1966：5。

78. 張中良主編，抗戰文化研究（第八輯）〔M〕，桂林：廣西師範大學出版社，2014：288。

79. 章開沅，〈鴉片戰爭史〉序二，蕭致治主編，鴉片戰爭史（上、下）〔M〕，福州：福建人民出版社，1996：序。

80. 章太炎，諸子學略說，湯志鈞編，章太炎政論選集〔M〕，北京：中華書局，1977：295。

81. 鄭大華，民國鄉村建設運動〔M〕，北京：社會科學文獻出版社，2000：462。

82. 中國航海史研究會編，鄭和下西洋論文集第一集〔C〕，北京：人民交通出版社，1985：201～219。

83. 中國文化書院學術委員會編，梁漱溟全集第4卷〔M〕，濟南：山東人民出版社，2005：810～815。

84. 中國文化書院學術委員會編，梁漱溟全集第五卷〔M〕，濟南：山東人民出版社，2005：395。

85. 周振鶴，一度作為先行學科的地理學——序〈晚清西方地理學在中國〉〔M〕，上海：上海古籍出版社，2000：1。

86. 常州市地方志編纂委員會編，常州市志第三冊，北京：中國社會科學出版社，1995：1030。

87. 岱峻，風過華西壩：戰時教會五大學紀，南京：江蘇文藝出版社，2013：358～361。

88. 懷湘，徐德嶙先生傳略，中國人民政治協商會議益陽縣委員會文史資料研究委員會，益陽文史資料第4輯，1987：52～54。

89. 劉德龍、李海萍、楊宗傑等編著，山東籍的當代文化名人（上卷），濟南：山東出版集團，2006：20～22。

90. 劉熊祥，中國民主同盟入盟申請表，手稿，1954-5-14。

91. 羅訓森主編，中華羅氏通譜編纂委員會編，中華羅氏通譜第二冊，北京：中國文史出版社，2007：982。

92. 南京大學文學院編：南京大學文學院百年史稿，南京：南京大學出版社，2014：233。

93. 錢煥琦主編，金女大校友口述史，南京：南京師範大學出版社，2015：16。

94. 青島市史志辦公室編，青島市志·人物志，北京：五洲傳播出版社，2002年：152～153。

95. 深州市地方志編纂委員會編，深縣志，北京：中國對外翻譯出版公司，1999：577。

96. 王志民主編，山東重要歷史人物第八卷，濟南：山東人民出版社，2009：293～297。

97. 西南師範大學教授名錄編寫組編，西南師範大學教授名錄，重慶：西南師範大學出版社，2000：116。

98. 中國第二歷史檔案館編，中華民國史檔案資料彙編第 5 輯第 1 編教育，南京：江蘇古籍出版社，1994：363～374。

99. 中國科學技術協會編，中國科學技術專家傳略：農學編：林業卷（一），北京：中國科學技術出版社，1991：236～239。

100. 中國人民政治協商會議正定縣委員會文史資料委員會，正定文史資料第 4 輯正定歷代名人，2002：228。

101. 北京大學考古系資料室，中國考古學文獻目錄（1900～1949），北京：文物出版社，1991：346。

102. 東北師大古籍整理研究所，辭書編輯室編著，中國古籍整理研究論文索引清末～1983，南京：江蘇古籍出版社，1990：441。

103. 風笑天、李樹青，中國大百科全書出版社編輯部，中國大百科全書，北京：中國大百科全書出版社，1991：157。

104. 甘肅省圖書館歷史文獻部編，西北地方文獻索引 1905～1949，蘭州：甘肅省圖書館，1986：455。

105. 四川省南充縣志編纂委員會編纂，南充縣志，成都：四川人民出版社，1993：940。

106. 張耘田、陳巍主編，蘇州民國藝文志（上冊），揚州：廣陵書社，2005：270。

107. 趙忠文，中國史史學大辭典，延邊：延邊大學出版社，1992：230。

108. 中國社會科學家辭典（現代卷）編委會。中國社會科學家辭典（現代卷），蘭州：甘肅人民出版社，1986：182。

109. 中外名人研究中心編，中國當代名人錄，上海：上海人民出版社，1991：212。

110. 中央黨史研究室第一研究部、中國第二歷史檔案館編，李忠傑主編，國民政府檔案中有關抗日戰爭時期人口傷亡和財產損失資料選編 2，北京：中共黨史出版社，2014：935。

111. 周川主編，中國近現代高等教育人物辭典，福州：福建教育出版社，2012：161，510～511。

112. 陳以愛，中國現代學術研究機構的興起──以北京大學研究所國學門為中心的探討（1922～1927）〔M〕，南昌：江西教育出版社，2002：5。

113. 杜維運，歷史研究的客觀方法與藝術想像，北大史學 12 輯，北京：北京大學出版社，2007：471。

114. 王汎森，種瓜得豆：清末民初的閱讀文化與接受政治〔M〕，北京：社會科學文獻出版社，2016：序。

115. 徐文珊，先秦諸子導讀〔M〕，臺北：幼獅文化事業公司，1995：5。

116. 許冠三，新史學九十年〔M〕，長沙：嶽麓書社，2003：目錄。

117. 瞿菊農，鄉村教育文錄〔M〕，重慶：農村建設協進會鄉政學院，1940：2。

118. 瞿菊農，新縣制與鄉村建設，程育書編，新縣制之理論與實際〔M〕，南京：正中書局，1940：331。

119. （法）保羅・克拉瓦爾著，鄭勝華、劉德美、劉清華、阮綺霞譯，地理學思想史〔M〕，北京：北京大學出版社，2015：77。

120. （法）希勒格著，馮承鈞譯，中國史乘中未詳諸國考證〔M〕，上海：商務印書館，1938：目錄。

121. （美）陳潤成、李欣榮，天才的史學家：追憶張蔭麟〔M〕，北京：清華大學出版社，2009：100。

122. （美）古士舉著，簡又文譯，新約小史〔M〕，上海：中華基督教文社，1926：繆秋笙序。

123. （美）裴宜理、陳紅民主編，什麼是最好的歷史學〔M〕，杭州：浙江大學出版社，2015：133。

124. （美）易勞逸著，王建朗、王賢知譯，蔣介石與蔣經國（1937～1949）〔M〕，北京：中國青年出版社，1989：8，151。

125. （英）愛德華·卡爾著，江政寬譯，何謂歷史〔M〕，臺北：五南圖書出版股份有限公司，2009：188～190。

126. （英）羅素，歷史學作為一門藝術，何兆武主編，歷史理論與史學理論——近現代西方史學著作選〔M〕，上海：商務印書館，1999：546。

127. D R Fraser Taylor: *Geography, GIS and the Modern Mapping Sciences / Convergence or Divergence*? Cartographica. vol30. numbers 2&3. 1993. 47～53.

128. Edward Relph:*Post-Modern Geography*.The Canadian Geographer. 2008. volume35. Issue1.98~105.

129. Martin G J.*All Possible Worlds: A History of Geographical Ideas*. 4th ed. Oxford: Oxford University Press, 2005.

130. Matthews J A,*Herbert D A. Unifying Geography: Common Heritage, Shared Future*. Routledge Press, 2002.

二、論文

1. 白鋼，二十世紀的中國政治制度史研究〔J〕，歷史研究，1996（6）。

2. 畢露，國防學之要義〔J〕，民鳴週刊〔J〕，1934，1（25）。

3. 陳登原，三國志義例辨錄〔J〕，金陵學報，1936，6（2）。

4. 陳典平，20世紀以來先秦儒家歷史觀研究的回顧與展望〔J〕，科學·經濟·社會，2015（1）。

5. 陳世鴻，國防芻議〔J〕，軍事雜誌（南京），1930（27）。

6. 鄧根飛，學科建設與國家認同：〈文化先鋒〉地理學術論析〔J〕，理論月刊，2016（9）。

7. 鄧慶佑，李辰冬和他的〈紅樓夢研究〉〔J〕，紅樓夢學刊，1995（4）。

杜丹陽，論無形文化遺產的保護與開發——以墨子和墨學為例〔J〕，山東社會科學，2005（9）。

8. 馮天瑜，史學術語「封建」誤植考辨〔J〕，學術月刊，2005（3）。

9. 馮天瑜，唯物史觀在中國的早期傳播及其遭遇〔J〕，中國社會科學，2008（1）。

10. 馮友蘭講，徐飄萍記，儒家哲學之精神〔J〕，中央週刊，1943，5（41）。

11. 傅伯傑，地理學綜合研究的途徑與方法：格局與過程耦合〔J〕，地理學報，

2014，69（8）。

12. 甘鵬雲，湖北通志義例商榷〔J〕，安雅，1935，1（5）。

13. 葛全勝、吳紹洪、朱立平、張雪芹，21世紀中國地理學發展的若干思考〔J〕，地理研究，2003，22（4）。

14. 公任，國防與教育〔J〕，行健月刊，1933，2（1）。

15. 何兆武，對歷史學的若干反思〔J〕，史學理論研究，1996（2）。

16. 胡逢祥，「五四」時期的科學主義思潮與史學現代化建設〔J〕，華東師範大學學報，1995（6）。

17. 胡逢祥，歷史學的自省——從經驗到理性的轉折——略評20世紀上半葉我國的史學史研究〔J〕，華東師範大學學報，2004（1）。

18. 胡逢祥，論抗戰時期的民族本位文化史學〔J〕，史學月刊，2016（4）。

19. 黃勃，論墨子的「兼愛」〔J〕，湖北大學學報，1995（4）。

20. 黃國璋，發刊詞〔J〕，地理，1941，1（1）。

21. 黃建中，述學：墨子書分經辯論三部考辨〔J〕，學衡，1926（54）。

22. 翦伯贊，論司馬遷的歷史學〔J〕，中山文化季刊，1945，2（1）。

23. 金毓黻，宋代之變法與黨爭〔J〕，青年中國季刊，1941，2（3）。

24. 雷海宗，司馬遷的史學〔J〕，清華學報，1941，13（2）。

25. 李根蟠，中國「封建」概念的演變和「封建地主制」理論的形成〔J〕，歷史研究，2004（3）。

26. 李洪岩，史學的詩性與客觀性〔J〕，學術研究，1996（1）。

27. 李文珊，晏梁鄉村建設思想比較研究〔J〕，學術論壇，2004（3）。

28. 李賢中，墨家『尚賢』思想探析〔J〕，周易研究，2014（1）。

29. 李孝遷，劉師培與近代諸子學研究〔J〕，福建論壇，2001（4）。

30. 李新、范召全，墨子的倫理思想及其當代功用〔J〕，西南師範大學學報，2004（2）。

31. 李學勤，竹簡〈家訪語〉與漢魏孔氏家學〔J〕，孔子研究，1987（2）。

32. 李雪濤，有關滕固博士論文的幾份原始文獻〔J〕，美術研究，2017（3）。

33. 李政君，唯物史觀與抗戰時期的通史書寫〔J〕，北京黨史，2017（4）。

34. 廖名春、張岩，從上博簡〈民之父母〉「五至」說論〈孔子家語·論禮〉的真偽〔J〕，湖南大學學報，2005（5）。

35. 林軍，清代考據學的興起與諸子學歷史地位的升降〔J〕，福建師範大學學

報，2004（2）。

36. 劉集林，抗戰時期一次西化問題的討論〔J〕，社會科學研究，2000（1）。

37. 劉文斌，20世紀〈晏子春秋〉研究綜述〔J〕，東北師大學報，2005（1）。

38. 柳詒徵，三國志裴注義例〔J〕，國立中央大學文史哲季刊，1944，2（1）。

39. 陸大道，地理科學的價值與地理學者的情懷〔J〕，地理學報，2015，70（10）。

40. 陸大道，我國地理學界發展若干值得思考的問題〔J〕，地理學報，2003，58（1）。

41. 路新生、楊華，「新」、「老」之爭與諸子學研究的現代轉型——以章太炎、胡適的諸子學研究為例〔J〕，華東師範大學學報，2009（6）。

42. 羅檢秋，清代思想史上的諸子學〔J〕，安徽史學，2015（3）。

43. 羅志田，西潮與近代中國思想演變再思〔J〕，近代史研究，1995（3）。

44. 牛潤珍、杜學霞，略論抗日戰爭時期中國史學的學術趨向〔J〕，中共黨史研究，2005（6）。

45. 牛夕，北宋黨爭之經過及其背景〔J〕，清華週刊，1931，36（7）。

46. 齊思和，近百年來中國史學的發展〔J〕，燕京社會科學，1949（2）。

47. 祁龍威，馬克思主義與太平天國史學——兼評簡又文〈太平天國全史〉〔J〕，揚州師院學報，1982（Z1）。

48. 瞿林東、吳懷祺、陳其泰，從創立走向建設——中國史學史學科發展的歷程〔J〕，北京師範大學學報，2002（5）。

49. 容肇祖，東西洋考之作者張燮〔J〕，大公報·史地週刊，1937，7（2）。

50. 沈玉，試論滕固現代繪畫史學中的「德國模式」〔J〕，史學理論研究，2004（4）。

51. 沈玉，滕固繪畫史學思想探究——對滕固兩部繪畫史著的考察與比較〔J〕，文藝研究，2004（4）。

52. 師道剛，「道光洋艘征撫記」作者問題的再商榷〔J〕，歷史研究，1960（4）。

53. 施章，司馬遷史學的研究〔J〕，國立中央大學半月刊，1930，2（5）。

54. 石磊，淺談滕固及其〈唐宋繪畫史〉〔J〕，山西師範大學學報，2006（3）。

55. 淑平，學點書評和書評學知識〔J〕，圖書發行研究，1996（1）。

56. 素癡，歷史之美學價值〔J〕，大公報·文學副刊，1932（238）。

57. 孫敬文，中國地理學之發展概述〔J〕，教學與研究，1955（4）。

58. 孫俊、潘玉君、湯茂林，中國地理學史研究的理路分析〔J〕，地理研究，2014，33（3）。

59. 孫思白，試論歷史與現實的聯繫與區別〔J〕，歷史研究，1982（6）。

60. 湯用彬，史記發微〔J〕，國學叢刊（北京1941），1941（4）。

61. 天明，唯物史觀與民生史觀〔J〕，村治月刊，1929，1（8）。

62. 王承略，論〈孔子家語〉的真偽及其文獻價值〔J〕，煙臺師範學院學報，2001（3）。

63. 王東，為歷史學辯護——漫談歷史智慧〔J〕，天津社會科學，1997（1）。

64. 王東，再現二十世紀中國史學的整體進程〔J〕，讀書，2017（10）。

65. 王記錄，歷史考證和史學思想——以錢大昕為例〔J〕，淮北煤炭師範學院學報，2006（1）。

66. 王建偉，專業期刊與民國新史學——以20世紀二三十年代學術的發表行為為中心〔J〕，福建論壇，2007（10）。

67. 王勤堉，民國以來我國地理學研究之業績〔J〕，學林，1940（1）。

68. 王少卿，歷史是科學，還是藝術〔J〕，許昌學院學報，2006（4）。

69. 王學典，從「歷史理論」到「史學理論」——新時期以來中國史學理論研究的回顧與展望〔J〕，江西社會科學，2005（6）。

70. 魏治臻，新疆書目述略，邊政公論〔J〕，1942，1（9～12）。

71. 翁文灝等，中國地理學會暫擬簡章〔J〕，地理學報，1934（創刊號）。

72. 吳柳隅，從史學上觀察史記之特色（1）〔J〕，文字同盟，1927（7）。

73. 吳廷燮著，金毓黻整理，國史義例〔J〕，國史館館刊，1948，1（2）。

74. 伍啟元，論「全盤西化」〔J〕，今日評論，1941，5（5）。

75. 洗玉清，關於〈夷艘入寇記〉問題——與姚薇元、師道剛二先生商榷〔J〕，學術研究，1962（2）。

76. 夏春濤，二十世紀的太平天國史研究〔J〕，歷史研究，2000（2）。

77. 夏偉東，墨子的節儉思想及現代價值〔J〕，鄭州大學學報，1999（3）。

78. 謝國楨，編纂叢書子目類編義例〔J〕，金陵學報，1934，4（2）。

79. 謝婉瑩、瞿世英輯，北京社會的調查〔J〕，燕大季刊，1920，1（3）。

80. 忻平，治史須重考據科學人文並重——南加利福尼亞州何炳棣教授訪問記〔J〕，史學理論研究，1997（1）。

81. 宣朝慶、王鉑輝，一九四○年代中國社會建設思想的形成〔J〕，中國社會

科學，2009（6）。

82. 薛澄清，明張燮及其著述考〔J〕，嶺南學報，1935（6）。

83. 楊國榮，史學科學化：從顧頡剛到傅斯年〔J〕，史林，1998（3）。

84. 姚薇元，關於「道光洋艘征撫記」的作者問題〔J〕，歷史研究，1959（12）。

85. 姚薇元，再論〈道光洋艘征撫記〉的祖本和作者〔J〕，歷史研究，1981（4）。

86. 易鼎，中國宜以弱為強說〔J〕，湘報，1898（20）。

87. 沄，國學叢談：談〈資治通鑒〉〔J〕，廣播週報，1936（106）。

88. 張禮千，「東西洋考」中之針路〔J〕，東方雜誌，1945（1）。

89. 張其昀，發刊詞〔J〕，史地雜誌，1937（創刊號）。

90. 張其昀，近二十年來中國地理學之進步〔J〕，科學，1935，19（10）。

91. 張書學，論抗戰時期中國史學思潮的轉變〔J〕，山東大學學報，1995（2）。

92. 張太原，二十世紀三十年代國民黨主流報刊上的馬克思學說之運用〔J〕，
    中共黨史研究，2014（2）。

93. 張玄，國防文學與西北〔J〕，西北論衡，1936，4（6）。

94. 張越，史學批評與史學理論及史學史學科的關係〔J〕，河南師範大學學
    報，2008（6）。

95. 張越，五四時期：現代史學的初步建立〔J〕，東嶽論叢，1999（2）。

96. 鄭鶴聲，江心坡與國防〔J〕，史學雜誌（南京）。1929，1（3）。

97. 致平，政治近代化及其途徑〔J〕，南華評論，1933，4（5）。

98. 中和，中國近代史的輪廓〔J〕，自學（桂林）。1943（5）。

99. 周文玖、張錦鵬，關於「中華民族是一個」學術論辯的考察〔J〕，民族研
    究，2007（3）。

100. 周文玖，論中國史學史學科的產生〔J〕，史學月刊，2002（8）。

101. 周予同，五十年來中國之新史學〔J〕，學林，1940（4）。

102. 朱守芬，傅斯年和〈國立中央研究院歷史語言研究所集刊〉〔J〕，史林，
     1999（3）。

103. 朱志榮，滕固美學研究方法論〔J〕，文藝研究，2010（9）。

104. 左雙文，近代史家和20世紀三四十年代香港史學〔J〕，史學史研究，2004
     （1）。

105. 左玉河，現代學科體系觀照下之經學定位〔J〕，江海學刊，2007（3）。

106. 何方昱，「科學時代的人文主義」：〈思想與時代〉月刊（1941～1948）研

究〔博士論文〕，上海：復旦大學，2006。

107. 劉龍心，史料學派與現代中國史學之科學化〔碩士論文〕，臺灣：臺灣政治大學，1992。

108. 盧毅，整理國故運動與中國現代學術轉型〔博士論文〕，北京：北京師範大學，2003。

109. 陶海洋，〈東方雜誌〉研究（1904～1948）──現代文化的生長點〔博士論文〕，南京：南京大學，2013。

110. 李天松，學術界公認的研究鴉片戰爭史的重要專著──武大社〈鴉片戰爭史實考〉，武大出版網，2007-5-25，http://www，sinobook，cn。

111. 羅盤，李辰冬教授的學術貢獻──為紀念逝世一週年而作〔J〕，臺灣文訊學刊，1984（3）。

112. 瞿菊農，「人」的基礎〔J〕，民間》（半月刊），1934，1（17）。

113. 瞿菊農，從定縣教育實驗中得到的教育看法：附表〔J〕，中華教育界，1937，24（8）。

114. 瞿菊農，國民教育教師之任務與訓練〔J〕，國民教育指導月刊（重慶）。1941，1（2）。

115. 瞿菊農，霍金〈現代法律哲學〉評介〔J〕，哲學評論，1927，1（5）。

116. 瞿菊農，教育者與青年〔J〕，世紀評論，1947，2（2）。

117. 瞿菊農，鄉村建設與兒童福利〔J〕，兒童福利通訊，1947（7）。

118. 瞿菊農講演，蕭讓之，張延翕筆錄，平民教育〔J〕，海王，1934，6（24）。

119. （德）窩克涅爾著，（日）晴獵雨讀主人譯，中國海防編〔J〕，亞東時報，1899（10）。

120. 〔英〕理查德・伊文斯，職業歷史學家必須面對後現代主義的挑戰〔J〕，東嶽論叢，2005（2）。

後　記

　　光陰似箭，日月如梭。距離博士論文主體部分的完成，已過去近五年的時光。此次書稿，是在原博士論文的基礎上修改擴充的。回首過往，是師恩、親情、友情；展望回來，是激勵、陪伴、成長。

　　師恩重如山。考取博士研究生時，我已不是青澀少年，而是荒廢了五年學業的「青椒」。承蒙恩師房鑫亮先生不棄，收為弟子。先生治學嚴謹，他常常跟我說，做學問須言必有據，勿放高論。先生博學多聞，他對學術人物的生動講解，讓我的學術史知識得到了累積。先生關愛學生，每次學術討論過後，他都會問及我的身體和家庭狀況，並給出妥善的建議。先生認真負責，他為拙稿的完成付出了大量心血，他的每次修改，都是對我寫作最好的指導，更是我學術研究能力得以提升的關鍵。

　　胡逢祥和王東兩位先生講課生動有趣，深入淺出，每每都能讓我沉浸其中，不能自拔。兩位先生的課堂更注重培養學生的科研能力和問題意識，我的小論文撰寫和大論文選題，都是受他們啟發。

　　張耕華、鄔國義、路新生、李孝遷等先生都對拙文的寫作提出了非常好的修改建議。

　　蘭州大學汪受寬、趙梅春、屈直敏等先生在拙文的寫作過程中，常常予以勉勵。尤其是屈直敏先生，課題多，科研任務重，還抽出寶貴的時間，幫我審閱論文，並打電話告知論文的修改方法。

　　親情綿如水。父母漸漸變老，身體也大不如從前，我在外求學，還勞煩他們幫助料理家務。妻子工作努力，成績突出，為了讓我能順利完成學業，甘願

犧牲自己的大好前途，主動申請至離家較近的皖醫老校區離退休工作處工作。小女乖巧懂事，每次別離，都是眼含淚水，給我擁抱，鼓勵我努力學習，學成後早日回家。他們的付出與期望，是我求學路上不斷前行的動力。

友情堅如鐵。感謝同門趙太和、馬恒、崔壯、羅偉華、張麗娜、馬聘娜等師兄弟妹的深情厚誼。崔、羅兩位師弟和楊芳，利用學習和工作之餘，幫我修改論文，指出了標點、注釋等方面的錯誤。沈東、馬驍遠、張騰宇、楊柳、吳越菲、游紅霞和蘭大李娟常常在學術上給我鼓勵。陳旺、朱良傑、萬田戶、劉書炘、張理星、張茂春、陳海斌等常常在生活上給予我關心。同窗盧華、陳洪運、吳林章和趙光輝在我論文的寫作過程中給予了很多幫助。朱明、肖琦、田仁瓊三位老師及李海、趙常紅、梁明輝、劉大為、呂東、劉保慶、張榮榮、李曄夢、趙兵、劉俊峰、李潮、趙華東等學友，常與我一起打羽毛球、健身或小酌，這些課業之餘的活動，為我枯燥的學習增添了幾分樂趣。

本書得以出版，要特別感謝臺灣花木蘭文化事業有限公司楊嘉樂副總主編，她欣然接受《抗戰史學之一側——〈文化先鋒〉研究》這一選題，這無疑是對我最有力的支持。

「學然後知不足，教然後知困」，本書難免存在疏漏和訛誤，敬請史界前輩和同行朋友，多多批評、指正。